韓愈诗传

金涛声 著
JIN
TAO
SHENG

巴蜀书社

图书在版编目（CIP）数据

韩愈诗传 / 金涛声著. —成都：巴蜀书社，2021.10

ISBN 978-7-5531-1541-2

Ⅰ.①韩… Ⅱ.①金… Ⅲ.①韩愈（768—824）－传记 Ⅳ.①K825.6

中国版本图书馆 CIP 数据核字（2021）第 192051 号

韩愈诗传

金涛声 著

责任编辑 康丽华
封面设计 冀帅吉
出　　版 巴蜀书社
　　　　 成都市槐树街 2 号 邮编：610031
　　　　 总编室电话：(028) 86259397
网　　址 www.bsbook.com.cn
发　　行 巴蜀书社
　　　　 发行科电话（028）86259422 86259423
经　　销 新华书店
印　　刷 成都蜀通印务有限责任公司
版　　次 2021 年 11 月第 1 版
印　　次 2021 年 11 月第 1 次印刷
成品尺寸 148mm×210mm
印　　张 8.25
字　　数 200 千
书　　号 ISBN 978-7-5531-1541-2
定　　价 38.00 元

目 录

一、流离早年生活

韩愈（768—824），字退之，河南河阳（今河南孟州市）人。韩氏郡望为河北昌黎，因而他自称昌黎人，世称韩昌黎。官至吏部侍郎，后世称为韩吏部。死后谥号“文”，世又称韩文公。

韩愈出身中下层官僚家庭。祖父韩睿素，曾任朝散大夫，官至桂州都督府长史。父亲仲卿，历任铜鞮尉、武昌令、鄱阳令、秘书郎。仲卿在做武昌令（兼摄永兴令）时，正当安史乱起、江淮动荡之际，他治理有方，惩恶护善，使奸吏豪绅不敢胡作非为，百姓得以安居乐业。又开发矿产，冶炼铜铁，充裕财政，县内户口在两年内增加了三倍。由于他的治绩突出，当他调任鄱阳县令时，武昌当地父老为他刻石颂德。李白撰写的《武昌宰韩君去思颂碑》中，称赞他的吏治“惠如春风，三月大化，奸吏束手，豪宗侧目”。韩仲卿在文学上也有一定修养，跟诗人李白、杜甫都有交谊，还编辑过三国魏文学家曹植的文集。大历五年（770），他死在秘书郎任上。

韩愈的三个叔父，少卿、绅卿，都是小官吏；二叔云卿做过监察御史、礼部郎中，曾有一段漫游江南的经历。韩云卿在文学上负有盛名，李白称其“文章冠世”（《去思颂碑》），还与李白有过一段亲密交往，《李太白文集》中存有三首写给他的诗：《金陵听韩侍御吹笛》《送韩侍御之广德》《至阳陵山酬韩侍御》。韩云卿的文章大多散佚，今仅存《平蛮颂》《鲜于氏里门碑》等六篇碑文。其文讲究气势，散句单行，屏去骈俪，造句独立特行，别具一格。这些都可以在韩愈此后的古文写作中找到痕迹，韩愈在《科斗书后记》夸示韩云卿："愈叔父当大历世，文辞独行中朝。天下之欲铭述其先人功行，取信来世者，咸归韩氏。"他从小对这位叔父非常钦慕，将其视为自己的人生楷模，学习写作的榜样。

> 呜呼！天祸我家，降集百殃。我生不辰，三岁而孤。蒙幼未知，鞠我者兄，在死而生，实为嫂恩。未龀一年，兄宦王官，提携负任，去洛居秦。
>
> ——《祭郑夫人文》（节录）

韩愈的母亲生下他不到两个月就去世了，大历五年（770），韩愈刚三岁时父亲又去世，真是灾祸接连降临，令人难以承受。父亲去世之后，韩愈养于长兄韩会处。韩会乃愈之异母兄，年长其二十九岁。韩愈全靠长兄韩会和长嫂郑夫人抚育成人，因而他终生难忘兄嫂的养育之恩。

韩愈的幼年，就是跟随兄嫂在故乡河阳度过的。"旧籍在东都，茅屋枳棘篱。"（《寄崔二十六立之》）河阳离东都洛阳不远，这里的东都，实际上指故乡河阳。故居为茅屋一幢，可见韩会当时的家庭生活并不富裕。韩会没有儿子，过继其弟韩介之子老成为嗣，即十二郎（老成在家族中排行十二，故称十二郎）。十二郎是韩愈小时候唯一共同生活的小伙伴。

大历九年（774），韩会在河阳丁忧（为父居丧）期满，在京城长安谋得一个官职，于是举家西迁，七岁的韩愈也随同兄嫂离开河阳来到长安。

韩会入朝之后，被宰相元载引为中书舍人。其实他是一个早有声望的人物。韩愈在《考功员外卢君墓表》中说：

> 愈之宗兄故起居舍人君以道德文学伏一世。其友四人，其一范阳卢君东美。少未出仕，皆在江淮间，天下大夫士谓之四夔。其义以为道可与古之皋夔者侔，故云尔。或曰：夔尝为相，世谓相夔。四人者虽处而未仕，天下许以为相，故云。

韩会以道德文章为当世所称。早年未出仕时，在江淮间，和名士卢东美、崔造、张正则交游，好谈经国济民方略，曾以帝王卿相自许，时人称之为“四夔”。夔，指舜臣后夔，曾为相。时人认为韩会等四人的才德可以媲美舜臣后夔，所以称他们为“四夔”。韩会还是当时古文家萧颖士、李华的弟子。他改革骈体，写作古文，曾作有《文衡》一篇，提出自己的文学主张：“为君、为臣、为父、为子，俾皆有经。辩道德仁义礼智信以管其情，以复其性，此文所由作也。”“学者知文章之在道德五常，知文章之作以君臣父子，简而不华，婉而无为，夫如是，则圣人之情可思而渐也。”他反对浮诞巧淫的文风，认为文章要在治理国家、辅佐教化方面发挥作用：“故文之大者，统三才，理万物；其次叙损益，助教化；其次陈善恶，备劝戒。”这种文以载道的观点，与萧颖士、李华的文论如出一辙。从中也不难看出由韩云卿、韩会到韩愈有关古文写作方面一脉相承的家学渊源。

柳宗元《先君石表阴先友记》云：“韩会，昌黎人，善清言，有文章，名最高，然以故多谤。”名高而谤至是一方面；另一方面，韩会入朝后投靠非人，投靠到元载门下，才给自己惹下了大祸。

元载出身寒微，在肃宗朝，靠攀附宦官李辅国而得到重用。代宗继位后，又买通宦官董秀，以善于逢迎上意而得宠拜相。元载得势以后，贪赃枉法，结党营私，排斥忠良，贿赂公行，生活上奢侈无度，在长安城内外都建造了大宅、别墅，宫室豪华冠绝当时。代宗起初还念其是旧臣，对他优容，但元载怙恶不悛，后来代宗忍无可忍，就在大历十二年（777），以图谋不轨的罪名，赐他自尽，他的同党也都被贬官。韩会因在元载执政后期受其重用，被列为元载重要党羽，所以被贬到远离京城五千里的韶州（今广东曲江）。韩愈时年十岁，也随同兄嫂从长安南迁到曲江。

> 昔余之既有知兮，诚坎坷而艰难。当岁行之未复兮，从伯氏以南迁。凌大江之惊波兮，过洞庭之漫漫。至曲江而乃息兮，逾南纪之连山。嗟日月其几何兮，携孤嫠而北旋。值中原之有事兮，将就食于江之南。始专专于讲习兮，非古训为无所用其心。窥前灵之逸迹兮，超孤举而幽寻。既识路又疾驱兮，孰知余力之不任。
>
> ——《复志赋》（节录）

《复志赋》的这一大段，韩愈忆述了自己年少时期跟随兄嫂南北飘流的经历。

韩愈当时已有些懂事，清楚记得十岁南行时，沿途经历波涛汹涌的大江，渡过无边无际的洞庭湖，穿越重峦叠嶂的五岭，才到达了曲江。在曲江住了两年多，42 岁的长兄韩会因忧愤过度，英年早逝。一家之主突然去世，孤儿寡妇又远在异乡，举目无亲，没有一个人来帮助他们，处境十分艰难。长嫂郑夫人只得带着孤儿，跋涉千里山川，护送灵榇，回到河阳故里。韩愈少年时期的这一段经历，使他亲尝了流离奔波之苦，初步体会到人生的艰辛。

在河阳故里仅仅住了一年左右，中原便发生了战乱。

安史之乱平定以后，由于朝廷对于安、史余党采取妥协、安抚的办法，安史部将的势力并未消灭，仍让他们领镇河北几个大州，藩镇割据的形势由此形成。各地藩镇拥兵割据，对抗朝廷，伺机作乱，团此战乱此起彼伏，连绵不断。建中二年（781），河北三镇节度使田悦、李正己、李惟岳，为争取传子制，联合叛乱，企图入寇中原，河南为之惊动。接着河北各镇朱滔、王武俊、李纳等相继叛乱，各自称王，以朱滔为盟主。朱滔更向淮西节度使李希烈（治蔡州，今河南汝南县）劝进，李希烈接受拥戴，自称天下都元帅，企图与唐室分庭抗礼，并派兵四出掠夺，包围郑州，小队人马直抵洛阳附近。而河阳是洛阳北面的军事要冲，形势十分紧张，人们争相避难。本来打算在故乡河阳定居的韩家，兄嫂郑氏为了躲避战乱，不得不带着全家人从河阳南下，远赴宣城（今属安徽）避居。在那里，有一个韩家先人留下的庄园。

韩愈于建中二年（781），十四岁时到达宣城，一直住到贞元元年（785），十八岁止。在这四五年间，兄嫂郑氏依靠韩家祖先在宣城遗留下的一份产业，勤俭持家，维持全家生活。这样，在经历接二连三的灾祸临头、迁徙动荡之后，终于有了一个比较安定的生活环境。郑氏“诲化谆谆”，教育韩愈专心读书，不能荒废学业，并经常以继承韩氏门户的责任感激励韩愈，一心一意按照韩氏世代承继不绝的家风，培养韩愈步入“学而优则仕”的人生道路。

韩愈在《与凤翔邢尚书书》中说：“生七岁而读书，十三而能文。”他的启蒙教育，从七岁就开始了。那时韩愈随兄嫂住在长安，生活比较安定。二叔韩云卿也在长安，任礼部郎中。韩愈在长兄辅导下读书。小小年纪，他就能够从叔父和长兄因富于文学而受到士流敬重的榜样中获得学习的动力，懂得要好好读书。李汉《韩愈文集序》说他“自知读书为文，日记数千百言”。韩愈努力学习，也很有长进。皇甫湜《韩文公墓铭》说他“七岁好学，言出成文”，《神道碑》又说他“七岁属文，意语天出”。到十三岁，他就能写一手好文章，“初有能名”。因此，他年少时就得到了古文家萧颖士之子，也是当时有名的文人萧存的赏知。

韩愈十四岁到宣城之后，萌发了读书经世之志，开始了有计划读书进业的生活："始专专于讲习兮，非古训为无所用其心。"专心研读儒家经典，心无旁骛，不看其他闲杂书籍。他在《祭窦司业文》中说："我之获见，实自童蒙。既爱既劝，在麻之蓬。"韩愈初识窦牟，是在建中三年到宣城之后，可见窦牟是他最初的授业老师。窦牟教导有方，对韩愈既爱护又劝导，循循善诱引导他勤奋读书，逐步成长。"念昔始读书，志欲干霸王"（《岳阳别窦司直》），就是指这个阶段而言的。

《新唐书·韩愈传》记载："愈自知读书，日记数千百言。比长，尽能通《六经》百家学。"韩愈天资聪敏，记忆力非凡，是他进学的有利条件，而他进学的成功，重要的关键在于他勤奋好学："仆少好学问，自五经之外，百氏之书，未有闻而不求，得而不观者。"（《答侯继书》）韩愈贪婪地博览群书，不论睡觉、吃饭，很少离开书本，看得疲倦了，把书本当枕头；吃饭没有菜，就看书下饭。在窦牟的教导下，他从小养成勤奋学习的好习惯、好学风："口不绝吟于六艺之文，手不停披于百家之编，记事者必提其要，纂言者必钩其玄。贪多务得，细大不捐，焚膏油以继晷，恒矻矻以穷年。"（《进学解》）他口不停诵，手不释卷，学习儒家经典和诸子百家的著作。韩愈披阅记事的文章一定要提出其中的要点，议论的著作力求探取其中深远的含义；学习贪多务得，大小问题都不丢弃。夜以继日，累月穷年，始终力作不息，毫不懈怠。韩愈的这种好学风、好习惯，从小到大数十年如一日，坚持不懈，直到他当国子监博士（相当于今天的大学教授）时，学生看到的情况依然如此。他总结自己治学修行的经验，教导学生："业精于勤，荒于嬉；行成于思，毁于随。"（《进学解》）意思是说，学业由于勤奋而专精，由于玩乐而荒废；德行由于慎思而成就，由于苟且而败坏。这两句话，成为千古名言，一直影响着后代莘莘学子。

二、艰难求仕之路

我年十八九，壮气起胸中，作书献云阙，辞家逐秋蓬。

——《赠族侄》（节录）

随着年龄的增长，学识的提高，韩愈心中壮志凌云，他要辞家外出，去追逐自己的理想。

少小尚奇伟，平生足悲吒。犹嫌子夏儒，肯学樊迟稼？事业窥皋稷，文章蔑曹谢。濯缨起江湖，缀珮杂兰麝。悠悠指长道，去去策高驾。谁为倾国媒？自许连城价。

——《县斋有怀》（节录）

韩愈年少就崇信有高尚的志气，看不起像子夏这种只善言辞的儒生，更不肯像樊迟那样热衷种地。他在从政和为文方面都有自己的雄心壮志：辅君济世，他要做皋陶、后稷（舜的贤臣）那样的贤臣；文学创作，他有意超越曹植、谢灵运的成就。韩愈自视甚高，比肩倾城倾国之美人，自许价值连城的宝玉。

贞元二年（786），十九岁的韩愈为了追逐梦想，离开宣城，奔赴长安寻求发展的机会。途中，他绕道父亲仲卿做过县尉的潞州铜鞮，假道河中蒲州中条山。站在中条山脚，黄河之滨，眼前奔腾东流的黄河水，浊浪滔滔奔流而去，远望苍茫巍峨的中条山，松柏在高冈上傲然挺立。他即景抒怀，写下《条山苍》一诗：

条山苍，河水黄。浪波沄沄去，松柏在高冈。

年轻的诗人借景咏怀，托山河景物抒发“苍者自高黄自浊，流俗随波君子独”（陈沆《诗比兴笺》）的情怀。他鄙视随波逐流的世人，仰慕高冈上矗立长存的松柏。诗人的爱憎好恶与人生抱负，用眼前景物和盘托出。真可谓“寻常写景，十六字中，见一生气概”（程学恂《韩诗臆说》）。

韩愈于次年初来到京城长安。他到长安不久，就听说贞元元年（785）九月吐蕃入寇，连陷盐、夏两州。贞元二年（786）闰五月，吐蕃因兵败而请会盟平凉，又背信弃义劫盟，唐官军数百人被杀，自己的堂兄韩弇以侍御史随军判官的身份与盟，也被杀害。此后吐蕃连连入寇，被侵占数州土地。在这种国难当头时候，长安王城里依旧歌舞升平，无人关心国家安危，对此他感到愤愤不平。

登高望烽火，谁谓塞尘飞？王城富且乐，曷不事光辉？勿言日已暮，相见恐行稀。愿君熟念此，秉烛夜中归。我歌宁自戚？乃独泪沾衣。

——《烽火》

诗人登高远望，见烽火连天，边塞疆场战火纷飞，忧心如焚，独自泪洒衣衫。回头看王城里依旧鼓乐喧天，达官贵人们日以继夜地寻欢作乐，丝毫不顾国家安危，心中十分愤慨，不禁对他们提出正告，劝他们以君国为念，赶快收场回家，并且说，“难道我只为一己私情，独自悲伤而泪湿衣衫？”诗人不仅为堂兄被害落泪，更为家国蒙羞伤心，从此可见青年诗人已经具有忧国忧民的情怀。

长安，是一个物价昂贵的高消费城市。韩愈来到长安的第二年，由于家庭财力有限，生活拮据，甚至到了“穷不自存”（《殿中少监马君墓志》）的地步。

> 长安百万家，出门无所之。岂敢尚幽独，与世实参差。古人虽已死，书上有遗辞。开卷读且想，千载若相期。出门各有道，我道方未夷。且于此中息，天命不吾欺。
>
> ——《出门》

长安人多地广，千家万户，韩愈却举目无亲，投靠无门，取财无道。他出门茫然不知所适，只好闭门读书，自解宽慰，相信老天爷不会欺负有心人，努力读书，定会有回报。

真是天无绝人之路。这时韩愈得知封北平王的马燧恰巧住在长安，与韩家有三世之交，是堂兄韩弇的朋友。于是他就以韩弇兄弟的身份，在路途拦马求见。马燧问明他的情况，怜念他的苦寒，带他回安邑里王府，供给他衣食，叫两个儿子以宾主之礼接待他。这样就使韩愈在长安有了一个衣食无忧的安身之地，得以专心致志为前程奔波。此事使韩愈永难忘怀，他曾作《猫相乳说》，讲述马燧家的猫妈哺育“孤儿”的故事，借以感念马燧“视外犹视中，一家犹一人”地对待自己的恩德。

长安，是一个“名利之都”（《复志赋》），任何一个要求取得功名富贵的人，都要到长安来寻找机缘。仕宦对于封建士大夫是实现人生价值的唯一出路。那时候读书人要进入仕途，大都是通过科举考试。科举的名目有八科，以进士、明经两科最著名，尤其是以诗赋取士的进士科最为名贵而难得，大约百人中才能取到一人，因此当时人比喻进士登科为“登龙门”。

> 仆始年十六七时，未知人事。读圣人之书，以为人之仕者皆为人耳，非有利乎已也。及年二十时，苦家贫，衣食不足，谋于所亲，然而知仕之不唯为人耳。及来京师，见有举进士者，人多贵之。仆诚乐之，就求其术，或出礼部所试诗、赋、

策等以相示，仆以为可无学而能，因诣州县求举。

——《答崔立之书》(节录)

韩愈对科举的认识也有一个过程，在宣城读书的时候，以为读书求仕是为了经世济民，于己无利。后来家庭生计困难，才懂得读书求仕，不仅是为了人民，还可以解决个人的贫困问题。来到长安之后，见到举进士者，人们都以为尊贵，自己也想一试，就寻找举进士的门径。有人拿应进士考试的赋、诗、策一类文章给他看，觉得这类文章不学就会，轻而易举。韩愈懂得了有关吏部进士考试的方式和手续，就决定回到自己所在州县参加考试，以取得贡士的身份。县、州两级考试都顺利通过，回到长安参加礼部进士考试，却屡屡遭受失败。

贞元三年(787)，韩愈第一次参加礼部进士考试，没有及第。

贞元五年(789)，韩愈第二次参加礼部进士考试，也没有及第。

贞元六年(790)，韩愈从长安回到宣城，探望他离别四年的兄嫂郑夫人和侄儿老成。返回长安途经郑州时，托人给滑州刺史贾耽送去了行卷。所谓行卷，就是应试人将自己的作品写成卷轴，送给社会上有声望的人，请求他们向主试人推荐，以增加自己入选的希望。贾耽时任检校右仆射，兼滑州刺史、义成军节度使，权势很大。史称贾耽有长者之性，古之淳德君子之风，声望也高。韩愈希望得到他的推荐，《上贾滑州书》说：

愈儒服者，不敢用他艺干进。又惟古执贽之礼，窃整顿旧所著文一十五章以为贽，而喻所以然之意于此。

曰：丰山上有钟焉，人所不可至，霜既降则铿然鸣。盖气之感，非自鸣也。愈年二十二，读书学文十五年，言行不敢戾于古人。愚固泯泯，不能自计，周流四方，无所适归。伏惟阁下昭融古之典义，含和发英，作唐德元，简弃诡说，保任皇极。是宜小子刻心悚慕，又焉得不感而鸣哉！徒以献策阙下，方勤行役。且有负薪之疾，不得稽首轩阶。遂拜书家僮，待命于郑之逆旅。伏以小子之文可见于十五章之内，小子之志可见于此书。与之进，敢不勉；与之退，敢不从。进退之际，实惟阁下裁之。

韩愈请求贾耽推荐自己，开始还说得比较委婉，说丰山上有一个钟，高高在上，不能自鸣，霜降之后，感于气候变化才铿然而鸣。意思是说，有才学的人也不能自鸣，只有得到有力者的赏识才能鸣响。接着就明确说明所以送行卷的原因：自己年已二十二，读书学文十五年，言行向来不敢违反古道，却奔走四方，无所适归。阁下弘扬古道，德行高尚，主持正义，令我倾心仰慕，又怎能不借助阁下的影响，让我一鸣惊人呢！信的最后，直接提出了请求：我的进退与否，全倚仗阁下的一举！其意是，自己的命运完全操在他的手中。真有点咄咄逼人，似乎非推荐他不可。

这是韩愈第一次以文干谒当代名公。不知是贾耽根本没有理会韩愈的请求，还是主试人对贾耽的推荐没有理会，贞元七年(791)，韩愈第三次参加礼部进士考试，结果还是名落孙山。

三次进士考试的接连失败，韩愈精神上比较苦闷，情绪比较低落。

落叶不更息，断蓬无复归，飘飖终自异，邂逅暂相依。悄悄深夜语，悠悠寒月辉。谁云少年别？流泪各沾衣。

——《落叶一首送陈羽》

陈羽也是一位考生，第二年与韩愈同举进士，可见当年也没有及第。两人邂逅，又要暂时分别，深夜促膝长谈，都不禁伤心落泪。男儿有泪不轻弹，一个有才有志之士竟在求举途中屡遭失败，谁能不伤心落泪？

贞元八年（792），韩愈二十五岁，第四次参加礼部进士考试，终于登第了。这一年负责主持进士考试的是礼部侍郎陆贽，梁肃和王础为通榜。通榜的作用是向“知贡举”推荐人材，也可能参加阅卷。中举进士人选，先由梁、王二人推荐，经陆贽同意，才被录取。陆贽是一位正直贤明的官吏，又是一位出色的文章家，在这年四月拜为宰相。梁肃时任左补阙，他提倡古文，是著名古文家独孤及的弟子，与韩会是多年文字之交，韩愈也曾与李元宾（观）等人“共游梁补阙之门”，“俱以文学为肃所称”（王定保《唐语林》卷七）。在他们的主持下，这一年进士考试录取了一批英才。韩愈对这次进士考试曾有过追述：“往者陆相公司贡士，考文章甚详。愈时亦幸在得中，而未知陆丞相之得人也。其后一二年，所与及第者皆赫然有声。原其所以，亦由梁补阙肃、王郎中础佐之。梁举八人，无有失者，其余则王皆与谋焉。陆相之考文章甚详也，待梁与王如此不疑也。梁与王举人如此之当也，至今以为美谈。”（《与祠部陆参员外荐士书》）这次与韩愈同榜登第的共有二十三人，二十三人中，梁肃推荐的韩愈、李观、李绛、崔群、欧阳詹、王涯、冯宿、庾承宣等八人，都成为一代精英，后来他们各显奇才，或文名卓著，或官至显要，其中李绛、崔群、王涯先后做到宰相，所以人们说这次考试所录取的人是“天下选”，把这一榜称为“龙虎榜”。这一年，韩愈二十五岁。

韩愈进士及第之后，精神也就振作起来。京城流传谏议大夫阳城的故事，引起他的关注：阳城原来隐居中条山，安贫乐道，专做好事。德宗慕名征召他，授以谏议大夫。阳城还未到京时，人们都想望其风采，以为定能以死奉职。而他上任之后，却一味与客日夜痛饮，不问外事。人们大失所望，说他徒有虚名。韩愈感到阳城的表现太不像话，于贞元九年（793）挥笔写下《谏臣论》，批评阳城不尽职守的行为。这篇文章里韩愈在论辩中明志，阐明了自己的政治理想和人生抱负。

愈曰：自古圣人贤士皆非有心求于闻用也。闵其时之不平，人之不乂，得其道不敢独善其身，而必以兼济天下也。孜孜矻矻，死而后已。故禹过家门不入，孔席不暇暖，而墨突不得黔。彼二圣一贤者，岂不知自安佚之为乐哉？诚畏天命而悲人穷也。

愈曰：君子居其位，则思死其官；未得位，则思修其辞以明其道。我将以明道也，非以为直而加诸人也。

上一段文字，韩愈表示要以古圣贤为榜样，立兼济天下、死而后已之志：自古圣人贤士都不是寻求个人的闻达见用。哀怜其时局的不太平，民生的不安宁，得志之日，不敢独善其身，必然要兼济天下。勤劳不怠，死而后已。因此大禹治水，三过家门而不入；孔子周游列国，座席未暖又匆匆上路；墨子奔走救世，每次烟囱未熏黑便又上路。这两位圣人一位贤人，难道不知道自身安闲为快乐吗？那是他们敬畏天命而哀怜人民穷困啊！

下一段文字，韩愈明确提出“文以明道”的主张，并誓言要身体力行：君子得到职位，就要为其职守而死；不得职位，就要从事写作以阐明儒道。我自己将要以文明道，但并不想以此强加于人。

这两段文字清楚地阐明韩愈积极用世的人生态度，传道治国兴邦的人生目标，树立了他奉行古代圣人之道（儒道）的鲜明旗帜。他认为要达到这个目标，首先要走辅君济世的道路：“致吾君于尧舜，熙鸿号于无穷”（《谏臣论》），即辅佐君主如尧舜一样的圣明，使帝王的仁政美名传之久远。而要实现辅君济世，自己就要继续为仕进而努力，力求取得一个朝廷命官的职位。如果仕途阻塞无门，扶君济世的道路行不通，就要“文以明道”，即致力为文，鼓吹儒道救国，为中兴大唐鸣锣开道。可见韩愈此时心中的人生规划已经做好了两手准备，完全排除“穷则独善其身”的选项。韩愈一生的活动，都是在这样的思想支配下积极用世的。只是在实际执行中，他把两手准备的构想修正为两条腿走路，即一边从政，一边写作，两者协力同心，直奔道济天下的目标。

按唐朝的制度，礼部管科举考试，吏部管官吏任免。礼部进士考试及第者，只是取得入仕的资格，还要经过吏部主持的分科考试，才能授官任职。否则只有待藩镇聘用，做幕府僚属。韩愈进士及第，虽已取得入仕的资格，要想成为朝廷命官，还得参加吏部的考试，继续为实现人生梦想而奋斗。

贞元八年（792）冬，韩愈第一次参加吏部博学宏词科考试。为了取得参加吏部博学宏词科考试资格，他于二三月间返回河阳故籍。在河阳，根据家长的安排，他与卢氏完婚。五月，在取得吏部考试资格之后，回到长安。应试之前，他给韦舍人写了一封请求推荐的信《应科目时与韦舍人书》：

> 月日，愈再拜。
>
> 天池之滨，大江之溃，曰有怪物焉，盖非常鳞凡介之品汇匹俦也。其得水，变化风雨，上下于天不难也。其不及水，盖寻常尺寸之间耳，无高山大陵旷途绝险为之关隔也。然其穷涸不能自致乎水，为猵獭之笑者，盖八九年矣。如有力者哀其穷而运转之，盖一举手一投足之劳也。然是物也负其异于众也，且曰：“烂死于泥沙，吾宁乐之；若俛首帖耳、摇尾而乞怜者，非我之志也。”是以有力者遇之，熟视之若无睹也。其死其生，固不可知也。
>
> 今又有有力者当其前矣，聊试仰首一鸣号焉，庸讵知有力

者不哀其穷，而忘一举手、一投足之劳，而转致之清波乎？其哀之，命也；其不哀之，命也；知其在命而且鸣号之者，亦命也。愈今者实有类于是，是以忘其疏愚之罪，而有是说焉，阁下其亦怜察之。

韩愈在信中自命不凡，把自己比喻为一个非凡的怪物，说此怪物非同一般鳞甲之类，它如若得水，可以兴风降雨，游于九天之上。然而它现在处于穷困干涸之中，不能自己到水中去，需要有人帮助。“如有力者哀其穷而运转之”，以举手投足之劳即可解其穷困。又说此怪物自负与众不同，宁肯烂死于沙泥之中，也不向人摇尾乞怜，非一般媚俗谄上者可比。有力者如若遇之而熟视无睹，其生死就难说了。

如今面临一个新的机遇，又有一个有力者当其前，它姑且试着仰起头鸣叫一声，怎么知道有力者不哀怜其穷困而不惜举手投足之劳，把它转送到碧水清波中去呢？这个疑问句，巧妙地把怪物内心的悲哀、疑惧、羞惭、企盼等复杂的感情和盘托出，接着又一再哀叹命运不可知晓，恳求“怜察”之意终于亮出。书信通篇以比喻说事，将难于言说之词，托比兴抒发，这样一来，自诉苦况不觉其寒俭，自高才德不觉其狂傲，颂人之德不觉其谄媚，作者为求人引荐，真是煞费苦心。

这次吏部考试的题目是：《太清宫观紫极舞赋》和《颜子不二过论》。主考官是考功虞部员外郎崔元翰。崔元翰苦心文章，好学不倦，崇尚古文，因而他自然看好韩愈。阅卷之后，便把韩愈、李观、裴度、陆复礼四人的名字，一同上报给中书。不料，李观、裴度、陆复礼三人被中书选上了，而韩愈却被淘汰。韩愈在《上考宏词崔虞部书》中说：

凡进士之应此选者三十有二人，其所不言者数人而已，而愈在焉。及执事既上名之后，三人之中，其二人者固所传闻矣，华实兼者也，果竟得之，而又升焉。其一人者则莫之闻矣。实与华违，行与时乖，果竟退之。如是，则可见时之所与者、时之所不与者之相远矣。

韩愈对崔元翰说：此次进士应选有三十二人，不自我宣扬的只有数人，我就在其中。待阁下上报候选人名名单之后，三人之中有两人，传闻可以上。他们的文章华实兼顾，文风符合当今时尚，果然获得批准，能够升官。另外一人，没有传闻，其文章古朴淡雅，与骈体华丽之风相违背，其行为也不符合时尚，果然遭到淘汰。从此可见符合时尚还是不符合时尚，事情相差甚远。

韩愈对自己遭淘汰的原因，说得很清楚，就是“实与华违，行与时乖”。华，指文章华美富丽；实，指文章古朴雅淡。他知道，在骈体文盛行的时代，自己的文风和行为不符合当今崇尚华丽的时风，不适合当权者的口味，被淘汰是不难想象的。可见韩愈倡导古文，改革文风，自己也付出了沉重的代价。不过他并不打算改弦更张，他向崔元翰表白：“愚之所守，竟非偶然，故不可变。”明确表示要坚守改革文风的初心，坚持走自己的道路。

韩愈当时的处境十分困难：“今所病者在于穷约。无僦屋赁仆之资，无组袍粝食之给。驱车出门，不知所之。”但他并没有丧失进取的信心，《上考宏词崔虞部书》最后说：

> 夫古之人四十而仕，其行道为学，既已大成，而又之死不倦，故其事业功德，老而益明，死而益光。……愈今二十有六矣，距古人始仕之年尚十四年，岂为晚哉？行之以不息，要之以至死。不有得于今，必有得于古；不有得于身，必有得于后。用此自遣，且以为知己者之报，执事以为如何哉？其信然否也？

韩愈身处仕进无门、衣食无着的困境，依然激励自己：古人四十而仕者尚且功业有成，何况自己现在还只有二十六岁！因此他决心坚持不懈地奋斗："行之以不息，要之以至死"，表现出永不气馁、积极进取的可贵精神。

韩愈吏部考试没有成功，朝廷授官任职暂时没有希望，贞元九年（793）六月，他西行到凤翔，拜访驻节凤翔的陇右节度使邢君才，看看能否先在幕府谋个职位。到达十日，无人引见，只有写信向邢君才毛遂自荐："愈也，布衣之士也。生七岁而读书，十三而能文，二十五而擢第于春官，以文名于四方。前古之兴亡，未尝不经于心也；当世之得失，未尝不留于意也。常以天下之安危在边，故六月于迈，来观其师。及至此都，徘徊而不能去者，诚悦阁下之义，愿少立于阶墀之下，望见君子之威仪也。"（《与凤翔邢尚书书》）信中还特别用上下相须（相互依存）、先后相资（相互资助）的理论提示对方，布衣之士对于王公大人也有可用之处，并且说明"士之来也，必有求于阁下"。然而邢君才根本没有理会这一套，连见面的机会也没有给一个。

韩愈干谒无成，一个人羁旅在外，深感孤独，不由想念年轻的妻子，写下《青青水中蒲三首》，抒发眷恋之情：

青青水中蒲，下有一双鱼。君今上陇去，我在与谁居？

青青水中蒲，长在水中居。寄语浮萍草，相随我不如。

青青水中蒲，叶短不出水。妇人不下堂，行子在万里。

这三首诗，韩愈没有直抒其情，而是以物起兴，用反衬手法，写妻子怀念自己，是一种"代内人答"的体裁。诗中处处以妻子口吻，诉说夫妻不能相随相伴的离愁，语浅意深。第一首抒写送别之情：鱼儿成双成对在水中香蒲下游来游去，你如今要上陇州去，谁跟我在一起呢？第二首抒写别后离愁，思妇自比水中长居的香蒲，感叹不如浮萍随水漂流，可以随夫君而行。第三首写思妇虽不能和丈夫相随出门，却能理解丈夫的万里之志。清陈沆《诗比兴笺》解读说："此公寄内而代为内人怀己之词。然前二章儿女离别之情，第三章丈夫四方之志。"诗人虽满怀儿女情长，仍以万里之志与妻子相互劝慰。

韩愈在返回长安途中，趁机游览临近的岐山。岐山在陕西岐山县，又叫凤凰堆，传说是周代初兴，有凤凰鸣其上而得名。韩愈徘徊岐山脚下，浮想联翩，感慨良多。

> 谁谓我有耳，不闻凤皇鸣。朅来岐山下，日暮边鸿惊。丹穴五色羽，其名为凤皇。昔周有盛德，此鸟鸣高冈。和声随祥风，窈窕相飘扬。闻者亦何事？但知时俗康。自从公旦死，千载闷其光。吾君亦勤理，迟尔一来翔。
>
> ——《岐山下》

诗的开头说：没有听过凤凰鸣叫，哪能算有两只耳朵。诗的结尾说：当今君王亦很勤政，期待凤凰早日来临。说明诗人期待听见凤鸣，而凤凰不至。诗人把这种"凤凰不至"之叹，也就是生不逢时之叹，寄寓于美丽的传说之中：丹穴之上，有一只彩色羽毛的鸟，它的名字叫凤凰。周朝的时候有盛德，它在高冈上鸣叫。叫声和谐的凤凰乘着祥瑞的风飞翔，美丽的身姿在天空中飘扬。听到的人都知道，天下太平安康了。可是周公死后，天下乱起，千载之后的今日也见不到太平，因而也就再也看不到凤凰的光彩了。诗人多么希望有周朝那样的盛世再现，凤凰鸣叫，天下太平，好施展自己的才能，实现自己的抱负。

贞元十年（794），韩愈第二次参加吏部博学宏词科考试。这年试题是《朱丝绳赋》《冬日可爱诗》《学生代斋郎议》。韩愈又一次落选，大概是因为《省试学生代斋郎议》一文的观点与朝廷旨意大相径庭。所谓斋郎，就是郊庙祭祀时负责洒扫和奉礼器的杂役。当时朝廷有意要用国子监学生代替斋郎执行相关事务，以精简人事。考官出这个题目，无非是想测验考人能否就此事说出一番道理，也想为朝廷这项举措谋个事理。但韩愈居然自以为是大发议论，反对朝廷此项举措。他在文中认为，让太学生去做斋郎的事，是大材小用，导向不对："使君子而服小人之事，且非国家本崇儒劝学诱人为善之道也。"他还认为，"宗庙社稷之事虽小，不可以不专敬之至也"，学生由于没有受过专门训练，其行为举止、思虑容貌必不合法度，那是对祭祀的不敬。如果让学生去学斋郎的礼法，又必然"隳坏其本业"。最后他认定"议罢斋郎而以学生荐享"，是"不得其理"的事。韩愈的这一番议论，自然不会得到考官和朝廷的首肯，其名落孙山也是必然的。他在《答侯继书》中说："仆又为考官所辱。"可见他对这次被考官否定而落选，心里并不服气。

贞元十一年（795），韩愈第三次参加吏部博学宏词科考试，韩愈又落选了。他的朋友崔立之写信安慰他。他在《答崔立之书》中并无灰心丧气之意，只是对吏部博学宏词科考选并不服气，极其不满：

> 闻吏部有以博学宏辞选者，人尤谓之才，且得美仕。就求其术，或出所试文章，亦礼部之类。私怪其故，然犹乐其名，因又诣州府求举。凡二试于吏部，一既得之，而又黜于中书。虽不得仕，人或谓之能焉。退自取所试读之，乃类乎俳优者之辞，颜忸怩而心不宁者数月。既已为之，则欲有所成就，《书》所谓耻过作非者也。因复求举，亦无幸焉。乃复自疑，以为所试与得之者不同其程度，及得观之，余亦无甚愧焉。夫所谓博学者，岂今之所谓者乎？夫所谓宏辞者，岂今之所谓者乎？诚使古之豪杰之士若屈原、孟轲、司马迁、相如、扬雄之徒进于

是选，仆必知其怀惭。乃不自进而已耳，设使与夫今之善进取者竞于蒙昧之中，仆必知其辱焉。然彼五子者且使生于今之世，其道虽不显于天下，其自负何如哉？肯与夫斗筲者决得失于一夫之目，而为之优乐哉？

他说：听说吏部有以博学宏辞考取的，人们尤其认为是人才，且能得到好的官职。因而打听其门道，有人拿应试的文章给我看，其文章与礼部进士考试的文章一样，却能得到好官，我觉得奇怪。我还是喜欢博学宏词的名声，因此又到自己所居住的州府请求举荐。我两次参加礼部考试，一次已被考官录取，而被中书省除名。虽没有得到官职，人们还称许我能干。我回来拿出所试文章看看，是类似戏耍一样的低俗文字，好几个月都感到羞愧，心里不安宁。心里想既然这样做了，就要有所成就，这等于做自己以为羞耻而不愿做的事。因而又去参加考试，也无缘录取。我又自疑，以为自己应试的文章与录取者的文章水平不同。拿到他们的文章看了之后，感到并无多大差别，所以自己也没有什么值得惭愧的。当今所谓博学的人，难道是大家公认的吗？当今所谓文辞超群的人，观道是大家公认的吗？假使让古代的豪杰之士屈原、孟子、司马迁、司马相如、扬雄之类的人参加这种考选，必然会感觉惭愧而不再参加考试。他们假如和当今那些善于取功名者在这种愚昧的状态下比高下，我知道他们必定屈辱失败。这五个人如若生活在今世，以他们自恃清高的品格，难道肯与那些学识浅陋的人在平庸考官面前决高下、争得失吗？

韩愈不服自己的遭遇，在求仕无门的情况下，就想争取宰相对自己的认可和关顾，于是他上书宰相，述志、诉苦、求仕，期望有意外成功。贞元十一年（795）正月至三月中，在短短两个月内，韩愈接连三次给当朝宰相上书，这就是有名的“三上宰相书”。

《上宰相书》首先引经据典，说明“乐得天下之英才而教育之”，是古今成就人才之道，也是君相的责任。接着就毛遂自荐，介绍自己读的是圣人之书，写的是歌颂尧舜之道的文章，勤勉不懈，不为私利。而“三选于吏部卒无成”，找不到一个发挥才能的职位，目前的处境狼狈不堪。虽然身份微贱，尚可教育成才。然后申说君相之求人与在野者之求位，二者的利益是一致的，在上者不应限制人才的进用，在下者也不应因制度限制而不敢求荐进取，退隐自绝。并且批评礼部、吏部考试制度注重文章形式与技巧的弊端，表述了他对“试之以绣绘雕琢之文，考之以声势之逆顺，章句之短长。中其程式者，然后得从下士之列”的考试方法的不满。他还认为上书宰相求仕，荐之天子而授以官职，公开发布他的上书，有利于吸引天下英才。

当朝的宰相赵憬、贾耽、卢迈，时人称为“庸人”。韩愈上书，尽管写得义正词严，如对牛弹琴，毫无反应。

韩愈上书后，等候了将近二十天，音信全无，于是第二次上书。《后十九日复上书》，由于心情比较焦急，所以就以呼救者的口吻，向宰相发出呼吁，希望予以拯救。他说自己一直强学力行，勇往直前，以致蹈于穷饿之水火，处境十分危急，因此大声疾呼，阁下闻见了，究竟是否伸手相救？况且贤相举荐人，早已有先例。古代举荐人，有的取于强盗，有的取于管库，我虽为一介布衣，总足以和他们相比。韩愈简直在卑辞恳请，苦苦哀求了。

韩愈第二书上书之后，又等候了将近一个月的时间，仍无回音，于是第三次再上书。《后二十九日复上书》，内心情绪虽然愤愤不平，然而终究有求于人，还得婉转陈词。这篇的中心，是用古之周公，与今之宰相对比；用古之周公的治绩，与今之宰相的治绩对比，其激将的意味十分明显。古之周公，治理天下的政绩斐然，还要急于进贤，一食三吐哺，一沐三握发。而今之天下，难道治理得很好了吗？难道没有需要补救的地方吗？既然天下未治，对于要求进见的人才，“今虽不能如周公吐哺握发，亦宜引而进之，察其所以而去就之，不宜默默而已也”。

韩愈三次上书，卑辞求仕，曾遭后人非议。其实他在此次上书中说得很清楚，自己不愧于自进，一再上书，数次登门，为的是有用于当世，而不愿意退隐山林，独善其身：“今天下一君，四海一国，舍乎此则夷狄矣，去父母之邦矣。故士之行道者，不得于朝则山林而已矣。山林者，士之所独善自养，而不忧天下者之所能安也。如有忧天下之心，则不能矣。故愈每自进而不知愧焉，书亟上，足数及门而不知止焉。”他胸怀家国之念，有一颗忧天下之心，力求在世上有所作为，不愿做独善自养的人，表明他上书求仕的目的正大光明，并非为个人的功利而钻营。宋代黄震对这个问题有过公正的评论：“昌黎三上光范书，世多讥其自鬻。然生为大丈夫，正蕲为天下国家用。孔子尝历聘列国，孟子亦尝游说诸侯矣。如公才气，千古一人。亦同流俗困于科举，而不得少见于世。故直摅其抱负以自达于进退人才者。虽颇失之少年锐气，而实皆发于直情径行。始则晓以古者成就人才之道，次则动以一己饥寒之迫，终则警以天下未治，反不能如周公礼士之勤。光范门虽尊，公直与之肝膈无间。然则公之抱负者为何如，而可讥其自鬻哉！终南捷径，少室索价，阳退阴进，不由真情，此则不鬻之鬻，乃公罪人耳。”（《黄氏日钞》卷五九）此可谓昌黎知音之言，天下公正之论。

韩愈三次上书，都石沉大海，一无所得。而他在长安，“遑遑乎四海无所归，恤恤乎饥不得食，寒不得衣”（《上宰相书》），生活十分困难。

马厌谷兮，士不厌糠粃。土披文绣兮，士无短褐。彼其得志兮不我虞，一朝失志兮其何如？已焉哉，嗟嗟乎鄙夫！

——《马厌谷》

黄昏苦寒歌，夜半不能休。岂不有阳春？节岁聿其周。君何爱，重裘兼味养大贤？冰食葛制神所怜。填窗塞户慎勿出，喧风暖景明年日。

——《苦寒歌》

这两首诗，反映了韩愈当时的生活状况与复杂心情。

《马厌谷》一诗，韩愈慨叹社会的贫富悬殊与自己的贫困境遇，对自己的求仕失意陷入困顿感到愤愤不平。他想到孔子的话："鄙夫可与事君也与哉？"（《论语·阳货》）怨自己是"鄙夫"，不是辅君济世的材料，那是发《离骚》之幽怨。

《苦寒歌》一诗，韩愈写自己因饥寒交迫，歌唱苦寒，从黄昏直到夜半，还没有停止。他期待岁时易节，冬去春来，重裘兼味养大贤的美好日子早日到来，冰食葛衣叹苦寒的可怜日子早日过去。当前天寒屋冷，且关闭好门窗，不要外出，等待明日和风丽景的春天来临。诗人哭穷叹苦，但并不悲观丧气，对前景仍抱有希望。

韩愈求仕不成，在京城生活难以为继，决计离开长安，东归河阳。那里有他新婚未久的妻子，也需要回故乡为去世未久的长嫂戴孝。

贞元十一年（795）五月二日，韩愈离开长安，"怀书出皇都，衔泪渡清灞"（《县斋有怀》），于七日出潼关，沿河岸东行。他在途中看到一个使者手拿一只装有白乌和白鸜鹆（即八哥）鸟笼，沿途大呼："这是进献给天子的！"路人立刻回避到两边，不敢正眼相看。此事引起韩愈感慨悲伤：这两只鸟既无道德又无智慧，只是羽毛与众不同，就能荐举给皇上，自己怀抱才学，品行端正，反而没有人推荐，这世道真是人不如鸟！因此作《感二鸟赋》以自悼：

吾何归乎？吾将既行而后思，诚不足以自存，苟有食其从之。出国门而东骛，触白日之隆景。时返顾以流涕，念西路之羌永。过潼关而坐息，窥黄流之奔猛。感二鸟之无知，方蒙恩而入幸。惟进退之殊异，增余怀之耿耿。彼中心之何嘉，徒外饰焉是逞。余生命之湮阨，曾二鸟之不如。汩东西与南北，恒十年而不居。辱饱食其有数，况策名于荐书。时所好之为贤，庸有谓余之非愚。昔殷之高宗，得良弼于宵寐。孰左右者为之先，信天同而神比。及时运之未来，或两求而莫致。虽家到而户说，只以招尤而速累。盖上天之生余，亦有期于下地。盍求配于古人，独怊怅而无位。惟得之而不能，乃鬼神之所戏。幸年岁之未暮，庶无羡于斯类。

这篇赋，韩愈借二鸟之事，抒写自己求仕不成的不平，批判当权者重玩物而轻贤才的行径。开头先写自己离开长安时的悲愤心情：我回到哪里去呢？我将三思而后行，目前确实无法生存下去，只要有给吃的就得跟从。出了京城就向东快走，迎着白日猛烈的阳光。回望长安不禁泪流满面，西归之路恐怕遥遥无期。接着，就写过潼关时见到进献二鸟之后的感慨：二鸟无知，却因皇上喜爱奇珍异玩而得到宠幸，自己却屡求仕进而不得，弄得穷困潦倒，进与退天差地别，更令我耿耿于怀。它们的内美无可嘉许，只是凭外貌取悦于人。我的命运不佳，连二鸟都不如。随后，韩愈回顾求仕的艰辛，对于贤愚不辨的现实感到无奈：川流不息地四方奔走，十年之间始终不得安居。承蒙有人赏赐吃几顿饱饭，何况将自己名字写上荐书。时世所喜爱的就是贤人，难道有人说我不是愚人。最后，诗人只有进行自我宽解：相传殷之高宗武丁，得良相傅岩于梦中。他的进用并没人在高宗身边为他讲话，的确得到天的认同与神的帮助。若自己的好运没有到来，天与神两个企求都难以得到。虽然名声家喻户晓，只能徒然招致麻烦。上天既然生了我，总希望在人世有所作为。何不企求与古人（傅岩）相比美，只是悲伤自己不得其职位。那些得到官位而才能不足的人，那是受到鬼神的戏弄。自己幸而未到老大之年，尚且还有进取之机，无须羡慕以貌取宠的二鸟和那些得位而无能的官僚。诗人在自我宽解中虽还有几分无奈之情，但也表现出不畏挫折、待时而起的执着追求。

韩愈回到河阳，求仕失意、怀才不遇的心情始终挥之不去。他想到古代伯乐相马的故事，顿时心有灵犀，立即借题发挥，用以抒发心中的感慨不平之气。

> 世有伯乐，然后有千里马。千里马常有，而伯乐不常有。故虽有名马，只辱于奴隶人之手，骈死于槽枥之间，不以千里称也。
>
> 马之千里者，一食或尽粟一石。今之食马者不知其能千里而食也。是马也虽有千里之能，食不饱，力不足，才美不外见，且欲与常马等不可得，安求其能千里也？
>
> 策之不以其道，食之不能尽其材，鸣之而不能通其意。执策而临之曰："天下无良马！"呜呼！其真无马邪？其真不识马邪？
>
> ——《杂说四首》其四

传说伯乐姓孙名阳，是春秋时代秦国人，会给马看相，善于识别千里马。韩愈这篇文章，以伯乐借喻能识拔人材的执政大臣，千里马借喻有才能的人士，感慨"千里马常有，而伯乐不常有"。正因为世上缺少善于相马的伯乐，虽然有出色的马，却只能困辱于奴隶人的手里，一个接一个地死在石槽边马厩里，得不到千里马的称号。

识别千里马的关键是驭马者要善于体察千里马性情与才能，能够善待它们：马中能够日行千里的，一顿可能要吃掉一石粮食。驭马者不知道它能够日行千里而把它喂饱，这样的马，纵使有日行千里的本领，由于吃不饱，力气不足，才能显露不出来，要求和寻常的马一样尚且办不到，怎么能叫它日行千里呢？这一席话，倾诉了千里马无限的委屈和辛酸。

不善于识别千里马的人，自然不善于使用千里马：驾驭它不用正当的办法，饲养它不能满足它身体的需求，它的嘶叫又不能领会它的意思，却拿着马鞭对着它说："天下没有千里马。"明明是自己有眼无珠，不识真才，反而发出"天下无良马"的慨叹。面对此情此景，韩愈愤慨无比，不禁发问：是真的没有千里马吗？还是真的不识马啊？

"世有伯乐，然后有千里马。"庸臣当政，自己有眼不识泰山，却叫喊天下没有杰出人才，这是天下才俊的最大悲哀！韩愈就伯乐相马的故事，纵横议论，层层推进，形象地说明得士先须识士，得士又须善待士，得士更须善用士，有力地批判当政者不识才，不重才，埋没人才，摧残人才的种种行径，借以抒发自己怀才不遇的悲愤，也替天下不得志的才俊鸣不平。

韩愈长安求仕，度过将近十年时光，历尽艰辛，仅得进士一第，并没有得到一官半职。然后在这期间，他初步认识了社会现实，领略了世态炎凉，懂得既要立志兼济天下，亦要谋求自身的生存与发展。这期间，他从自身的生活感受和社交需要出发，写下了不少诗文作品，实际上步入了文学创作道路，初步显露了写作才华，其古文在贞元文坛上已有一定名声。他在贞元八年（792）写的《谏臣论》中第一次提出了"文以明道"的主张，明确了从事文学事业的方向。这期间，韩愈交结了许多朋友，开始了影响久长的社交生活。贞元八年同榜登第的"同年"有：贾棱、陈羽、欧阳詹、李博、李观、冯宿、王涯、张季友、齐孝若、刘尊古、许继同、侯继、穆贽、李绛、温商、庾承宣、员结、胡谅、崔群、邢册、裴光辅、万珰。这些人许多都成了他的朋友。贞元八年与裴度同应博学宏词科，吏部初选，裴度与韩愈一起诠定，而复审时韩愈被中书驳下。两人从此结识，裴度对韩愈后期仕途影响甚为巨大。此外，贞元八年始与孟郊交游，作有《长安交游者赠孟郊》等诗。两人从此结下深厚友谊，联手开创韩孟诗派。

三、且就幕府从事

唐代进士及第后，吏部考试没有通过，仕宦京师无望，通常都到藩镇求发展，去做幕府的僚属。韩愈在京城求仕失望而归之后，贞元十二年（796）至十六年（800），先后到汴州（今河南开封）和徐州（今江苏徐州）讨生活，走“幕府吏”的道路。

贞元十二年（976）七月，汴州发生了兵乱，朝廷任命洛阳留守董晋为检校尚书左仆射、同中书门下平章事（宰相）、汴州刺史、宣武军节度使，急赴汴州。董晋和韩愈的叔父韩绅卿曾同事于淮南节度使崔园，他在长安时也可能知道韩愈其人其文。韩愈此时正在洛阳伺机谋职，就应董晋之召，一同到汴州，入幕为节度掌书记。过了一年多，朝廷才正式任命韩愈为节度观察推官，例带京衔，为秘书省校书郎。

当时的汴州，原节度使万荣已死，大将邓维恭权掌军事，趁机作乱，企图自代万荣为节度使。董晋赴任时，他竟无视朝廷，不派人迎接。有从汴州出来的人告诉董晋：“里面危险，不可进去!”董晋置之不顾，坚持前往赴任。韩愈跟随董晋在不用兵卫的情况下，进入藩镇恃强、危机四伏的汴州城，生平第一次直接经历了藩镇兵乱，从董晋敢于赴汤蹈火的行为中，他也认识到作为大臣在临危之际应如何去完成朝廷交付的使命。

韩愈在宣武幕府中的职务，是一个闲职，无非是陪同主人饮宴，送往迎来，帮主人写一些应酬文字。这类文字，存留在文集中的仅有《送汴军监军俱文珍序并诗》和《奏汴州得嘉禾嘉瓜状》。前者为监军宦官俱文珍奉召归朝，作序并诗以送之，诗文中对于宦官监军制度和俱文珍本人多歌功颂德之词，受到后人诟病。后者就汴州地里发现几株特别禾苗上书皇帝，称颂“道合天地，恩沾动植”，也是一篇献媚之文。韩愈当时作为董晋幕府中的一个属官，奉命作文，必须表达主人旨意，不可能随心所欲，自由发挥，诚如清人方世举所说：“公奉董晋之命而作，序文甚明，非出己意。”（《韩昌黎诗集编年笺注》卷一）因此对这类诗文的评判，似乎不必求之过甚，严苛责怪。

事实上，韩愈对自己在董晋幕府的工作境遇并不满意，过了一年时光，写了一篇《复志赋》，就为无所作为而苦恼不堪。其序云：“愈既从陇西公平汴州，其明年七月，有负薪之疾，退休于居，作《复志赋》。”他说自己随从陇西公董晋来汴州平定军乱，到第二年七月，托词有病，闲居在家，作《复志赋》。赋的上半部分回顾平生坎坷的经历，后半部分抒写进董晋幕府工作以来的感慨。

> 非夫子之洵美兮，吾何为乎浚之都。小人之怀惠兮，犹知献其至愚，固余异于牛马兮，宁止乎饮水而求刍？伏门下而默默兮，竟岁年以康娱。时乘闲以获进兮，颜垂欢而愉愉。仰盛德以安穷兮，又何忠而能输？
>
> 昔余之约吾心兮，谁无施而有获？嫉贪佞之洿浊兮，曰吾其既劳而后食。惩此志之不修兮，爱此言之不可忘。情怊怅以自失兮，心无归之茫茫。苟不内得其如斯兮，孰与不食而高翔？抱关之阨陋兮，有肆志之扬扬。伊尹之乐于畎亩兮，焉贵

富之能当？恐誓言之不固兮，斯自讼以成章。往者不可复兮，冀来今之可望。

韩愈为自己在董晋幕府中不能进言，碌碌无为而苦恼：不是夫子（指董晋）如此贤德，我为什么到汴州来呢。小人怀念别人的恩惠，还懂得奉献愚者一得。我又不是牛马，怎能只求饱腹的水草？居夫子门下而默默不言，只是终年安乐度日。虽常有机会见到夫子，但只能看看他高兴的模样。仰望夫子盛德而安于困顿，又怎样进献自己一片忠忱呢？

韩愈的夙志不移，要坚守自己的理想：往日我总约束自己的心志，哪里有不经劳动而得的收获？我嫉恨贪官佞臣的污浊行径，坚守劳而后食的原则。警惕这样的志愿不能达成，心中总是牢记自己的誓言。目前的状况令人感伤失意，茫茫然心无所安。假如内心如此不能自恃，不如丢掉这个饭碗远走高飞？守门人地位虽然低下，但心志开阔洋洋得意。伊尹都曾乐于住在田间，一个人怎能安于富贵？唯恐誓言不能坚守，因而自责写成此赋。过往的时间不可复得，只希望来日能有所成。

这才是韩愈当年的真情吐露！

韩愈在董晋幕府的工作是否有所改善，不可考查。只知道在贞元十四年（798），朝廷让他担任科举考试的府试官。按照唐代的科举制度，地方士子到京进应试，须经州县的荐举。汴州为了选拔应举荐的士子，十月举行了考试，韩愈为府试官。文集中留有《进士策问十三首》，即为当年府试的试题。诗人张籍就是通过这次考试荐举入京，于次年春以乡贡进士登第。

这个时候，韩愈的文章已很有成就，颇具声望。在汴州期间，他以文会友，教导后学，结交了不少文人，主要有李翱、孟郊、张籍等人。他们长时间的聚会和相互切磋，为后来“韩孟诗派”和

“韩门弟子”两个文人集团的形成奠定了初步基础。

李翱从徐州前来，跟随韩愈读书学文。李翱在《祭吏部韩侍郎文》中说：“贞元十二，兄在汴州。我游自徐，始得兄交。视我无能，待予以友。讲文析道，为益之厚。”李翱这时期尽管跟韩愈学文的时间不长，但通过韩愈的讲文析道，长进很大，后来以文章名世，成为重要的韩门弟子。

韩愈与孟郊，在长安时相识。此时孟郊随汝州刺史陆长源调任宣武军司马，来到汴州。老朋友重逢，两人十分高兴。然而好景不长，孟郊在汴州不得志，没有安排职位，无法生活下去，于是决定离开汴州另谋出路。临别之时，韩愈、李翱和孟郊，三人共赋《远游联句》，抒发依依惜别的深情，韩愈还写了《醉留东野》一诗：

> 昔年因读李白杜甫诗，长恨二人不相从。吾与东野生并世，如何复蹑二子踪？东野不得官，白首夸龙钟。韩子稍奸黠，自惭青蒿依长松。低头拜东野，愿得终始如駏蛩。东野不回头，有如寸莛撞巨钟。吾愿身为云，东野变为龙。四方上下逐东野，虽有离别何由逢？

诗开头以李白与杜甫比喻自己与孟郊的友谊和命运：李杜二人虽是好友，然而相遇不久即分别，不能长时期相互过从。我与东野生活在同一时代，为何重走他们走过的路。接着，以青蒿比自己，长松比东野，表达对孟郊的倾慕之情、挽留之意：东野没有做官，一头白发显得有点老态龙钟。我韩愈虽有点小机灵，但在东野面前，犹如青蒿草倚靠长松，感到惭愧。我愿拜倒在东野脚下，始终相互依从，不再分离。可东野决意离开，我的挽留犹如寸草撞击巨钟不见反响。最后，韩愈以云比自己，龙比东野，表示愿永远相随，云游四方：我愿化身为云，东野变成龙，追逐东野上下四方遨游。如若我们离开了，还有什么机缘再相逢？

张籍在贞元十三年（797）从江南来到汴州，受到韩愈的激赏，并留置城西馆，指导他学习古文。十四年（798）秋，韩愈主持府试，荐送他入京应举，次年春进士及第。韩愈在《此日足可惜一首赠张籍》中，记述了与张籍的结识过程：

念昔未知子，孟君自南方；自矜有所得，言子有文章。我名属相府，欲往不得行；思之不可见，百端在中肠。维时月魄死，冬日朝在房。驱驰公事退，闻子适及城。命车载之至，引坐于中堂，开怀听其说，往往副所望。……州家举进士，选试缪所当。驰辞对我策，章句何炜煌。相公朝服立，工席歌《鹿鸣》。礼终乐亦阕，相拜送于庭。之子去须臾，赫赫留盛名。窃喜复窃叹，谅知有所成。

孟郊在南方的时候，发现张籍的文学才华，写信告诉韩愈。韩愈很想见他，但因在董晋幕府任职，身不由己，无法前往。在九月初一那天，韩愈下班的时候，听说张籍刚到开封，就派马车把他接回家，引进中堂相见，听他的谈论大都与韩愈的期望相符。后来州里举荐进士的选拔考试，韩愈为主试官。张籍策对敏捷，文采出众，一举夺魁。于是董晋为之举行了庆祝礼仪。张籍离开不久，很快盛名显赫，流传四方。

张籍在《祭退之》一诗中回顾往事，对韩愈的栽培无比感激："北游偶逢公，盛语相称明。名因天下闻，传者入歌声。公领试士司，首荐到上京。一来遂登科，不见苦贡场。观我性朴直，乃言及平生。由慈类朋党，骨肉无以当。"张籍后来成为韩门著名弟子之一。

汴州地处中原要冲，当时是经常发生叛乱的地方。贞元十二年（796），朝廷派重臣董晋镇汴州，暂时消弭了一触即发的兵变，但兵变的祸根未除。仅过三年时间，贞元十五年（799）二月三日，董晋去世，诏以行军司马陆长源知留后。十日，就发生了叛乱，乱军杀了行军司马陆长源一家及判官孟叔度等。叛乱起来了，四邻竟无人救援，德宗也不下令讨伐。韩愈闻讯，作《汴州乱》二首，以讥切之。

汴州城门朝不开，天狗堕地声如雷。健儿争哗杀留后，连屋累栋烧成灰。诸侯咫尺不能救，孤士何者自兴哀？

母从子走者为谁？大夫夫人留后儿。昨日乘车骑大马，坐者起趋乘者下。庙堂不肯用干戈，呜呼奈汝母子何！

第一首是对四邻藩镇见死不救的批评：汴州城门紧紧关闭，城内如天狗星坠落音同雷鸣。哗变军人刀杀留后（陆长源），连片房屋烧成灰烬。邻近藩镇都坐视不救，我为何独自多情发哀怜？

第二首是对朝廷姑息养奸的斥责：留后的夫人和儿子，昨天还乘车骑大马，声势烜赫，如今相携流落街头，无人问津。朝廷坐视不管不肯用兵，你们母子又有什么办法呢？

汴州发生兵变时，韩愈已护送董晋的灵柩离开汴州，前往洛阳。然后辗转跋涉到徐州投奔张建封。沿途经历的情况，他在《此日足可惜一首赠张籍》中有详细的记述：

闻子高第日，正从相公丧，哀情逢吉语，惝怳难为双。暮宿偃师西，徒展转在床。夜闻汴州乱，绕壁行傍徨。我时留妻子，仓卒不及将，相见不复期，零落甘所丁。骄女未绝乳，念之不能忘，忽如在我所，耳若闻啼声。中涂安得返，一日不可更。俄有东来说，我家免罹殃。乘船下汴水，东去趋彭城。从丧朝至洛，还走不及停。假道经盟津，出入行涧冈。日西入军门，羸马颠且僵。主人愿少留，延入陈壶觞。卑贱不敢辞，忽忽心如狂。饮食岂知味，丝竹徒轰轰。平明脱身去，决若惊凫翔。黄昏次汜水，欲过无舟航，号呼久乃至，夜济十里黄。中流上滩漳，沙水不可详，惊波暗合沓，星宿争翻芒。辕马蹢躅鸣，左右泣仆童。甲午憩时门，临泉窥斗龙。东南出陈许，陂泽平茫茫。道边草木花，红紫相低昂，百里不逢人，角角雉雊鸣。行行二月暮，乃及徐南疆。

韩愈对张籍诉说：你进士及第的日子，我正为董晋护丧归葬。正当悲伤不已之时，听到好消息，一时迷迷糊糊，搞不清是悲还是喜。夜宿偃师以西的地方，才得到汴州变乱的消息。由于妻子和女儿还在围中，惦念她们的安危，令人心急如焚，夜不能寐。不久得到信息，妻子女儿没有遭殃，脱离了危险。于是就趁汴水而下，决意东去徐州。护丧到洛阳之后，假道盟津，途经河阳时，受到河阳节度使李元的盛情接待，设宴张乐，十分隆重。凌晨又出发赶路，夜至泛水入黄处，无船可过河，呼叫半天才找来一只渡船，连夜渡过波澜壮阔的黄河，艰难穿越深浅莫测的沙滩。然后陆路前行，经过郑州城门，东南出许州（今河南许昌）、陈州（今河南淮阳），直奔徐州。沿途草木野花，红紫相间，百里不见人影，只听见野鸡鸣叫。一直走到二月底，才到达徐州。

张建封，当时为徐州刺史、徐泗濠节度使。他在贞元七年（791），授礼部尚书。十二年（796），加检校右仆射。封号南阳公。因此韩愈诗文中称他张仆射、南阳公。此人善属文，在节帅中有“礼贤下士”的好名声。他与韩愈父兄辈有过交往，也知道韩愈的文才。李翱还向他推荐过韩愈，说“昌黎韩愈，得古人之遗风，明于理乱根本之由，伏闻执事又知其贤”（《李文公文集》卷八《荐所知于徐州张仆射书》）。因此，韩愈到了徐州，受到张建封的热情接待，安置他住在徐州附近睢水北岸的符离睢上：“仆射南阳公，宅我睢水阳。箧中有余衣，盎中有余粮。闭门读书史，清风窗户凉。”（《此日足可惜一首赠张籍》）韩愈在睢上，衣食无忧，生活不错，却无所事事，只有闭门读书。

韩愈于贞元十五年（799）二月到徐州。三月，彭义节度使吴少诚举兵侵袭唐州，抢掠居民千余而去。张建封未有请讨之举。韩愈身闲心不闲，仍忧念国事。他在参加张建封酒宴时，举杯劝谏主人，莫忘百姓养育之恩，应尽君王委任之责。

莫辞酒，此会固难同。请看工女机上帛，半作军人旗上红。莫辞酒，谁为君王之爪牙？春雷三月不作响，战士岂得来还家。

——《赠张徐州莫辞酒》

韩愈投奔张建封，本来寄有希望，期待得到他的荐举，能够有机会一展宏图。然而他到徐州之后，从春天到秋天，一直闲居无事，内心十分苦闷。他以《龊龊》为题，写下一首抒怀之作。

龊龊当世士，所忧在饥寒，但见贱者悲，不闻贵者叹。大贤事业异，远抱非俗观。报国心皎洁，念时涕汍澜。妖姬坐左右，柔指发哀弹，酒肴虽日陈，感激宁为欢？秋阴欺白日，泥潦不少干，河堤决东郡，老弱随惊湍。天意固有属，谁能诘其端？愿辱太守荐，得充谏诤官，排云叫阊阖，披腹呈琅玕。致君岂无术，自进诚独难。

“龊龊”，谨小慎微的样子，这里形容当世之士的卑琐自私。韩愈在诗一开头，首先抨击那些只顾念自身饥寒的当世之士，他们不论贵贱，都是只为一己的穷通而悲叹。接着，他以大贤者自居，抒发怀抱：大贤者的事业不同于世俗之士，他有远大的抱负：报效国家，心胸敞亮；忧念时世，挥泪如雨。他不欣赏美女琴声的陪伴，也不需要美酒佳肴的招待。他关切民生疾苦，看到东郡黄河堤决口，老弱者被洪水卷走，竟无人追问其缘由，心情十分沉痛。因此韩愈直接向太守提出请求：希望太守推荐他去做一名谏诤官，到朝廷披肝沥胆奉献忠言。辅佐国王不是我没有办法，问题是自荐于朝廷非常困难，需要得到太守的援手。

此诗对张建封不顾民生疾苦成天置酒作乐，显然持有非议，对只顾个人温饱不忧天下安危的当代文士，也极为不满，可见韩愈心中的宏图大志。清程元启《读韩记疑》云："读此诗首章八句，襟期宏远，气厚辞严，见公悯恻当世之诚，发于中所不能自已。"其中"报国心皎洁，念时涕汍澜"两句，更可见韩愈当时偏居一隅、报国无门的痛苦心情。这是他请求太守举荐他到朝廷当谏诤官的主要原因。韩愈以为当谏诤官，可以直接干预朝政大事，为治国兴邦出谋献策。清程学恂《韩诗臆说》云："'愿辱太守荐，得充谏诤官'，是公之素愿。后公为御史，即上《天旱人饥疏》，其志事已定于此。可知古人立言，皆发于中诚，非仅学为口头伎俩也。"

他对张建封的请求得不到回应，决意辞别，准备远走高飞。

嗷嗷鸣雁鸣且飞，穷秋南去春北归，去寒就暖识所依。天长地阔栖息稀，风霜酸苦稻粱微，羽毛摧落身不肥。徘徊反顾群侣违，哀鸣欲下洲渚非。江南水阔朔云多，草长沙软无网罗，闲飞静集鸣相和，违忧怀息性匪他。凌风一举君谓何？

——《鸣雁》

韩愈以"嗷嗷鸣雁"自喻，有其深意。《诗经·小雅·鸿雁》："鸿雁于飞，哀鸣嗷嗷。"毛传："未得所安集，则嗷嗷然。"正由于所处之地不得志，使他不能安身，所以他要远走高飞。诗中所写鸿雁南飞的种种想法，也大体切合韩愈当时的思想感情。他要"去寒就暖识所依"，寻找适合自己的环境。他感慨天地虽然广阔却没有自己栖身的地方，多年艰苦的生活，使自己身体消瘦了。环顾周围，也没有志同道合的人。他希望到水阔云多、草长沙软无网罗的地方去，有志同道合的伙伴一起唱和，远离忧患，得以安生，除此之外，别无所求。最后，他明确表示：我要乘风高飞，你以为如何呢？

事实上，他去意已决，不顾一切要远走高飞：

> 忽忽乎余未知生之为乐也，愿脱去而无因。安得长翮大翼如云生我身，乘风振奋出六合，绝浮尘。死生哀乐两相弃，是非得失付闲人。
>
> ——《忽忽》

此诗表现诗人寄人篱下，心神恍惚，急于摆脱困境的心情：我心神恍惚已不知道生的快乐，一心只想离开这里，不必过问原因。怎样才能长出如云的大翅膀振羽奋飞，飞出天地之间，离开尘世。死生哀乐全不必顾及，是非得失让闲人去评说。

张建封为了安抚韩愈，给他任命了一个徐州节度推官。韩愈后来在《与孟东野书》中说："去年春脱汴州之乱，幸不死，无所与归，遂来于此。主人与余有故，哀其穷居余于符离睢上。及秋将辞去，因被留以职事。默默在此，行一年矣。到今年秋，聊复辞去。"可见正当韩愈准备离开徐州而他去的时候，张建封才任命了他。任职成为幕僚之后，韩愈又在幕府干了一年。

韩愈成为正式幕僚之后，就要每天到幕府上班。徐州府规定，每年自 9 月 1 日至次年 2 月底止，府中人员必须"晨入夜归"，即"寅而入，尽辰而退"（上午三时至九时），"申而入，终酉而退"（下午三时至七时），每天工作十小时。这中间，除非有疾病或其他事故，不许外出，在府中执事时间共为十六小时。韩愈认为这个规定不合理，他上书张建封，表示难于接受："古人有言曰：人各有能有不能。若此者，非愈之所能也。抑而行之，必发狂疾。上无以承事于公，忘其将所以报德者；下无以自立，丧失其所以为心。"他认为用人重在用其才能，量才使用，讲究工作效果："凡执事之择于愈者，非为其能晨入夜归也，必将有以取之。苟有以取之，虽不晨入而夜归，其所取者犹在也。下之事上，不一其事；上之使下，不一其事。量力而任之，度才而处之，其所不能，不强使为。是故为下者不获罪于上，为上者不得怨于下矣。”韩愈明白表示自己是“不谄屈于富贵之人”，张建封若不尊自己的人格，“虽日受千金之赐，一岁九迁其官，感恩则有之矣，将以称于天下曰：知己知己！则未也”（《上张建封仆射书》）。韩愈的上书，直言无忌，表现出刚正不阿、实事求是的精神。

张建封并没有理会韩愈上书的意见，幕僚们依然需要晨入夜归地工作，韩愈只有叹息从仕之难：

> 居闲食不足，从仕力难任。两事皆害性，一生恒苦心。黄昏归私室，惆怅起叹音。弃置人间世，古来非独今。
>
> ——《从仕》

诗人感叹没有工作就无以饱腹，要做官吧，自己力难胜任，真是两头为难，一生劳心！一天工作下来，黄昏回到住所，唉声叹气，伤感这样辛苦太不值得，不如弃置而去。不如意则“归去来兮”，古往今来谁都如此。

唐代盛行一种驰马击球运动。马球，当时俗称“波罗球”，由波斯传入中国。马球运动，原是一种军事演练活动，唐代上层社会视为一种游戏，风行一时。张建封热衷马球运动，乐此不疲。韩愈常常不得不陪同主人到球场去。

> 汴泗交流郡城角，筑场千步平如削。短垣三面缭逶迤，击鼓腾腾树赤旗。新雨朝凉未见日，公早结束来何为？分曹决胜约前定，百马攒蹄近相映。球惊杖奋合且离，红牛缨绂黄金羁。侧身转臂著马腹，霹雳应手神珠驰。超遥散漫两闲暇，挥霍纷纭争变化。发难得巧意气粗，欢声四合壮士呼。此诚习战非为剧，岂若安坐行良图。当今忠臣不可得，公马莫走须

杀贼。

——《汴泗交流赠张仆射》

此诗在赞颂中包含劝谏。诗先用绝大部分篇幅描写太守走马击球的壮观场景。开头四句描写球场的设置。接下来四句写太守清早出发，进入球场准备比赛的情况。然后用八句描写走马击球的生动场景，竭尽赞颂之能事：骑手一杖击中，球飞似惊，随着球的落点，人们时聚时散。马匹都挂着红牛毛的马缨，戴着黄金制造的笼头。骑在马上的人，一会儿侧身转臂，一会儿藏身马腹。霹雳一声手举球飞，聚集在一起抢球的人马立刻散开，都纷纷朝着球飞的方向跑去。球员们击球的动作变化多端，出高招得巧球时更显神气，围观的战士也都为之齐声叫好。在这番描写之后，诗的结尾四句陡然一转，翻出本意，劝谏太守练兵习武，不要用在作乐上，而应用在杀贼上：马球实在是一种军事演练，而不是游戏，（周围地区并不安宁）有时间那还不如在帷幄考虑考虑军事计谋。当今忠臣良马并不多，你不要让马在球场上奔跑了，还是让它留着气力杀敌吧！

张建封对马球爱之成癖，并没有因韩愈的规劝而停止。于是韩愈又正式上书劝谏。这一次，韩愈从过度运动会造成马伤人损方面劝告太守："马之与人，情性殊异，至于筋骸之相束，血气之相持，安佚则适，劳顿则疲者，同也。乘之有道，步骤折中，少必无疾，老必后衰。及以之驰球于场，荡摇其心腑，振挠其筋骨，气不及出入，走不及回旋，远者三四年，近者一二年，无全马矣。然则球之害于人也决矣。凡五藏之系络甚微，坐立必悬垂于胸臆之间，而以之颠顿驰骋，呜呼，其危哉！"（《上张仆射第二书》）这样的劝谏，晓之以理，动之以情，真是煞费苦心。

韩愈在徐州幕府做一个节度推官，工作并不如意，无非是帮太守写一些应酬文字，陪同太守打马球、打猎，几次上书，也都石沉大海，不起作用。他曾对李翱诉说张建封并不了解他：“仆于此岂以为大相知乎？累累随行，役役逐队，饥而食，饱而嬉者也。其所以止而不去者，以其心诚而有爱于仆也。然所爱于我者少，不知我者犹多，吾岂乐于此乎哉？”（《答李翱书》）正由于不乐于此，所以他干了一年，又想离此而去。

正当韩愈准备离职时，张建封派他赴京朝正（唐代各地节度使每年按例派专使到朝廷贺新年，时称为朝正）。他再次来到长安，遇到了同年好友欧阳詹。欧阳詹时任国子监四门助教，他了解韩愈的才学，便要率领国子监的生徒，拜伏阙下，要求任命韩愈为国子监博士，只因当时国子监有狱事没有成功。此事令韩愈终身难忘。他后来在《欧阳生哀辞》中说：“十五年冬，余以徐州从事朝正于京师。詹为国子监四门助教，将率其徒伏阙下举余为博士。会监有獄，不果上。观其心，有益于余，将忘其身之贱而为之也。”韩愈当时在《驽骥赠欧阳詹》一诗中，对当权者不辨优劣，不识人才，还是颇多感慨。

驽骀诚龌龊，市者何其稠？力小苦易制，价微良易酬。渴饮一斗水，饥食一束刍。嘶鸣当大路，志气若有余。骐骥生绝域，自矜无匹俦，牵驱入市门，行者不为留。借问价几何？黄金比嵩丘。借问行几何？咫尺视九州。饥食玉山禾，渴饮醴泉流。问谁能为御？旷世不可求。惟昔穆天子，乘之极遐游。王良执其辔，造父夹其辀。因言天外事，茫惚使人愁。驽骀谓骐骥，饿死余尔羞，有能必见用，有德必见收，孰云时与命，通塞皆自由？骐骥不敢言，低徊但垂头。人皆劣骐骥，共以驽骀优。喟余独兴叹，才命不同谋。寄诗同心子，为我商声讴。

韩愈这首诗，借驽骀和骐骥在市场的不同遭遇，抒发自己求仕艰难的哀伤和才大难为世用的感慨。驽骀，就是劣马，在市场很受欢迎，因为它容易驾驶，身价低微，喝水、吃草料少。由于它受人欢迎，在大路上嘶叫起来还很神气。骐骥，就是好马。它生长于绝域之地，自以为无可匹敌。可是牵到市场上，却没有人愿意要它。因为它身价高昂，有驰骋万里的本领，食料、饮水都很讲究，又难于驾驭，它的鸣叫也无人能够理解。这样一来，良马还遭到劣马嘲笑，说什么饿死也是活该，有才有德为什么无人问津？面对劣马的嘲笑，好马只有低头徘徊，无言以对。因为世人都说骐骥是劣马，驽马是好马。在这种好坏不分、是非颠倒的现实面前，还有什么可说呢？作者只有独自兴叹而已。

贞元十六年（800）初春，韩愈带着低落的情绪离开长安回徐州。

暮行河堤上，四顾不见人。衰草际黄云，感叹愁我神。夜归孤舟卧，展转空及晨。谋计竟何就？嗟嗟世与身。

——《暮行河堤上》

韩愈在归途中，傍晚行走在河堤上，四顾茫茫，不见人影。秋草黄云，令人神伤。夜晚独卧孤舟，辗转反侧，通宵不眠。思念前程，不知何去何从；感叹身世，不知命运如何。

这次进京，所见所闻家国大事使韩愈难以释怀；回到徐州，难以施展个人抱负令他郁闷不乐，于是写下《归彭城》一诗：

天下兵又动，太平竟何时？讦谟者谁子？无乃失所宜。前年关中旱，闾井多死饥。去年东郡水，生民为流尸。上天不虚应，祸福各有随。我欲进短策，无由至彤墀。刳肝以为纸，沥血以书辞。上言陈尧舜，下言引龙夔，言词多感激，文字少葳蕤。一读已自怪，再寻良自疑。食芹虽云美，献御固已痴。缄封在骨髓，耿耿空自奇。昨者到京师，屡陪高车驰。周行多俊异，议论无瑕疵，见待颇异礼，未能去毛皮，到口不敢吐，徐徐俟其巇。归来戎马间，惊顾似羁雌，连日或不语，终朝见相欺。乘间辄骑马，茫茫诣空陂，遇酒即酩酊，君知我为谁？

韩愈这首诗，记叙赴京前后见闻观感，抒写自己感时伤乱、忧国忧民的情怀和报国无门、壮志难酬的苦闷。首先写对时局动乱的忧虑和民生疾苦的关切。各地藩镇叛乱此伏彼起，连绵不断，新近又发生彭义节度使吴少诚叛乱，因此诗人劈头惊呼："天下兵又动，太平竟何时？"他质疑当政者谋划不力，处置失当。连年的天灾造成百姓大量死亡，也让诗人纠心：前年关中大旱，多少乡里百姓饿死，去年黄河决口，到处可见漂流的尸体。种种伤心事，诗人弄不明白根源，只好用天人感应妄加推测。接着，诗人写这次进京自己欲献良策而迟疑未成：本来打算利用这次机会向皇上进献治国安邦之策，只是担心无法送达皇上手中。准备披肝沥血向皇上陈词，先说尧舜圣君的治国之道，再推荐龙、夔那样的贤臣。言词都是真情实言，文字不必过于华美。可是奏章写好之后再看看，初读自己觉得奇怪，再寻思感到疑虑更多。就如芹菜，自己吃起来虽觉得很美味，然而把它献给皇上就是愚蠢之举了。所以，还是把自己的意见藏在心中，一片耿耿忠诚只能自我欣赏。接着，诗人记叙接触朝廷官员的观感：他作为徐州节度使进京朝正的使节，受到优异的招待，曾多次与达官显贵同坐豪华的车，朝廷之中多英俊不凡的人物。这些人讲话头头是道，见面彬彬有礼，只是客套太多。话到嘴边留三分，要慢慢体会其中的未尽之意。最后，诗人抒写回到徐州之后的苦闷心情：从长安回到徐州幕府，发现自己好像是一只失群无伴的雌鸟。自己连日不爱说话，还要每天被人猜忌欺弄。空闲时间就一个人骑上马，漫无目的地奔向旷野。遇见酒就喝得酩酊大醉，对空呼喊"你知道我是什么人吗？"诗人这一声呼喊，喊出了世无知音、壮志难酬的彷徨苦闷。前人评点此诗云："忧时伤乱，感愤无聊，骑马空陂，不减穷途之哭。”（《唐宋诗醇》卷二八）可谓作者知音。

幽怀不能写，行此春江浔。适与佳节会，士女竞光阴。凝妆耀洲渚，繁吹荡人心。间关林中鸟，亦知和为音。岂无一樽酒，自酌还自吟。但悲时易失，四序迭相侵。我歌君子行，视古犹视今。

——《幽怀》

韩愈有一腔郁郁不得志的苦闷无处倾泻，又骑马奔向旷野，来到江边。正好遇到清明佳节，看到男男女女踏青游春，盛妆耀眼，歌吹动人。春鸟也感应时节，在林中间关和鸣。他却只顾举杯独饮，自酌自吟，叹时光之流逝，惜年华不再来！于是他唱起了《君子行》。

韩愈打算离开徐州幕府。《海永》一诗，就是反映他对去留问题的思考：

海水非不广，邓林岂无枝，风波一荡薄，鱼鸟不可依。海水饶大波，邓林多惊风，岂无鱼与鸟，巨细各不同。海有吞舟鲸，邓有垂天鹏，苟非鳞羽大，荡薄不可能。我鳞不盈寸，我羽不盈尺，一木有余阴，一泉有余泽。我将辞海水，濯鳞清泠池；我将辞邓林，刷羽蒙笼枝。海水非爱广，邓林非爱枝，风波亦常事，鳞羽自不宜。我鳞日已大，我羽日已修，风波无所苦，还作鲸鹏游。

此诗以海水、邓林（古代神话传说中的大树林）比喻宦海、仕林，以鱼、鸟比喻官员。作者认为海水、邓林虽大，巨浪、惊风亦多。其中的鱼、鸟，大小不同，大的可以经受惊风巨浪，小的就经受不了。大海中有可以吞舟的大鲸鱼，邓林中有羽翼遮天的大鹏鸟，它们如果不是鳞羽巨大，就不可经受惊风巨浪的激荡。这是诗人对当时仕途状况的认识。他反躬自省，觉得自己目前鳞羽未丰，经受不了风波，因此准备辞别而去：我将辞别大海，到清泠池洗濯鳞甲；我将辞别邓林，到密林中刷洗羽毛。我并不是不爱海水的广大，不爱邓林的树枝，只因我的鳞甲羽毛还未丰满，不适宜于大海邓林。不过，他对自己前途仍满怀信心：我的鳞甲一天比一天长大，羽毛一天比一天丰满，到那时再也不怕风波袭击之苦，就可以如同长鲸、大鹏一样到海天遨游。可见他暂时的退避，是为着将来的进取。前人指出："《海水》诗意谓其才未足以胜大任，则当退而求志，以待其成也。"（清何焯《义门读书记》卷三四）这样的理解大体说是正确的。韩愈曾告诉朋友："贤者宜在上位，托于幕府则不为得其所。"（《与崔群书》）因此，他决意离开幕府，准备谋求更大的发展。

贞元十六年（800）五月初，韩愈终于辞别张建封，毅然离开不能让他有所作为的幕府，打算回洛阳暂住。

韩愈从洛阳入汴州，再由汴州入徐州，两入军幕为僚，居人篱下，郁屈难展，且屡遭风险。这几年，对他的仕宦生涯来说虽难以有所作为，对他文学事业的开展却至关重要。动荡不安的藩镇幕僚经历，给予他许多痛切的感受，使他写下不少动人的诗文，写作状态渐趋佳境。这期间韩愈生活无忧，有较好条件从事读书写作，以文会友，扩大交游，从而集结了一支志同道合的队伍，开始有意识地推动古文运动。"韩愈自入长安求仕，即与李观、陈羽、李绛、崔群，特别是孟郊交往。到汴州后又结识了张籍、李翱，到徐州又有张彻加入创作队伍，他们皆有诗文交往，诗文写作上皆有名于时。这一时期不仅是韩愈步入仕途的起点，也是他倡导古文，组织队伍，欲自振一代的开端。"（卞孝萱等著《韩愈评传》，第414页）

四、北归住闲洛阳

韩愈在西归洛阳的途中，心情还是比较复杂的。

余悲不及古之人兮，伊时势而则然。独闵闵其曷己兮，凭文章以自宣。昔颜氏之庶几兮，在隐约而平宽。固哲人之细事兮，夫子乃嗟叹其贤。恶饮食乎陋巷兮，亦足以颐神而保年。有至圣而为之依归兮，又何不自得于艰难。……惟否泰之相极兮，咸一得而一违。君子有失其所兮，小人有得其时。聊固守以静俟矣，诚不及古之人兮其焉悲。

——《闵己赋》（节录）

韩愈自伤不如古人，那是因为时势造成的。他想起孔门弟子颜回能够隐身守约，安贫乐道，孔子赞扬他是贤人："贤者回也。一箪食，一瓢饮，在陋巷，人不堪其忧，回也不改其乐。贤哉回也。"（《论语·雍也》）一个人尽管饮食粗劣，住房简陋，同样可以颐养天年。有至圣之道作为依归，虽然艰难也该自得其乐。世道总是吉凶相反，而祸福相倚，有得必有失。君子会有失意的时候，小人也有得志的时候。还是坚守己志等待时机吧，虽不如古人也用不着悲伤。

韩愈经过下邳时，遇到一帮朋友，就停下来一道玩了几天。

余黜于徐州，将西居于洛阳。泛舟于清泠池，泊于文雅台下。西望商丘，东望修竹园，入微子庙，求邹阳、枚叔、司马相如之故文，久立于庙陛间，悲《那》颂之不作于是者已久。陇西李翱、太原王涯、上谷侯喜实同与焉。

——《题李生壁》(节录)

韩愈到下邳时，李平、李翱、王涯、侯喜都在这里，老朋友意外相逢，十分高兴。韩愈便与他们同游览胜，畅叙别情。他们前往游览梁孝王故城：泛舟清泠池，停泊在文雅台下，西望商丘，东望修竹园。还前往微子庙游览。在微子庙里寻找邹阳、枚乘、司马相如留下的辞赋，久久地站在庙阶之间，感叹《那》颂不作于此已很久了。思古人之不可见，惜古风之不复存，韩愈感慨不已。五月十四日，他为李平写下《题李生壁》，就告别朋友，前往洛阳。

五月十三日张建封逝世，而十五日徐州发生军乱，行军司马郑通诚等被杀。韩愈再次幸免于难。汴州之乱和徐州之乱，韩愈两次脱险，都在旦夕之间，所以他的朋友卫中行特意致书慰问，说是“君子则吉，小人则凶”，“君子穷通，自我为之”。韩愈的回信，首先说明自己辞去收入颇丰的幕府工作，是为了追求仕进实现自己的人生抱负：“始相识时，方甚贫，衣食于人。其后相见于汴徐二州，仆皆为之从事。日月有所入，比之前时，丰约百倍。足下视吾饮食衣服亦有异乎？然则仆之心或不为此汲汲也。其所不忘于仕进者，亦将小行乎其志耳，此未易遽言也。”韩愈对于凶吉、穷通问题也不赞同卫中行的看法：“凡祸福吉凶之来，似不在我。惟君子得祸为不幸，而小人得祸为恒；君子得福为恒，而小人得福为不幸。以其所为，似有以取之也。必曰‘君子则吉，小人则凶’者，不可也。贤不肖存乎己，贵与贱、祸与福存乎天，名声善恶存乎人。存乎己者，吾将勉之；存乎天、存乎人者，吾将任彼而不用吾力焉。

其所守者，岂不约而易行哉？足下曰：‘命之穷通，自我为之。’吾恐未合于道，足下征尊前世而言之则知矣。若曰：‘以道德为己任，穷通之来，不接吾心。’则可也。”（《与卫中行书》）他认为凶吉、穷通都不是个人能够决定的问题，自己能决定的是如何加强自身的道德修养，成为一个贤能之士，并表示将身体力行，以道德为己任，对于祸福、穷通不再关心它。

韩愈回到洛阳，把家安置在乡间。“穷居荒凉，草树茂密。出无驴马，因与人绝。一室之内，有以自娱。”（《与卫中行书》）闲居乡下，生活虽然比较清苦，也还悠闲自得。他有一个美满的小家庭，有爱妻和一子一女陪伴左右。他周围还有一批志同道合的新老朋友相互交游，常常一起谈文论道，从他学古文的青年侯喜、李景兴、尉迟汾等人，也经常出入其门。事实上，他并没有真的与外人断绝往来。当然，自己静处陋室之时，读书写作，也足以自娱自乐。

七月某日，韩愈与侯喜等人到洛水去钓鱼。

> 吾党侯生字叔起，呼我持竿钓温水。平明鞭马出都门，尽日行行荆棘里。温水微茫绝又流，深如车辙阔容辀。虾蟆跳过雀儿浴，此纵有鱼何足求。我为侯生不能已，盘针擘粒投泥滓。晡时坚坐到黄昏，手倦目劳方一起。暂动还休未可期，虾行蛭渡似可疑。举竿引线忽有得，一寸才分鳞与鳍。是时侯生与韩子，良久叹息相看悲。我今行事尽如此，此事正好为吾规。半世遑遑就举选，一名始得红颜衰。人间事势岂不见，徒自辛苦终何为？便当提携妻与子，南入箕颍无还时。叔起君今气方锐，我言至切君勿嗤。君欲钓鱼须远去，大鱼岂肯居沮洳。
>
> ——《赠侯喜》

这首诗生动记叙和侯喜到洛水（又称温洛）钓鱼的经历：侯喜叫他拿渔竿到洛水去钓鱼。他们清早就骑马出发了，踏着满是荆棘的路到了河边。洛水忽断忽流，水域很小。浅窄的河流中，只见虾蟆在跳跃，鸟雀在洗澡，这样的地方即使有鱼恐怕也很难钓。他们垂下钓钩，一直坚持到黄昏，弄得手酸眼花，才钓起一条很小的鱼，两人悲叹不已。韩愈因此联想到自己科举求仕的经历，抒发了一通感慨。他说煞费苦心钓鱼这件事，可以作为自己的戒条。自己半生为科举、选官奔忙，得了一个进士，人都变老了。人世间的事都是如此，辛辛苦苦往往徒劳无益。还不如携带妻儿，到箕山、颍水去隐居。牢骚发完之后，他又劝告侯喜：你年轻气盛，想要钓鱼应到远的地方去，大鱼不会在这小水潭里。对友人的劝勉之词也表达了诗人的志向和自信。诚如孙昌武教授解读：“诗写与侯喜等人一起垂钓情事，显然另有喻意：《庄子·外物》篇里有任公子以大钩巨缁钓巨鱼的寓言，本来是比喻高士的超世绝伦之行，后来文人往往以钓大鱼比喻树大志，立大功。韩愈在这首诗里描写在干涸的洛水里钓小鱼，显然有对压抑人才的现实进行讽刺的寓意，结尾处更以远钓大鱼勉励友人。”（孙昌武撰《韩愈诗文选评》，第 37 页）说明诗人并没有对前途失去信心。

韩愈他们在洛水钓了一天鱼，直到黄昏才收场。当晚，他们就到附近惠林寺借宿。

> 山石荦确行径微，黄昏到寺蝙蝠飞。升堂坐阶新雨足，芭蕉叶大支子肥。僧言古壁佛画好，以火来照所见稀。铺床拂席置羹饭，疏粝亦足饱我饥。夜深静卧百虫绝，清月出岭光入扉。天明独去无道路，出入高下穷烟霏。山红涧碧纷烂漫，时见松枥皆十围。当流赤足蹋涧石，水声激激风吹衣。人生如此自可乐，岂必局束为人鞿。嗟哉吾党二三子，安得至老不

更归。

——《山石》

关于这首诗的写作时间，清人方世举《韩昌黎诗集编年笺注》卷二有过考证："按：《外集·洛北惠林寺题名》云：'韩愈、李景兴、侯喜、尉迟汾，贞元十七年七月二十二日，鱼于温洛，宿此而归。'前诗（指《赠侯喜》）云'晡时坚坐到黄昏'，此诗云'黄昏到寺蝙蝠飞'，正一时事景物。"据此，此诗当作于贞元十七年（801）七月下旬，与侯喜等人在洛水钓鱼后投宿惠林寺次日。

诗取首二字为题，记叙诗人黄昏投宿惠林寺及翌日漫游山水的经历：诗人一行人在暮色苍茫中踏着磊落不平、依稀可辨的山间小路，到达佛寺已是黄昏时分，只见头顶蝙蝠群飞乱舞。进了殿堂坐在阶前，正巧下了一场大雨，院子里芭蕉叶舒展开来显得特别阔大，栀子花吸足了水分也变得分外肥大。寺僧介绍说古壁上的佛画很可一看，提着灯火照着看了一下，大概因为年深岁久壁画已经依稀难辨。不一会儿，寺僧就给铺好床擦好席子，摆上羹汤米饭，尽管只是粗糙的菜饭，也足以充饥饱肚。夜深人静，一个人静静地躺着，连各种虫鸣也听不见了，只有山岭上升起的明月，将它的清光洒进门扉。这时候，自己仿佛置身于一个远离尘嚣的世界。这一大段，写诗人夜游深山古寺的独特情趣，映现出诗人远离尘嚣烦忧、泰然自得其乐的心态。

第二天凌晨，诗人独自离开寺院，在晨雾弥漫的山中信步游览，时而走出烟雾，时而又进入烟雾，时而向上攀登，时而又向下行走。待烟雾散去，阳光普照，可见山上红花与山涧碧水相互辉映，色彩更加鲜丽。有时还有那十围粗的松树和枥树呈现在眼前，令人赞叹不已。一个人赤着双脚，站在涧石之上，挡住流过的清凉涧水，耳边只听到水声激激，风声嗖嗖，衣服也被山涧清风吹得飘然若举。此时真有一种回归自然、飘飘欲仙的快意！诗人情不自禁地慨叹：人生能如此自然是乐事，难道一定要受别人的拘束牵制！他还对同行的朋友呼唤：唉！我们这几个同游的伙伴，怎能到老还不回归乡里！这是诗人对朋友的呼唤，也是对自己的呼唤。这呼唤，表达了诗人对山中自然美和人情美的无限向往，也透露出诗人对于入仕无路的不满与报国无门的苦闷。

这首纪游诗，生动记叙了游览山寺的所遇、所见、所闻、所感，在一个个情景如画的境界中，处处饱含着一个"久在樊笼里，复得返自然"的诗人面对山间景物时那种耳目一新的诗意感受，于信笔挥洒的描写中，清晰可见诗人回归大自然时那种怡然自得的心态和洒脱不凡的气度。

洛阳住闲之后，韩愈在文学上的成就更加显著，名望也大为提高，许多青年都写信向他请教古文。对于青年的求教，他总是予以热情的指导。有一个叫李翊的青年写信给韩愈，求教古文之法，韩愈给他写了长达千言的复信。

> 六月二十六日，愈白李生足下：生之书，辞甚高，而其问何下而恭也？能如是，谁不欲告生以其道？道德之归也有日矣，况其外之文乎？抑愈所谓望孔子之门墙而不入于其官者，乌足以知是且非邪？虽然，不可不为生言之。
>
> 生所谓立言者是也，生所为者与所期者，甚似而几矣。抑不知生之志，蕲胜于人而取于人邪？将蕲至于古之立言者邪？蕲胜于人而取于人，则固胜于人而可取于人矣。将蕲至于古之立言者，则无望其速成，无诱于势利。养其根而俟其实，加其膏而希其光。根之茂者其实遂，膏之沃者其光晔。仁义之人，其言蔼如也。抑又有难者，愈之所为，不自知其至犹未也。虽然，学之二十余年矣。始者非三代两汉之书不敢观，非圣人之

志不敢存。处若忘，行若遗，俨乎其若思，茫乎其若迷。当其取于心而注于手也，惟陈言之务去，戛戛乎其难哉！其观于人也，不知其非笑之为非笑也。如是者亦有年，犹不改，然后识古书之正伪，与虽正而不至焉者，昭昭然白黑分矣。而务去之，乃徐有得也。当其取于心而注于手也，汩汩然来矣。其观于人也，笑之则以为喜，誉之则以为忧，以其犹有人之说者存也。如是者亦有年，然后浩乎其沛然矣。吾又惧其杂也，迎而距之，平心而察之，其皆醇也，然后肆焉。虽然，不可以不养也。行之乎仁义之途，游之乎《诗》《书》之源，无迷其途，无绝其源，终吾之身而已矣。

气，水也；言，浮物也。水大而物之浮者大小毕浮，气之与言犹是也。气盛，则言之短长与声之高下者皆宜。虽如是，其敢自谓几于成乎？虽几于成，其用于人也奚取焉？虽然，待用于人者，其肖于器邪？用与舍属诸人。君子则不然，处心有道，行己有方，用则施诸人，舍则传诸其徒，垂诸文而为后世法。如是者，其亦足乐乎？其无足乐也！有志乎古者希矣，志乎古必遗乎今，吾诚乐而悲之。亟称其人，所以劝之，敢褒其可褒而贬其可贬也。问于愈者多矣，念生之言不志乎利，聊相为言之。愈白。

——《答李翊书》

韩愈复信的第一段，首先肯定对方谦虚求教的态度，表示乐意复信告诉其立言为文之道。

复信的中间一大段，正面回答李翊关于立言作文的询问，自述学习古文的过程与经验，为后进指示途径。他首先肯定对方“立言”的说法，然后笔锋一转，问李生是希望自己的文章超过别人而为别人所效法，还是希望达到古人所说的立言的境界呢？接着提出自己的为文主张：不要急于求成，不要被势利所诱惑，而应该着力打好根基，加强道德修养，培养树根以求果实的丰硕，在灯里添油以求火光的明亮。根部茂盛的果实就结得好，灯里油多的火光就明亮，具有仁义道德修养的人，写出的文章一定和顺温厚。而后，就介绍自己写作古文的经历和体会说明这一论点：开始阶段起步须正，只读三代两汉的书，只存圣人之志，专心致志，痴迷其中。但尽管如此，这时写出的文章要做到务去陈言、独出新意还很困难，而对世俗之人嘲笑自己所作的古文不合时宜则全然不顾，坚持所为。第二阶段，经过几年的努力，能够以儒道的精醇与否为标准，来分辨古书的纯正与不纯正，以及虽纯正但还未达到完美的境界，并把不纯正和虽已纯正但还不完美的东西去除掉，这样再写文章，文思就如流水，十分畅通了。而这时对别人的嘲笑反而高兴，对别人的称赞反而担心，因为这证明文章中还有时人喜爱的“陈言”存在。第三阶段，又经过几年的坚持，文思就像长江大河那样浩浩荡荡，充沛畅达，但还是担心文章中有驳杂不纯之处，于是精心推敲，再加仔细省察，到全然纯正了，才放笔写去，毫无滞碍。就是到了第三阶段，仍必须继续加强道德修养，坚持履行仁义之道，阅读《诗》《书》经典，不迷失方向，不杂学旁收，做到终生如此。

复信最后一段，韩愈根据自己的心得还特别指出，写作有一个养气为文的问题。他以水与浮物的关系来比喻气与语言文辞的关系：水势大了无论大小物体都能飘浮起来，气势盛了语句的长短和声调的高下都会恰到好处。他还强调，不管文章是否为世人所用，自己都要“处心有道，行己有方”，即立意发想有一定的规范，所作所为有一定的法则。能为当世所用就施惠于人，不为当世所用则传给弟子，写成文章也会传下去，为后世效法。他最后指出：现在有志于学古人立言的很少，而有志于学古人立言的人一定会被今人遗弃，我为之高兴又为之悲伤。自己尽管不是圣人，对人不敢妄加褒贬，但还要称赞这些人，对他们加以勉励。

这篇文章，韩愈以自己从事古文写作的心得体会指导后进，这中间，生动地再现了他为复兴古文而披荆斩棘开拓前行的创作历程，充分地表现出他对自己“文以明道”主张的自信和不为流俗所动的气魄。他为文立言，有明确的目标，坚定的信念，不被势利诱惑，不为舆论左右，在实践之中，潜心钻研，刻苦磨炼，步步为营，精益求精，以坚韧不拔的努力，力求达到完美的境界。我们读其文，可以想见其人。

“求官去东洛，犯雪过西华”（《县斋有怀》），为了生活和前程，韩愈住闲洛阳期间，也急于求仕。贞元十六年（800）冬，他曾离开洛阳，到长安参加吏部的诠选。所谓诠选，是朝廷对已仕、未仕官员的考核和任命制度，由吏部主持。吏部以身、言、书、判、德、才、劳七个项目对应诠选者进行考核，甄选人才，授以适当的官职。诠选多在冬季举行，次年春公布结果。韩愈参加诠选后，整个冬季守候在长安，过着清苦的生活，还不得不奔走于权势者之门，求人向有司推荐自己，期待提高选用的可能性。次年春，诠选结果公布，韩愈还是落选。

孟郊本年也来长安应诠选。结果得授溧阳尉。孟郊不满于县尉之职，离开长安时韩愈为作《送孟东野序》，发挥“不平则鸣”的理论，为孟郊鸣不平，对他屈居下位表示同情，劝他不必因为只得县尉这样的小官就感到悲哀。

虽说不必悲伤，但受到不公正的待遇谁能不悲伤！韩愈对于自己的落选，更是悲愤不平，感慨万千。

君门不可入，势利互相推。借问读书客，胡为在京师？举头未能对，闭眼聊自思。倏忽十六年，终朝苦寒饥。宦途竟寥落，鬓发坐差池。颍水清且寂，箕山坦而夷，如今便当去，咄咄无自疑。

——《将归赠孟东野房蜀客》

韩愈将归洛阳时给孟郊、房蜀客的这首赠诗，劈头就对官场人情世故予以鞭挞："君门不可入，势利互相推。"因为世人势利而变狡猾，权势者相互推诿，不肯向有司推荐，也就进不了君门，谋不到官职。他闭眼自忖十六年来的求仕经历，生活饥寒交迫，仕途冷落无门，真是令人伤心。既然如此，还不如效法许由，躬耕于颍水之阳，箕山之下，何必再迟疑呢？

韩愈此时确有隐居的想法，尽管这种想法只是出于壮志难酬的一时气愤。他此时写的《送李愿归盘谷序》，更是淋漓尽致地抒写对官场现状的愤懑和对隐逸生活的向往。

太行之阳有盘谷。盘谷之间，泉甘而土肥，草木丛茂，居民鲜少。或曰：谓其环两山之间，故曰盘。或曰：是谷也，宅幽而势阻，隐者之所盘旋。友人李愿居之。

愿之言曰：人之称大丈夫者，我知之矣！利泽施于人，名声昭于时。坐于庙朝，进退百官，而佐天子出令。其在外，则树旗旄，罗弓矢。武夫前呵，从者塞途。供给之人，各执其物，夹道而疾驰。喜有赏，怒有刑。才畯满前，道古今而誉盛德，入耳而不烦。曲眉丰颊，清声而便体，秀外而惠中。飘轻裾，翳长袖，粉白黛绿者，列屋而闲居，妒宠而负恃，争妍而取怜。大丈夫之遇知于天子，用力于当世者之所为也。吾非恶此而逃之，是有命焉，不可幸而致也。

穷居而野处，升高而远望。坐茂树以终日，濯清泉以自洁。采于山，美可茹；钓于水，鲜可食。起居无时，惟适之安。与其誉于前，孰若无毁于其后；与其乐于身，孰若无忧于其心。车服不维，刀锯不加，理乱不知，黜陟不闻。大丈夫不遇于时者之所为也，我则行之。

伺候于公卿之门，奔走于形势之途。足将进而趑趄，口将言而嗫嚅。处污秽而不羞，触刑辟而诛戮。侥幸于万一，老死而后止者，其于为人，贤不肖何如也？

昌黎韩愈闻其言而壮之，与之酒而为之歌曰：

盘之中，维子之宫。盘之土，惟子之稼。盘之泉，可濯可沿。盘之阻，谁争子所？窈而深，廓其有容；缭而曲，如往而复。嗟盘之乐兮，乐且无央。虎豹远迹兮，蛟龙遁藏。鬼神守护兮，呵禁不祥。饮且食兮寿而康，无不足兮奚所望。膏吾车兮秣吾马，从子于盘兮，终吾生以徜徉。

李愿要归隐居之地盘谷去，韩愈等人酒置为他送行。酒席上有朋友发问：为啥好好的京都不待，要回盘谷去隐居呢？于是，李愿作答，说明告别仕途，选择归隐的原因。韩愈的文章，以主要的篇幅记述李愿的谈话内容。实际上，他是借李愿之口，抒发自己心中的块垒。

李愿首先讲述官场权臣的得意：他们在朝廷上执掌大权，可以进退百官，辅佐天子发布诏令。出外时，就树起旗旄，摆开弓箭，前有武夫喝道，后有跟从簇拥。至于供应仆役，更是在道路两侧跑个不停。他们高兴的时候会给人奖赏，生气的时候就给人处罚。身旁有帮闲才俊，谈古说今，歌功颂德，让他们听了洋洋得意。还有那浓妆美女，轻歌曼舞，成群姬妾，争宠斗妍。这些就是受到天子识拔的大丈夫在当世施展才能者的所作所为。李愿在历数朝廷高官的得意生活之后，说我没有这样好的命运，想侥幸猎取也不可能。因此，只能退居盘谷过穷日子。

李愿接着讲退隐闲居者的乐处：他们隐居山野，可以登高望远，终日坐在茂密的树林之下，用清澈的泉水洗涤自己。上山采到的，精美可餐，水里钓来的，新鲜可食。作息无时，但求舒适。与其当面得到赞誉，怎如背后无人诋毁；与其身体得到安乐，怎如内心无所忧虑。虽然没有高官厚禄的享受，也不会有刀锯刑罚的危险。天下治乱可以不问，官职升降可以不闻。这是大丈夫没有被当局识拔进用者所能做的，我就这么办。

李愿还讲了一种低三下四追求官职的人：这种人整天在宰相达官门前伺候，在地位权势路上奔走，想向前迈步又迟疑不决，想张嘴说话又支支吾吾，陷于污浊之地而不知羞耻，触犯刑律还要受到杀戮，这样来企图侥幸获得非分之福，直到老死才甘罢休。其人品又该如何评价呢?

李愿的一席谈话，褒贬之意明确，通过三种人的相互对比，抒发对官场的不满，张扬隐退闲居的乐处，以突出自己淡泊明志，宁静致远的情怀。韩愈听了感到其情志可嘉，敬上一杯酒，并给他献上一首诗歌：

盘谷之中，是先生的宫室。盘谷的土地，可以种植庄稼。盘谷的泉水，可洗濯又可游息。盘谷是这样险阻，又谁能与先生争夺?其地既幽且深，开阔而有涵容；既弯且曲，往复如入迷宫。真可欣羡啊盘谷的快乐，既快乐又没灾殃。虎豹远离而去，蛟龙逃避躲藏。鬼神为之守护，怪物不敢侵犯。饮食无忧长寿又健康，心满意足还能有什么奢望！给我的车加上膏油，给我的马添上饲料，好让我跟随先生去到盘谷，一辈子就在那里优游自在。

韩愈赞同李愿的看法，甚至也想与李愿一同去隐居，那是因为他为进取仕途而搏斗，却屡遭挫折，官场庸臣挡道，报国无门，内心深处确有一种愤懑不平的情绪，需要借机发泄。这篇序后的“歌曰”，就是韩愈直接登场，抒发向往归隐之乐的情怀。

韩愈这期间，有一种生不逢时、世无知己的感慨。

麟之为灵昭昭也。咏于《诗》，书于《春秋》，杂出于传记百家之书，虽妇人小子皆知其为祥也。然麟之为物，不畜于家，不恒有于天下。其为形也不类，非若马牛犬豕豺狼麋鹿然。然则虽有麟，不可知其为麟也。角者，吾知其为牛；鬣者，吾知其为马。犬豕豺狼麋鹿，吾知其为犬豕豺狼麋鹿。惟麟也不可知。不可知，则其谓之不祥也亦宜。

虽然，麟之出，必有圣人在乎位，麟为圣人出也。圣人者必知麟，麟之果不为不祥也。又曰：麟之所以为麟者，以德不以形。若麟之出不待圣人，则其谓之不祥也亦宜哉。

——《获麟解》

麟是一种仁兽，历来被视为祥瑞之征。韩愈这篇文章，以麟自况，感慨不为人识，不为世用。《礼运》云："麟、凤、龟、龙，谓之四灵。"因此文章开头说，麟为稀世灵物，明明白白，妇孺皆知。这一点应该是毫无疑问的。然而，由于麟不养在家里，在天下不常见，人们不能像牛马犬猪之类凭外表把它辨认出来，对它不了解，就说它是不祥之物，这也可以理解。本来，麟之所以为祥瑞之征，是在于它出现时必有圣人在位，麟是为圣人而来的。圣人能知麟，这样，麟就决不会说成是不祥之物了。再说，麟之所以为麟者，在其品德而不在其外形。如若麟不待圣人而出，出非其时，以致世无知者，那么说它是吉祥之物，也是情有可原的。

这篇文章语气看似平缓，其中却包含着作者无量的辛酸和悲痛。他托物抒怀，自怜自重，自命不凡，又自伤不遇于时，不为人识，无缘遇合能够识拔贤良的圣人。林纾说："《说马》及《获麟解》，皆韩子自方之辞也。《说马》语壮，言外尚有希求；解麟词悲，心中别无余望。……伯乐与圣人皆不常有之人，而昌黎自命则不亚麟与千里马。千里马不幸遇奴隶，麟不幸遇俗物，斥为不祥，然出皆非时。故有千里马之能，抹煞之曰‘无马’；有盖代之祥，抹煞之曰‘不祥’。语语牢骚，却语语占身分，是昌黎长技。”（《春顺斋论文：韩文研究法》）

韩愈住闲洛阳这一年，文学上的成就更加显著，诗文佳作迭出，异彩纷呈，标志着他在文学创作上黄金成熟期的到来，并为古今名家所认同。他的《山石》一诗，历来为人称道。“这是一篇首尾完整的纪游写景诗，也是韩愈以文为诗的试验艺术上最成功的代表作。”（刘学锴撰《唐诗选注评鉴》七，第127页）清代方东树称赞它“不事雕琢，自见精彩，真大家手笔”（《昭昧詹言》卷一二）。他的《送李愿归盘谷序》，语言古朴而生动，歌辞优雅而有韵味，是韩愈创造新型散文体式的成功之作，被誉为“千古传诵的美文”（孙昌武撰《韩愈诗文选评》，第52页）。宋代文豪苏轼对其推崇备至：“欧阳文忠公尝谓：晋无文章，惟陶渊明《归去来》一篇而已。余亦谓：唐无文章，惟韩退之《送李愿归盘谷》一篇而已。生平愿效此作一篇，每执笔辄罢，因自笑曰：‘不若且放，教退之独步。’”（《东坡题跋》卷一《跋退之〈送李愿序〉》）韩愈感到这样的文章自己很难超越，还是让他独步天下吧！

五、初为四门博士

贞元十七年（801）冬，韩愈又一次参加朝廷诠选，结果获授国子监四门博士。

唐代的国子监分六个学馆：国子学馆、太学馆、四门学馆、律学馆、算学馆、书学馆。国子学馆相当于现在的研究生院，太学馆相当于现在的本科，四门学馆相当于现在的专科，都是综合性学校，律、算、书三个学馆，是专门性学校。

国子监各学馆的师资都有定额编制，明确待遇。四门学馆设博士六人，正七品上；助教六人，从八品上；直讲四人。

初冬，韩愈只身进京，到四门馆就职，成为一名七品教官，正式开始了他的仕途生涯。对这样的仕进结果他并不很满意。

> 静夜有清光，闲堂仍独息。念身幸无恨，志气方自得。乐哉何所忧？所忧非吾力。
>
> ——《夜歌》

静夜里月光洁净如洗，他一人独居闲堂，想想多年的奋斗总算有了一个结果，成为一名朝廷命官，也就没有什么可遗憾的了，虽不能有什么作为，也可以心安理得了。快乐吧，有什么值得忧愁的呢？有值得忧愁的也不是我力所能及的事。自己官小言轻，忧有何用？诗人貌似自我洒脱，其实是心有所忧的。不言所忧何事，只说“所忧非吾力”，所忧自然是家国大事，只因自己官小言轻，无能为力，才以“忧有何用”宽慰自己。这其中有一肚子不满现状，大材小用的牢骚。

韩愈虽不满足于一个小小的四门博士，然而上任之后，还是忠于职守，尽心尽责地做好教学工作。对于国子监学生，他有问必答，循循善诱；对于来信请教者，他有信必回，耐心指导。凡登门称弟子者，无论年幼年长，韩愈一概不回避师、弟子的名分。当时社会上师道大坏，一般人耻于求师，士人也不愿为人之师。韩愈不顾流俗，以师道自任，引起京师人士的很大震动，受到一些人的嘲笑和攻击。他深感有必要整顿风气，排除此种陋习。韩愈到国子监四门学馆任教以后，对教师的职责和作用有了更清楚的认识和更深刻的体会。为了倡导尊师重道、从师学习的良好风气，批判社会上轻视师道、耻学于师的不良习俗，他写了《师说》一文：

古之学者必有师。师者，所以传道受业解惑也。人非生而知之者，孰能无惑？惑而不从师，其为惑也终不解矣。生乎吾前，其闻道也固先乎吾，吾从而师之；生乎吾后，其闻道也亦先乎吾，吾从而师之。吾师道也，夫庸知其年之先后生于吾乎？是故无贵无贱，无长无少，道之所存，师之所存也。

嗟乎！师道之不传也久矣，欲人之无惑也难矣。古之圣人，其出人也远矣，犹且从师而问焉；今之众人，其下圣人也亦远矣，而耻学于师。是故圣益圣，愚益愚。圣人之所以为圣，愚人之所以为愚，其皆出于此乎？

爱其子，择师而教之；于其身也，则耻师焉。惑矣！彼童子之师，授之书而习其句读者，非吾所谓传其道解其惑者也。句读之不知，惑之不解，或师焉，或不焉。小学而大遗，吾未见其明也。

巫医乐师百工之人不耻相师。士大夫之族曰师曰弟子云者，则群聚而笑之。问之则曰："彼与彼，年相若也，道相似也。位卑则足羞，官盛则近谀。"呜呼！师道之不复，可知矣。巫医乐师百工之人，君子鄙之。今其智乃反不能及，其可怪也欤！

圣人无常师，孔子师郯子、苌弘、师襄、老聃。郯子之徒，其贤不及孔子。孔子曰："三人行，则必有我师。"是故弟子不必不如师，师不必贤于弟子，闻道有先后，术业有专攻，如是而已。

李氏子蟠，年十七，好古文，六艺经传皆通习之，不拘于时，学于余。余嘉其能行古道，作《师说》以贻之。

文章开篇借古立论，正面提出"古之学者必有师"的论断，指出师有传道、授业、解惑的作用，阐明从师学道的原则：古代求学的人必定要有老师。老师，是负责传道、受业、解惑的人。一个人不是生下来就什么都懂的，谁能没有疑难问题？有了疑难问题不去向老师请教，疑难问题就一直得不到解答。生在我之前的，他懂得道自然比我早，我要以他为师。生在我之后的，如果他懂得道也比我早，我也要以他为师。我师的是道，何必管老师的年龄比我大还是比我小呢！所以不论贵贱，不论大小，道在哪里，老师就在哪里。

文章接着就以几种鲜明对比，批判当时士大夫中流行的轻视师道、耻学于师的不良风气。

首先，是以"古之圣人"对比"今之众人"，指出古代的圣人比普通人高出很多，还得向师请教，现代的普通人比圣人差得很多，却以向师学习为耻。圣人之所以能圣，愚人之所以会愚，原因就在这里。

其次，以对待孩子和对待自己在从师问题上的相反态度对比，指出孩子读书不懂得断句，还晓得选择老师来教他，而自己有疑难问题不能解答，却以求师请教为耻辱，这是捡了芝麻丢了西瓜，可谓愚不可及。

再次，以“巫医乐师百工之人”不耻相师与“士大夫之族”耻于相师对比，指出前者不以互相师传为耻，后者却嘲笑从师，对此议论纷纷。后者向来看不起前者，如今后者反而不如前者明智，真是咄咄怪事。

通过三个对比，层层深入，步步推进，把耻学于师的思想批得体无完肤之后，文章进一步论述如何从师的问题，鲜明地提出了转益多师和能者为师的观点：圣人没有固定的师。孔子曾以郯子、苌弘、师襄、老聃为师。郯子等人，贤能都比不上孔子。孔子说：“三人行必有我师。”因此弟子不一定不如老师，老师不一定贤能胜过弟子，只是懂得道有先有后，技术学术上各有专长而已。

《师说》是一篇战斗的檄文。韩愈于佛老横流的中唐之世，企图通过道德伦理的整顿、文体的变革，达到“中兴”唐室的目的。于是他要整顿儒纲，恢复道统与文统，这就须扩大影响，发扬师承。因为师道是他传播儒学、教授古文的重要条件。而当时社会上却存在着轻视师道、耻学于师的不良风气，不利于儒道的传承。韩愈为了通过师承关系推广儒学和提倡古文，于是反抗流俗，抗颜为师，写了这篇《师说》。柳宗元在《答韦中立论师道书》中说：“今之世，不闻有师，有，辄哗笑之，以为狂人。独韩愈奋不顾流俗，犯笑侮，收召后学，作《师说》，因抗颜而为师。世果群怪聚骂，指目牵引，而增与为言辞。愈以是得狂名。”韩愈之所以不顾世人非议，作《师说》一文，不仅为自己抗颜为师张目，更为弘扬师道鸣锣开道。文章具有强烈的针对性，尖锐批判轻视师道、耻学于师的社会风尚，横扫阴霾雾障，表现出敢于向传统观念挑战的可贵精神。

《师说》也是我国教育史上的经典文献。它提出的教育思想对后世有极大的影响。其中关于教师“传道、受业、解惑”的职责定位，“道之所存，师之所存”和转益多师、能者为师等观点，都是不朽的经典之论，具有超越时代的普遍意义。至于文章里把“道”与“艺”并举，“传道”与“受业”并重的提法，也是非同寻常的见解。

韩愈单身在京，眷属尚滞留洛阳。贞元十八年（802）春夏之交，他请假东归洛阳接眷属。当途经华阴县时，韩愈顺便游览西岳华山胜景。

> 太华峰头玉并莲，开花十丈藕如船，冷比雪霜甘比蜜，一片入口沉疴痊。我欲求之不惮远，青壁无路难夤缘，安得长梯上摘实，下种七泽根株连。
>
> ——《古意》

这是一首望岳抒怀之作。《华山纪》云：“山顶有池，生千叶莲花，服之羽化，因曰华山。”韩愈来到华山前，仰望高入云天的莲花峰，浮想联翩，仿佛山峰就是一株偌大的并蒂莲，花开十丈，莲藕如船，其甘甜如蜜，人吃了一片即可消除百病。他多么想得到它，不怕山高路远，无奈悬崖如壁，无路与之结缘。怎能得到万丈长梯，上山摘取莲藕，下种九州七泽，让它连片开花结实。有学者认为这是一首明意诗。作者借景抒怀，语意双关，确有托物明志的意思。他希望步步高升，登上高位，以便辅君济世，嘉惠民生。

韩愈在《答张彻》诗中说：“洛邑得休告，华山穷绝径。倚岩睨海浪，引袖拂天星。”这一次，他真是登上了华山顶峰，据李肇

《国史补》卷中记载，还发生过险情：“韩愈好奇，与客登华山绝峰，度不可返，乃作遗书，发狂恸哭，华阴令百计取之，乃下。”这个故事在当时及后世颇为流传，至今华山苍龙岭有“韩退之投书处”遗迹。宋代学者曾为此事争辩，讨论其真实性。一般说来，李肇《国史补》记载的事都是实录，用不着怀疑，后人也不必为韩愈的行为辩白。其实一个有志之士，遇到险境，写了遗书，为壮志未酬，亲情难舍而痛哭，也是情理中的事，无损于韩愈的形象。

韩愈回到长安。身居四门馆从事教学工作，职卑俸薄，家庭生活十分困难。但他仍然不忘关心天下大事，朝政得失，通过不同方式表达自己的看法。

贞元十九年（803）初春，天气奇寒，大雪侵害万物，韩愈写了《苦寒》一诗，抒情言志：

四时各平分，一气不可兼。隆寒夺春序，颛顼固不廉。太昊驰维纲，畏避但守谦。遂令黄泉下，萌芽夭勾尖。草木不复抽，百味失苦甜。凶飙搅宇宙，铓刃甚割砭。日月虽云尊，不能活乌蟾。羲和送日出，恇怯频窥觇。炎帝持祝融，呵嘘不相炎。而我当此时，恩光何由沾？肌肤生鳞甲，衣被如刀镰。气寒鼻莫嗅，血冻指不拈。浊醪沸入喉，口角如衔箝。将持匕箸食，触指如排签。侵炉不觉暖，炽炭屡以添。探汤无所益，何况纩与缣。虎豹僵穴中，蛟螭死幽潜。荧惑丧躔次，六龙冰脱髯。芒砀大包内，生类恐尽歼。啾啾窗间雀，不知已微纤，举头仰天鸣，所愿晷刻淹，不如弹射死，却得亲炰燖。鸾皇苟不存，尔固不在占。其余蠢动俦，俱死谁恩嫌。伊我称最灵，不能女覆苫。悲哀激愤叹，五藏难安恬。中宵依墙立，淫泪何渐渐？天乎哀无辜！惠我下顾瞻。褰旒去耳纩，调和进梅盐。贤能日登御，黜彼傲与悭。生风吹死气，豁达如褰帘。悬乳零落堕，晨光入前簷。雪霜顿消释，土脉膏且黏。岂徒兰蕙荣，施及艾与蒹。日萼行铄铄，风条坐襜襜。天乎苟其能，吾死意亦厌。

这首诗用大部分篇幅描写这一年初春的异常酷冷。先写四季失序，冬帝夺了春帝的职权，使春帝无能为力，让初生的草木都枯死了。寒风狂暴，横行天下，让人感觉甚于芒刺刀割。日月都畏缩不前，不能让大地上的动物存活。火神拿着火，也感到自身难保。接着，写天气寒冷令人难以忍受：肌肤冻得皱裂如同鳞甲，衣被一贴身就像刀割一般疼痛。空气寒冷鼻子都不敢呼吸，手指冻僵合拢握拳也感困难。嘴巴麻木连热酒也喝不进去，吃饭拿筷子指头就像扎到竹签一样。身体挨近火炉也不觉得暖和，只有不断往里添加木炭。手足放进热水里也无济于事，更何况用被褥御寒保暖！接着，写天寒地冻对生灵万物的侵害：虎豹冻僵在山洞中，蛟螭冻死在深水里。太阳运行没有轨迹了，六龙的胡须都被冻掉了。辽阔无边的天地之间，一切生物都将死亡殆尽。窗间的麻雀不知命悬一线，举头向天啾啾鸣叫，祈求寒冻不要加剧，这样冷还不如中弹死去，可以火烤汤煮免得受冻。凤凰尚且不能存活，麻雀祈求也无济于事。至于虫介之类的生灵，统统死光谁还会怀疑。最后，诗人抒情言志：人为世间万物之灵，不能让他们安于枕席，令人悲愤哀叹，心里难以安宁。夜半倚墙而立，泪水如雨纷飞。仰天大呼哀怜无辜苍生，请求上天降临恩惠给予他们。但愿天子目明耳聪，朝廷引用贤相良臣，让贤能之人受到重用，罢斥那些庸官和奸邪之臣。让清风吹散死气，使氛围豁然开朗。屋檐上的冰柱纷纷落下，明媚的晨光照进前檐。大地顿时冰化雪消，土质变得松软肥沃。岂止香草长得茂盛，艾蒿和芦苇也生机勃发。花朵在阳光照耀下闪闪发光，行人的衣带在春风中飘飘起舞。老天假如能够做到这些，我虽然死了也心满意足。

韩愈这首诗，借贞元十九年（803）春寒大雪侵害万物生长，破坏人民生活，比赋隐喻现实，讥刺权臣误国，朝廷失政，致使民不聊生，哀鸿遍野。他期望君主能够启用贤臣，改善朝政，给人民带来真正的春天。诗人最后说："天乎苟其能，吾死意亦厌。"这与杜甫诗"安得广厦千万间，大庇天下寒士俱欢颜，呜呼！何时眼前突兀见此屋，吾庐独破受冻死亦足"（《茅屋为秋风所破歌》）意思完全相同，都是表达诗人舍己为人、兼济天下的仁爱之心，凸显了志士仁人的博大胸怀和高尚人格。

同年夏天，京畿大旱，关辅人饥。秋七月，朝廷以此为由，下诏要罢吏部选、礼部贡举。韩愈闻讯，立即写了《论今年权停选举状》，提出反对意见：

> 右臣伏见今月十日敕：今年诸色举选宜权停者。
>
> 道路相传皆云：以岁之旱，陛下怜悯京师之人，虑其乏食，故权停举选以绝其来者，所以省费而足食也。臣伏思之，窃以为十口之家，益之以一二人，于食未有所费。今京师之人不啻百万，都计举者不过五七千人，并其僮仆畜马，不当京师百分之一。以十口之家计之，诚未为有所损益。又今年虽旱，去岁大丰，商贾之家必有储蓄。举选者皆赍持资用，以有易无，未见其弊。今若暂停举选，或恐所害实深。一则远近惊惶，二则人士失业。臣闻古之求雨之词曰"人失职欤?"然则人之失职，足以致旱。今缘旱而停举选，是使人失职而召灾也。
>
> 臣又闻：君者，阳也；臣者，阴也。独阳为旱，独阴为水。今者陛下圣明在上，虽尧舜无以加之。而群臣之贤不及于古，又不能尽心于国，与陛下同心，助陛下为理。有君无臣，

是以久旱。以臣之愚，以为宜求纯信之士、骨鲠之臣，忧国如家、忘身奉上者，超其爵位，置在左右。如殷高宗之用傅说，周文王之举太公，齐桓公之拔宁戚，汉武帝之取公孙弘。清闲之余，时赐召问。必能辅宣王化，销殄旱灾。

臣虽非朝官，月受俸钱，岁受禄米。苟有所知，不敢不言。谨诣光顺门奉状以闻。伏听圣旨。

韩愈认为，朝廷以天旱人饥为由停止当年的礼部科举考试和吏部的选官考试，理由是不能成立的。应选的人数不过是京城人口的百分之一，不至于加重多少京城的负担。何况应选者进京都带有钱物，可以以有易无，活跃经济。怎么可以借口缺粮，而停止举选呢？他认为当前的主要问题是朝廷缺乏贤臣，当政者失职，不能尽心于国。因此，君王应当寻求诚信、正直，忧国如家、忘身奉上者，加以重用，让他们来辅佐君王治理国家。这是应对天灾的根本之策。他的言外之意是，朝廷急需进用贤才之际，怎么可以停止举选呢？韩愈在奏状的最后说，自己虽非朝官，但享受国家的俸禄，看到问题，不敢不说。真有一种位卑不忘为国忧的精神。

韩愈经历多年奋斗，虽然得了一个七品的四门博士，仍感到仕途失意，壮志难酬。他在给崔群的信中就宣泄了郁郁不得志的愤懑不平：

自古贤者少，不肖者多。自省事已来，又见贤者恒不遇，不贤者比肩青紫；贤者恒无以自存，不贤者志满气得；贤者虽得卑位则旋而死，不贤者或至眉寿。不知造物者意竟如何！无乃所好恶与人异心哉？又不知无乃都不省记，任其死生寿夭邪？未可知也。人固有薄卿相之官千乘之位而甘陋巷菜羹者，同是人也，犹有好恶如此之异者，况天之与人当必异其所好恶无疑也。合于天而乖于人，何害？况又时有兼得者邪？崔君无怠！崔君无怠！

仆无以自全活者，从一官于此，转困穷甚。思自放于伊颍之上，当亦终得之。近者尤衰惫，左车第二牙无故动摇脱去。目视昏花，寻常间便不分人颜色。两鬓半白，头发五分亦白其一，须亦有一茎两茎白者。仆家不幸，诸父诸兄皆康强早世，如仆者又何可以图于久长哉？以此忽忽，思与足下相见，一道其怀。

——《与崔群书》（节录）

崔群，贞元八年（792）和韩愈同榜进士及第，与韩愈是知交。他虽然人品、才学俱佳，但这时也被外放，担任宣州幕府观察判官，仕途很不得意。韩愈既为崔群困厄下僚抱不平，也为自己壮志难酬鸣不平。他对贤者不遇于时，不贤者多高官显贵；贤者无法自求生存，不贤者志满意得；贤者虽得卑职不久即去世，不贤者养尊处优往往长寿，表示愤懑不平。韩愈认为老天爷太不公平，异乎人间的常理常规。他对于贤愚不辨的“造物者”的质疑，实际上是对统治者的批判。他对崔群的劝勉，其中亦不无自勉之意。

韩愈在信中谈到自身的生活和身体状况，情绪又有些低落。一个七品小官，收入不多，要养活人口众多的一家人，生活上难免有穷困之忧。自己还未到不惑之年，牙齿开始脱落，眼睛已经昏花，鬓发亦显花白。想到家庭前辈多英年早逝，愁绪不禁油然而生。

去年落一牙，今年落一齿。俄然落六七，落势殊未已，余存皆动摇，尽落应始止。忆初落一时，但念豁可耻，及至落二三，始忧衰即死。每一将落时，懔懔恒在己。叉牙妨食物，颠倒怯漱水，终焉舍我落，意与崩山比。今来落既熟，见落空相似。余存二十余，次第知落矣。倘常岁落一，自足支两纪。如其落并空，与渐亦同指。人言齿之落，寿命理难恃。我言生有涯，长短俱死尔。人言齿之豁，左右惊谛视。我言庄周云，木雁各有喜。语讹默固好，嚼废软还美。因歌遂成诗，持用诧妻子。

——《落齿》

韩愈从去年开始掉牙齿，其势一发而不可收，今年一颗接着一颗掉，又掉了六七颗，未掉的牙齿亦已松动，看来要到全部牙齿掉完才会停止。此诗详细陈述自己掉牙过程中的思想活动：回忆掉第一颗牙齿时，只觉得豁牙难看，等到掉二三颗时，才担心身体衰老快要死了。因此每一颗牙齿要掉的时候，自己都处于恐惧状态。牙齿参差不齐吃东西横竖都感到不舒服，甚至害怕用水漱口。最终牙齿离开我的牙床，像山崩一样突如其来。近来牙齿脱落已经习惯，每掉一颗牙齿都和往常一样。如今还留下二十多颗牙齿，知道它会一个接着一个掉落。假如每年掉落一颗牙，还可以支持二十余年。如果它一下子掉完，和慢慢掉也差别无几。人们都说牙齿掉落，生命也就难以为继；我说人的寿命都有一定期限，或长或短终归都要死亡。人们说牙齿有豁口，左右的人都会惊讶注视你；我说庄周有言，大木和鸿雁各得其乐（意思是有牙无牙各有好处）。没有牙齿说话会有讹误，沉默不语本来就很好。牙齿没了废弃咀嚼之劳，舌头不是还十分灵巧。因此我把它写成歌诗，用来在妻子面前夸耀。

诗人这时才三十六岁，已出现种种未老先衰的迹象。他对于落齿这样的身体衰落现象，从开始的悲观恐惧，到习以为常，再到达观应对，终于调整好了自己的心态，最后与妻子玩笑，还颇有几分风趣。

这两年，韩愈作为国子监的一名七品教官，收入比较低微，而家族依靠他供养的人口又多，生活穷困不堪，身体也未老先衰。但他位卑不忘为国忧，己穷更念生民病，在《苦寒》诗中所表达的舍己为人、兼济天下的高尚人格，令人肃然起敬。他身体早衰，而锐气不减，所写的《师说》，理直气壮地弘扬师道，义正词严地批判轻视师道、耻学于师的不良风气，表现出敢于挑战流俗、扶持正气的可贵精神，同样令人敬佩。

六、御史遭贬阳山

贞元十九年（803）秋，韩愈任四门博士二年届满。经御史中丞李汶的推荐，韩愈被任命为监察御史。

唐代的御史台，是中央监察机关，执行对官员的监察弹劾和审理刑狱的任务。长官是御史大夫，但后来常由副职御史中丞主持台务，下属有侍御史、殿中侍御史和监察御史。当时韩愈在御史台任监察御史，虽只是正八品上阶的低级官员，却有弹劾官吏、论谏皇帝过失的职责。他认为这是一个差可施展抱负的职位。再加上有柳宗元、刘禹锡、张署这样一些好友一起共事，他感到很高兴，期望能在这个职位上有所作为。

利剑光耿耿，佩之使我无邪心。故人念我寡徒侣，持用赠我比知音。我心如冰剑如雪，不能刺谗夫，使我心腐剑锋折。决云中断开青天，噫！剑与我俱变化归黄泉。

——《利剑》

此诗托物言志。韩愈借赋利剑，喻己高洁刚直，表达自己要仗义执言，与佞臣谗夫做斗争的决心：利剑寒光闪闪，佩带身上使我不惧邪恶。老朋友念我同伴少，把利剑赠我当好友。我的心像冰一样纯洁，我的剑像雪一样光亮。如果不能用它来刺佞臣谗夫，我义愤填膺剑锋也会夭折。若能以剑锋刺破层云见青天，我与剑同归于尽也在所不惜。

诗人早就想做一名谏诤官，渴望有在朝廷进言献策的机会，也不止一次表达过对奸邪之臣的不满，如今身为御史，怎能不挺身而出，破釜沉舟干一场?

贞元末年，朝廷两派斗争日益明显。德宗宠信宦官，委以重任，造成了宦官专权的局面。太子李诵周围形成了一个主张政治革新的王叔文集团，不断扩张势力，李诵接位后即大力革新除弊，推行新政。革新派和守旧势力的激烈斗争，也反映到御史台内，刘禹锡、柳宗元参加了王叔文集团，企图通过政治革新重振国威，而韩愈虽不赞成宦官专权，但也不赞同王叔文激进的革新活动，主张通过复兴儒学振兴大唐。因此，刘、柳两人将韩愈视为文学上谈诗论文的朋友，而不视作政治上志同道合的知己，这应是当年三人之间关系的微妙之处。三个人各有所长，谈文论道常有争论，但并未伤害彼此之间的感情。刘禹锡后来在《祭韩吏部文》中回忆道："昔遇夫子，聪明勇奋。常操利刃，开我混沌。子长在笔，予长在论。持矛举楯，卒不能困。时惟子厚，窜言其间。赞词愉愉，固非颜颜。磅礴上下，羲农以还。会于有极，服之无言。"（《刘禹锡集》卷四〇）可见当年三人的不同性格和一起相处的情景。

这年夏秋两季，京畿地区大旱，几乎颗粒无收，出现严重的粮荒。时任京兆尹的李实，却不顾人民死活，仍一味聚敛征求，进奉皇帝。还对皇上隐瞒灾情，说"今年虽旱，而谷甚好"，因而不准减免租税，逼得老百姓拆屋卖瓦，应付官税。韩愈看到长安饿殍遍野的惨状，心急如焚，寝食难安："我时出衢路，饿者何其稠！亲逢道边死，伫立久咿忧。归舍不能食，有如鱼中钩。"（《赴江陵途中寄赠王二十补阙李十一拾遗李二十六员外翰林三学士》）他出于身为监察御史的责任感和对百姓疾苦的同情，与同在御史台为官的张署等人联名进呈了《御史台论天旱人饥状》：

右臣伏以今年已来，京畿诸县夏逢亢旱，秋又早霜。田种所收，十不存一。陛下恩逾慈母，仁过春阳。租赋之间，例皆蠲免，所征至少，所放至多。上恩虽弘，下困尤甚，至闻有弃子逐妻以求口食，拆屋伐树以纳税钱。寒馁道途，毙踣沟壑。有者皆已输纳，无者徒被追征。臣愚，以为此皆群臣之所未言，陛下之所未知者也。臣窃见陛下怜念黎元，同于赤子。或犯法当戮，犹且宽而宥之，况此无辜之人，岂有知而不救？又京师者四方之腹心，国家之根本，其百姓实宜倍加忧恤。今瑞雪频降，来年必丰。急之则得少而人伤，缓之则事存而利远。伏乞特敕京兆府应今年税钱及草粟等在百姓腹内征未得者，并且停征。容至来年蚕麦，庶得少有存立。臣至陋至愚，无所知识。受恩思效，有见辄言，无任恳款惭惧之至。谨录奏闻，谨奏。

奏状先反映今年京畿地区灾情的严重情况：今年以来，京畿各县，夏天逢大旱，秋季又过早降霜，地里所种谷物能收上来的，十成不到一成。接着说，朝廷按例已有减免租税之举，但上面的恩典虽已广大，而下面的困苦仍极严重。这实际上是暗示上恩未能下达，减免租税并未落实，因而才造成百姓困苦尤甚的情况。然后就用耳闻目睹的事实说明百姓无以为生的严重状况：听说有人丢弃儿女、遣逐妻子，来谋求个人口食，拆卖房屋、斫售树木，来缴纳税钱。许多人饥寒于道路，倒毙于沟壑。缴得起租税的人家都已缴纳了，缴不出的追征也徒劳无益。最后还点明：这些都是群臣所未上奏、陛下所未知悉的事情。这一笔，顺便戳穿隐瞒灾情者的谎言。

奏状接着建议缓征今年京畿的租税。先以颂为劝，强调皇上爱怜百姓，视同婴儿，有罪者尚且宽赦，无辜之人更应予以拯救。次则强调京师是四方的心腹，国家的根本，这里的百姓理应倍加忧念体恤。然后强调今年连降瑞雪，明年丰收在望，以说明继续急征暴敛必然导致所得少而对民伤害严重，放缓征收则税额存而应得利益长在。从以上几方面申述暂停征税的理由之后，便顺理成章地提出具体办法：恳求专门下个敕书给京兆府，在百姓名下今年应邀的税钱和草、粟等项物资，还未征收到的，一概暂时停征，留到明年蚕丝上市、小麦收成时再征收，好让百姓宽解目前的困境，得以勉强过活。韩愈为民请命，真是煞费苦心。

年末将到，突然之间，韩愈遭到贬官放逐的处分，德宗下诏，贬韩愈为连州阳山（今广东阳山）县令。对于此番遭贬，犹如晴天霹雳，韩愈开始百思不得其解。

韩愈这次贬官外放的原因，韩门子弟皇甫湜在《韩文公神道碑》中说：“十九年，关中旱饥，人死相枕藉，吏刻取怨。先生列言天下根本，民急如是，请宽民徭，而免田租之敝。专政者恶之，行为涟州阳山令。”（《皇甫持正文集》卷二）从行文看，似乎韩愈被贬，是由于《御史台上论天旱人饥状》为民请命的缘故。后来不少人亦持这样的看法。唯孙昌武教授细读碑文，指出其中一个重要关节：“皇甫湜作《神道碑》，记载他上言天下根本，民急如是，请宽民徭役，而免田租之弊，接着说专政者恶之。叙述中忽略了中间环节，但已透露出是被‘专政者’借机排斥的消息。”（《唐代古文运动通论》，第 95 页）并且说当时正是王叔文一派势力渐盛时，韩愈被贬是由于与王叔文一派政见不同，因而借机排斥他。其实关于韩愈遭贬的原因，宋人蔡启早就说过：“退之阳山之贬，史不载所由，以其诗考之，亦为王叔文、韦执宜所排尔，所谓‘伾、文未揃崖州炽，虽得赦宥常愁猜’也。”（《蔡宽夫诗话》）

后来韩愈自己在《赴江陵途中寄赠王十二补阙李十一拾遗李二十六员外翰林三学士》一诗中，对这次被贬因果有过较为详细的记述：

适会除御史，诚当得言秋，拜疏移阁门，为忠宁自谋？上陈人疾苦，无令绝其喉；下言畿甸内，根本理宜优。积雪验丰熟，幸宽待蚕麰。天子恻然感，司空叹绸缪，谓言即施设，乃反迁炎州。同官尽才俊，偏善柳与刘。或虑语言泄，传之落冤仇。二子不宜尔，将疑断还不。中使临门遣，顷刻不得留。病妹卧床褥，分之隔明幽，悲啼乞就别，百请不颔头。弱妻抱稚子，出拜忘惭羞。僶俛不回顾，行行诣连州。朝为青云士，暮作白首囚。

根据诗中所说“谓言即施设”，韩愈为民请命的奏状上达之后，德宗同意韩愈的建议，准备立即付诸实施，停征今年税赋。但忽然之间，却遭到了贬官的处分。显然，他并不是因奏状违旨而被贬官。至于贬官的真正原因，韩愈怀疑是柳宗元和刘禹锡泄漏了他们私下谈话的秘密而遭报复。“这表明他在刘、柳面前议论过王叔文，所以才疑心他们向王传言漏语，也证明他确实知道被贬黜的发端指示者为王叔文。”（《唐代古文运动通论》，第 96 页）

王叔文是史称“永贞革新”的领袖人物。贞元末年，德宗年事渐高，昏愦腐败，太子李诵继任在即，受太子支持的王叔文集团也在扩大势力，准备推动朝政革新。“就在贞元十九年王叔文一派纷纷入朝，提拔到重要岗位，其中包括韩愈的友人刘禹锡和柳宗元，分别任监察御史和监察御史里行。韩愈从儒家政治理想和道德观念出发，对政出多门，藩镇逆乱是不满的。他抱有儒家的仁爱观念，对人民的苦难也有所同情。从这一方面看，他是不满现实、有变革意识的。这是现实教育下形成的他的思想的积极面。但他又不能同意王叔文一派激进的革新活动，特别是王叔文等人都是名微位下的‘新人’，利用太子李诵的力量，结纳宦官李忠实等人，排斥朝廷耆宿，变革朝廷旧章。这完全不符合儒家的传统道德。这样，具有改革意识的韩愈又站到反对改革的一面，也就可以理解了。”（《唐代古文运动通论》，第 95 页）

韩愈对王叔文一派的改革主张多有不满，因此不明不白被贬阳山。而且这次贬官，遭遇很惨。如他诗中所言：宦官气势汹汹来到韩家，逼迫逐客上路，一刻不许停留。弱妹重病在床，自知再会无望，哭着希望话别，百般请求，都不准许。夫人抱着小孩，只好不顾羞耻来到堂前，当着宦官的面，同韩愈拜别。早上还是朝廷的谏官，傍晚变成阶下的囚徒。

同韩愈一起被贬官的还有一个张署，贬为郴州临武县令。他们同时被押解着匆忙上路，离开长安。冒着岁末严寒，两个放逐的罪人，开始了漫长的迁谪旅程。他们出终南山，过秦岭，至蓝田，冰雪封山，道路艰险难行。

> 初从蓝田入，顾眄劳颈脰。时天晦大雪，泪目苦矇瞀。峻途拖长冰，直上若悬溜。褰衣步推马，颠蹶退且复。苍黄忘遐睎，所瞩才左右。杉篁咤蒲苏，杲耀攒介胄。专心忆平道，脱险逾避臭。
>
> ——《南山诗》(节录)

进入蓝田以后，山路崎岖险峻，得左顾右盼小心前行。天色昏暗，大雪纷飞，泪眼迷蒙，难以睁开。险峻的山路上坚冰覆盖，溜滑难以上行。只得撩起衣衫，用力推着马匹往上走，一不小心，马脚滑下来摔倒了，还得费力气扶起来，重新用力推上去。暮色苍茫，黑白难辨，不敢左右观看，一心注意赶路，不管杉竹枝叶扎人，也不辨柳蒲香苏。到太阳出来，照在身上，只希望速至平道，尽快脱离险境。

他们进入襄汉之后，顺着长江而下。到第二年初春过洞庭湖，波涛汹涌，扁舟震荡，也使他们感到惊心动魄，梦魂不安。

春风洞庭浪，出没惊孤舟。

——《赴江陵途中寄赠王十二补阙李十一拾遗李二十六员外翰林三学士》(节录)

洞庭湖的浩瀚无际，惊涛骇浪，给韩愈留下难忘的记忆。

他们溯湘江而上，来到汨罗江畔。韩愈想起了诗人屈原言事遭贬，忠而见弃，最后忧愤国事投江自尽，如今见到现场情景，感喟不已，写下了《湘中》一诗。

猿愁鱼踊水翻波，自古流传是汨罗。蘋藻满盘无处奠，空闻渔父叩舷歌。

韩愈来到汨罗江本是为凭吊屈原而一泄心中的郁闷，然而自古闻名的汨罗江如今只闻猿声凄楚，只见鱼跃水面，江流波涛滚滚，竟没有留下任何纪念屈原的标志。诗人面对茫茫水天，怅然若失：江边到处都是水草，想祭奠也不知把祭品放置在什么地方。远处传来渔夫的舷歌声，使人更加增添哀伤之情。一位耿耿爱国忠臣，竟然遭受如此冷落！韩愈凭吊屈原的感喟，深刻地表现了世无知音的寂寞与悲凉，也含蓄地表达了世事无公正可言的悲愤与牢骚。

韩愈和张署，两人一路同行，相依为命。韩愈后来在《祭河南张署员外文》中追记道："我落阳山，以尹鼯猱；君飘临武，山林之牢。岁弊寒凶，雪虐风饕。颠于马下，我泗君咷。夜息南山，同卧一席，守隶防夫，觗顶交跖。洞庭漫汗，粘天无壁，风涛相豗，中作霹雳。追程盲进，帆船箭激。南上湘水，屈氏所沉。二妃行迷，泪踪染林。山哀浦思，鸟兽叫音。余唱君和，百篇在吟。"沿途山高水险，屡受惊悸，再加守隶、防夫的催逼，他们遭遇可想而知。在这样的情况下，他们并没有悲观丧气，还是不断唱和诗歌，借以相互安慰，相互鼓励。

韩愈和张署路经郴州时，曾得到郴州刺史李伯康的盛情接待。李伯康又是问寒问暖，又是设宴招待，还把自己的文章和书法作品给韩愈看，请求指教。韩愈到阳山以后，曾给李伯康送过黄柑，李伯康又回赠笔，两人从此结下了友谊。

韩愈和张署离开郴州，继续前行。他们到达临武县："君止于县，我又南逾。"（《祭河南张员外文》）张署在这里留下了，韩愈继续向南，翻山越岭，奔往连州阳山县。

贞元二十年（804）春二月半，韩愈经过六十多天的跋涉，行程三千八百多里，终于到达阳山任所。

> 阳山，天下之穷处也。陆有丘陵之险、虎豹之虞。水有江流悍急，横波之石廉利侔剑戟。舟上下失势，破碎沦溺者往往有之。县郭无居民，官无丞尉。夹江荒茅篁竹之间，小吏十余家，皆鸟言夷面。始至，言说不相通。画地为字，然后可告以出租赋、奉期约。是以宾客游从之士无所为而至。
>
> ——《送区册序》（节录）

当时的阳山，是一个僻远荒凉的地方。陆地上群山环立，丘壑纵横，路途多有险峻，丛林虎豹出没，常有侵人之忧。而水上呢，江流湍急，猛浪若奔，横在水中的礁石如剑似戟，稍不留神就会造成舟毁人亡的惨剧。人文环境更差，蛮荒落后，尚未开化，县城没有居民，县政府竟然没有县尉、县丞，只有小吏十余家，住在江两岸的荒茅篁竹之间。更糟糕的是语言不通，只得画地为字，然后他们才懂得应该缴纳赋税，遵守规章期约。

韩愈初到阳山，对当地的气候环境和民情风俗都很不适应。

> 毒雾恒熏昼，炎风每烧夏。雷威固已加，飓势仍相借。气

象杳难测，声音吁可怕。夷言听未惯，越俗循犹乍。指摘两憎嫌，睢盱互猜讶。只缘恩未报，岂谓生足藉。

——《县斋有怀》（节录）

阳山地区瘴气弥漫，终日不散。夏天热风炙人，炎热难耐。雷声霹雳震天，风暴随即席地而至。天气变化莫测，狂风暴雨声势令人可怕。地方土语听不习惯，岭南风俗也难适应。因此往往会互相猜疑，相互指摘。在这样的地方工作尽管困难重重，难道说我平生就不可能有所作为？诗人并没有因为所处环境不好而灰心丧气。

韩愈到阳山不久，收到张署的赠诗，他立即写了答诗。

山净江空水见沙，哀猿啼处两三家。筼筜竞长纤纤笋，踯躅闲开艳艳花。未报恩波知死所，莫令炎瘴送生涯。吟君诗罢看双鬓，斗觉霜毛一半加。

——《答张十一》

诗的前四句写自己所处的自然环境，荒远冷僻之处尚有几分生机：春山明净，溪水清澈见底，哀猿啼鸣，稀疏几户人家。竹林之中，细长的嫩笋竞相生长，杜鹃花开，红艳艳的遍布山野。诗的后四句抒情言志，忧愁怨恨之中尚能自我振作：君恩未报，更不知自己的终身之地，自当珍重，别让炎热瘴气断送了自己的生命。然后正面就张署的赠诗作答：吟诵了你的诗以后，陡然发现自己双鬓上的白发增加了一半。“这是对赠诗强烈感染力的渲染，也是对张署境遇的同情，而自己那种‘同是天涯沦落人’的感慨也就自然包蕴其中了。”（刘学锴撰《唐诗选注评鉴》七，第 214 页）

韩愈在公事之余，也注意安排好自己的读书赋诗和休闲娱乐活动。

出宰山水县，读书松桂林。萧条捐末事，邂逅得初心。哀狖醒俗耳，清泉洁尘襟。诗成有共赋，酒熟无孤斟。青竹时默钓，白云日幽寻。南方本多毒，北客恒惧侵。谪谴甘自守，滞留愧难任。报章类缟带，伫答逾兼金。

——《县斋读书》

诗人经常在县令的书房读书，有时掩卷休息，思绪万千：这县里有山有水，可以在幽美的树林里读书。抛开琐碎事务落得清闲，回归人生初心倒也不错。猿啼可以清醒俗耳，清泉可以洗涤尘襟。吟诗、酌酒也还有伴侣，并不孤独。偶尔拿上鱼竿到溪边垂钓，或到白云缭绕的山上寻幽访胜。南方本来瘴气多，北方来的人最怕受到侵害。滞留贬谪之地虽然有此两难耐，但也要保持自己的节操。只盼望投赠的诗文，能得到友人的回应。

韩愈常常外出了解民情，访问农家村舍，看成群的孩子驱赶偷吃禾谷的麻雀和老鼠。有时还同老农一起到酒店里去喝一碗酒。

韩愈也常常外出寻幽探胜，寄情山水之间。

南方二月半，春物亦已少。维舟山水间，晨坐听百鸟。宿云尚含姿，朝日忽升晓。羁旅感和鸣，囚拘念轻矫。潺潺泪久迸，诘曲思增绕。行矣且无然，盖棺事乃了。

——《同冠峡》

今日是何朝？天晴物色饶。落英千尺堕，游丝百丈飘。泄乳交岩脉，悬流揭浪摽。无心思岭北，猿鸟莫相撩。

——《次同冠峡》

诗人来到阳山县西北七十里的同冠峡春游。系舟上岸，坐听百鸟和鸣，观看白云的变化，朝日的光辉。触景生情，感春伤怀，想到自己羁留边荒之地，人身不得自由，不禁泪流不止，思前想后，愈加伤心。无奈只有得过且过，到死了也就了结一切。

他当晚就在同冠峡住下，第二天一早起来，天晴气朗，万物显得更加多姿多彩。落英满地铺千尺，游丝飘游高达万丈。岩洞里钟乳石琳琅满目，山崖前瀑布飞起漫天浪花。多么美丽迷人的风景，哪有心思再想念岭北的家乡？猿啼鸟鸣不要再来撩起我的羁旅乡愁！

江盘峡束春湍豪，雷风战斗鱼龙逃。悬流轰轰射水府，一泻百里翻云涛。漂船摆石万瓦裂，咫尺性命轻鸿飞。

——《贞女峡》

贞女峡是阳山附近的一处胜景，《水经注》中都有记载。诗人慕名而至，只见大江弯弯曲曲，盘旋而下，水急峡窄，激流奔腾汹涌，如风雷齐鸣，弄得鱼龙都吓得逃走。瀑布从万丈悬崖上飞流直下，注入奔腾大江，而后如云腾雾滚似的奔向远方，一泻百里。行船到这里，肯定会被碰得石崩瓦裂，人如果掉下去，顷刻之间就会丧失性命。惊心动魄的场景，让诗人惊叹不已：人生道路上的凶险，又何尝不是如此！

韩愈虽在边荒之地，而文名在外，前来求教从学的仍然不乏其人。指导后学，奖掖后进，也就成为他欣然而为的一项工作。

区册可能是最早前来阳山从学的一位青年。

愈待罪于斯，且半岁矣。有区生者，誓言相好，自南海挐舟而来。升自宾阶，仪观甚伟。坐与之语，文义卓然。庄周云："逃空虚者，闻人足音，跫然而喜矣。"况如斯人者，岂易得哉！入吾室，闻《诗》《书》仁义之说，欣然喜，若有志乎其间也。与之翳嘉林，坐石矶，投竿而渔，陶然以乐。若能遗外声利，而不厌乎贫贱也。岁之初吉，归觐其亲。酒壶既倾，序以识别。

——《送区册序》

在韩愈贬居阳山半年后，有一位广东青年区册，从南海乘船慕名前来从学，已属不易，加上其人长得体貌英伟，谈吐高雅，使韩愈有“空谷足音”之喜，感到十分难得。更让韩愈高兴的是，区册有志于学习儒家的《诗》《书》仁义之说。因此韩愈与他朝夕相处，除教学之外，还与他一起到野外游玩、钓鱼，十分愉快。区册也仿佛把名利置之度外，能够安贫乐道。到第二年正月，区册要返回家乡省亲，韩愈置酒送行，还作序赠别，记叙这段难忘的师生情谊。

韩愈对前来求学的人，能够因人施教。有一个叫刘师服的人，曾浪游天下，在东越为越女一笑而留三年，入炎州为妖歌曼舞而滞留十载。遍游岭南五管，因穷困不能还家，才到阳山来投奔韩愈。对于这样一个放荡不羁的青年人，韩愈也没有拒之门外，而是因材施教进行教育：“我为罗列陈前修，芟蒿斩蓬利锄耰。天星回环数才周，文学穰穰囷仓稠。车轻御良马力优，咄哉识路行勿休，往取将相酬恩仇。”（《刘生》）韩愈首先教育他，要以前贤为榜样，修习道德品行，去除各种杂草，才能耕耘播种。这样经过一年的努力，收获不小，文章已经可观。而后韩愈又鼓励他：良马识途，轻车前行不能停留，夺取自己的人生目标，以报答父母的养育之恩。

韩愈对求学请教者，是有求必应的。有个秀才名叫窦存亮，在前往阳山求教之前，先写信给韩愈征求意见。韩愈立刻满腔热情地给以回答：“今乃乘不测之舟，入无人之地，以相从问文章为事，身勤而事左，辞重而请约，非计之得也。虽使古之君子积道藏德，遁其光而不耀，胶其口而不传者，遇足下之请恳恳，犹将倾廪倾囷，罗列而进也，若愈之愚不肖，又安敢有爱于左右哉！”（《答窦存亮秀才书》）字里行间，热忱欢迎之情溢于言表，乐于指导之言也诚心诚意。

韩愈在阳山期间，也曾结交僧侣，与两个和尚有过交往，但他并不赞同佛教信仰，自有其明确的立场。

惠师，之所以出家，并不是对佛教有什么信仰，而是出于对山水的热爱。他到处寻幽访胜，浪迹天下。他游过四明，登过天台，访过禹穴，上过峨眉。又西游庐岳，南至罗浮山。来到连州之后，也是四处探胜，天天携客漫游。他所谈论的都是浮游的经历，访胜的乐趣。对于这样一个不以佛事为重，而以游山玩水为事的和尚，韩愈自然愿意与他交往，但也表明自己并不苟同佛教的鲜明态度："吾言子当去，子道非吾遵。江鱼不池活，野鸟难笼驯。吾非西方教，怜子狂且醇；吾嫉惰游者，怜子愚且谆。去矣各异趣，何为浪沾巾?"（《送惠师》）从此可见，韩愈反对佛教的立场已经很明确。

灵师，更是一个不以佛事为重，不守佛门清规的和尚。他出家当和尚，也不是出自本心，而是人生不得意，受到某种挫折，才遁迹佛门的。他弃俗为僧之后，依然我行我素，下棋、赌博、作诗、饮酒、寻胜，为所欲为，根本不以佛事为重，不守佛门清规。韩愈从这样的和尚身上，更清楚地认识到一些人信奉佛教的虚伪性，坚定了自己的反佛立场："佛法入中国，尔来六百年。齐民逃赋役，高士著幽禅。官吏不之制，纷纷听其然。耕桑日失隶，朝署时遗贤。"（《送灵师》）韩愈历数佛门成为一些人的避风港，造成了社会劳力和优秀人才白白浪费，而官府不予制止。他认为佛教泛滥，造成社会灾害，主要责任在统治者。

贞元二十年（804）冬，韩愈和张署有过一次难忘的相会。他们根据事先的约定，相会于两县的邻界处。关于这次相会，韩愈后来有详细的记载："自别几时，遽变寒暑。枕臂欹眠，加余以股。仆来告言，虎入厩处。无敢惊逐，以我骤去。君云是物，不骏于乘。虎取而往，来寅其征。"（《祭河南张署员外文》）他们分别快要一年了，两人相见格外亲热，同卧共眠，过了一夜。韩愈告诉张署，夜分有虎闯入厩所，把自己代步的毛驴叼走了，也不敢追逐。

张署说毛驴这东西，也不是代步的好牲口。寅虎叼走毛驴，预示着明年寅月（正月）将有大的变故。第二年朝廷的事态不幸被张署言中。

七、遇赦量移江陵

韩愈在阳山期间，远在数千里外的京城长安，朝政发生着翻云覆雨的变化。

贞元二十一年（805）正月，德宗去世，太子李诵即位，是为顺宗。顺宗起用革新派人士，翰林学士韦执谊做了宰相，王叔文任起居舍人兼翰林学士，监察御史刘禹锡、柳宗元先后升任显官，参与决议大事。二月颁布大赦诏令。不久，顺宗因得中风病，不能言语，王叔文一派就掌握了朝政大权，推行免租税、罢进奉、废宫市、放宫女等一系列改革措施，同时打击权奸，进用贤能，实行开明政治，打破了大历、贞元时姑息苟安的局面。

可是，在宦官和藩镇的内外夹攻下，到八月九日，顺宗内禅，太子李纯继帝位，是为宪宗，下诏改贞元二十一年为永贞元年，大赦天下。王叔文一派的重要人物则被黜，王叔文赐死，王伾贬死，刘禹锡、柳宗元等八人贬远州司马，这就标志着历史上短命的“永贞革新”彻底失败。

《顺宗实录》卷第二记载：“二月甲子，上御丹凤门，大赦天下。自贞元二十一年二月二十四日昧爽以前，大辟以下，罪无轻重，常赦所不原者，咸赦原之。诸色人中，有才行兼茂，明于理体者；经术精深，可为师法者；达于吏理，可使从政者：宜委常参官各举所知；其在外者，长吏精加访择，具名闻奏，仍优礼发遣。”

韩愈看到顺宗的大赦诏书，十分高兴，欢呼：“嗣皇新继明，率土日流化。”（《县斋有怀》）自己当然在被赦免之列。但静候了一段时间，一直没有得到量移的命令，心想一定是没有长吏推荐的原因。本地的连州刺史并不了解自己，又没有多少交往，他不抱什么希望。想到郴州刺史李伯康，对自己甚为尊重，上次过郴州以来，也一直有联系，不妨请求他向朝廷举荐。于是他毅然决定前往郴州。

前往郴州途中，韩愈夜宿龙宫滩，做起了思乡梦。

浩浩复汤汤，滩声抑更扬。奔流疑激电，惊浪似浮霜。梦觉灯生晕，宵残雨送凉。如何连晓语，只是说家乡？

——《宿龙宫滩》

龙宫滩的奔流，浩浩荡荡，惊涛骇浪，如霜似雪，颇为壮观。诗人梦归故乡，真真切切，一觉醒来，嘴里还在一直念叨着家乡。此时诗人所说的“家乡”，并不是指河阳，而是他无辜被逐出的京城长安。离开长安已经一年多了，现在终于有了回归的希望。

初夏，韩愈来到郴州待命。郴州刺史李伯康热情接待他，并将他的名字列入施赦回朝名单中上报。当时郴州属湖南观察使管辖，李伯康的上报文书送到观察使杨凭的手里，就被压了下来。杨凭大概是出于对朝廷两派斗争形势的考量，没有同意上报韩愈。“州家申名使家抑”，因此韩愈在郴州待了三个月，直到八月，宪宗即位，再次逢大赦，才得量移江陵法曹参军。张署的遭遇和他一样，也是这时才量移江陵功曹参军。唐代被贬边远地区的官员，遇赦酌情移至近处任职，称为“量移”。

韩愈和张署在郴州等了几个月，虽然等来又一次的赦书，但并没有进一步宽免他们回京城，仍得去江陵府任一个微不足道的官职。中秋之夜，两人把酒赏月。张署的情绪很低落，韩愈写诗安慰同病相怜的朋友，实际上是抒写两人共同的贬谪经历与怨愤。

> 纤云四卷天无河，清风吹空月舒波。沙平水息声影绝，一杯相属君当歌。君歌声酸辞且苦，不能听终泪如雨。洞庭连天九疑高，蛟龙出没猩鼯号。十生九死到官所，幽居默默如藏逃。下床畏蛇食畏药，海气湿蛰熏腥臊。昨者州前捶大鼓，嗣皇继圣登夔皋。赦书一日行万里，罪从大辟皆除死。迁者追回流者还，涤瑕荡垢朝清班。州家申名使家抑，坎轲只得移荆蛮。判司卑官不堪说，未免捶楚尘埃间。同时辈流多上道，天路幽险难追攀。君歌且休听我歌，我歌今与君殊科。一年明月今宵多，人生由命非由他，有酒不饮奈明何！
>
> ——《八月十五夜赠张功曹》

诗的开头四句，先写作者与张功曹举杯宴饮的月夜环境：浮云四面散去天上不见银河，空中清风阵阵送来月光如波。沙平水静大地无声无息，敬酒一杯我劝你对月高歌。

张署的歌声辛酸悲苦，叫人没有听完就泪下如雨。他首先倾诉贬谪路途的艰险和贬居生活的愁苦：路过洞庭湖波涛连天，九疑山峰峦陡峭，有蛟龙在水中出没，猩鼯在山上悲号。九死一生来到贬谪之地，默默蛰居如同幽囚逃犯。下床怕蛇咬，吃饭怕中毒，海气潮湿到处散发难耐的腥臊。而后抒发对新皇继位、政局变化的欢欣：前几天州府前大鼓响个不停，新皇即位英明地举用贤臣。大赦文书日行万里传递四方，犯了大辟之罪的也可免于一死。贬逐的被召回，流放的可还家，朝廷里也涤荡污垢刷新朝班。张署歌唱的最后，转而抒发自己满腔期待落空的怨愤：刺史为我申报了却被观察使扣压，历尽坎坷只好去荆蛮任职。做判司（判一司之事，即任某曹参军事）这样的小官真不堪说起，弄不好还难免伏在地上受人杖打。同时被贬逐的人都已启程回京，进京之路对我来说险阻重重难以登攀。

“张署之歌，酸苦悲愤，抑扬起伏，不仅反映了其从贬谪到量移这一过程中的痛苦经历和坎坷命运，抒发了内心的强烈不平，而且表现了其感情的起伏变化。既是苦难人生经历的反映，又是心路历程的展现。这一切，既属于张署，也属于韩愈本人。”（刘学锴撰《唐诗选注评鉴》七，第 145 页）

诗人既已借别人的酒杯浇了自己的块垒，就没有必要再直接抒发自己的感慨了，因此用“君歌且休听我歌，我歌今与君殊科”两句接转，抒发议论，劝谕张署：你的歌暂且停停听我来唱，我的歌和你的歌不属同科。一年中的月色今夜最多，人生听凭命运不由其他，有酒不喝岂不辜负这美好的月色？“韩愈之歌，内容其实很简单，人生的命运不是自己能够主宰的，既然如此，又何必老是陷于痛苦怨愤而不能自拔，面对一年中难得的明月清光，不如痛饮自遣，否则明日月亮又开始亏缺，再也不能享受对月饮酒之乐，只能徒唤奈何了。这是劝谕张署，也是自劝。话虽说得有些无奈，但用旷达的态度对待人生的苦难挫折，骨子里透露出诗人的倔强性格和对未来的希望。”（同上）

九月初，韩愈与张署一同离开郴州，到江陵赴任。他们乘舟下黄水出郴口（《水经注》：“黄水又北流，注入耒水，谓之郴口。”），转耒水往衡阳。在一叶小舟上，两人相互安慰，也相互鼓励。

休垂绝徼千行泪，共泛清湘一叶舟。今日岭猿兼越鸟，可怜同听不知愁。

——《湘中酬张十一功曹》

山作剑攒江写镜，扁州斗转疾于飞。回头笑向张公子，终日思归此日归。

雪飐霜翻看不分，雷惊电激语难闻。沿涯宛转到深处，何限青天无片云。

——《郴口又赠二首》

离开边远之地，两人同舟而行，乐以忘忧。听岭猿越鸟啼鸣，悦耳动听，今日何愁之有？“可怜”二字，表明今日之乐，难能可贵，何必去想前日之忧与日后之愁。

船到郴口，山峰峻峭如剑，江水清澈如镜。突然间，扁舟陡转，快疾如飞。韩愈回头笑对张署说：我们天天想北归，今天不是北归了！

激流中浪花飞舞，好像霜雪翻飞，涛声如雷电轰鸣，两人对面说话也听不清。江岸曲折，峡谷幽深，仰望晴空万里，没见一丝浮云。尽管身处曲折幽深之地，前景还是光明的。

韩愈和张署来到衡州（今湖南衡阳）。这里有著名的衡山，为五岳之一。其衡岳庙，也是有名的去处。韩愈登游衡山，拜谒岳庙，写下了著名的七言古诗《谒衡岳庙遂宿岳寺题门楼》，题写在岳庙的门楼上。

五岳祭秩皆三公，四方环镇嵩当中。火维地荒足妖怪，天假神柄专其雄。喷云泄雾藏半腹，虽有绝顶谁能穷？我来正逢秋雨节，阴气晦昧无清风。潜心默祷若有应，岂非正直能感通。须臾静扫众峰出，仰见突兀撑青空，紫盖连延接天柱，石廪腾掷堆祝融。森然魄动下马拜，松柏一径趋灵宫。粉墙丹柱动光彩，鬼物图画填青红。升阶伛偻荐脯酒，欲以菲薄明其衷。庙令老人识神意，睢盱侦伺能鞠躬。手持杯珓导我掷，云此最吉余难同。窜逐蛮荒幸不死，衣食才足甘长终。侯王将相望久绝，神纵欲福难为功。夜投佛寺上高阁，星月掩映云朣胧。猿鸣钟动不知曙，杲杲寒日生于东。

这首纪游诗，实为借题抒愤之作。“诗人实际上是借游衡岳、谒岳庙来发泄胸中的块垒不平。”（刘学锴撰《唐诗选注评鉴》七，第 153 页）

诗开篇六句，从五岳写起，突出衡岳在五岳中的崇高地位及其险要形势：五岳的祭祀礼仪如同祭奠三公，泰、华、衡、恒分镇四方而嵩岳居中。衡岳地处荒远的火乡，妖怪特多，上天赐予岳神权力让它在这里称雄。喷云吐雾遮蔽了半个山腰，虽有横空绝顶谁能登上顶峰？接着八句，诗人写自己登山所见衡岳诸峰的形象：我来这里正遇上秋雨季节，阴气弥漫昏沉沉没有一丝清风。心里默默祈祷后竟有应验，难道聪明正直的神灵真的可以感通？不一会儿云收雾散诸峰顿现，抬头望见山峰突兀支撑天空。紫盖峰绵延紧接着天柱峰，石廪峰逶迤起伏堆拥着祝融峰。“森然魄动下马拜”以下十四句，叙写诗人拜谒衡岳庙的情景，抒发自己无处申诉的悒郁情怀：森严险峻使我惊心动魄下马叩拜，沿着松柏间一条小路直奔灵宫。白墙红柱闪耀着夺目光彩，鬼神物怪的图画填满青红颜色。我登阶上堂躬身献上酒肉，想借这菲薄祭品来表心衷。庙令老人似乎能解神意，对我注目窥察然后向神鞠躬。手拿卜具教我如何投掷，说此卜最为吉祥，他人难以相同。而“云此最吉余难同”一句，却引出了诗人的无限感慨：这样的吉兆真让人哭笑不得。我被放逐蛮荒之地侥幸不死，衣食但得温饱，甘愿长此以终。什么封侯拜相之类早已绝望，即使神明想赐福保佑也难起作用。诗人虔诚地求神问卜，又否定神灵的福佑，亦庄亦谐，其实是借此宣泄自己不遇于时的一肚子牢骚与怨愤。诗的结尾四句，写夜宿岳庙，晨见朝晖的情景：此夜投宿佛寺我登上高阁，星星和月亮在云层中隐约可见。一夜酣睡到猿啼钟响还不知天已亮，什么仕途困顿、神灵福佑都置之度外，看那光明耀眼的寒日已经升起在东方。诗人身遭冤屈，却一觉睡到天明，足见襟怀之旷达。

传说在衡岳主峰岣嵝山上有神禹碑，为夏禹治水时所刻。韩愈怀着对治水先贤的敬意，登山寻访。

> 岣嵝山尖神禹碑，字青石赤形摹奇。科斗拳身薤倒披，鸾飘凤泊拏龙螭。事严迹秘鬼莫窥，道人独上偶见之，我来咨嗟涕涟洏。千搜万索何处有？森森绿树猿猱悲。
>
> ——《岣嵝山》

诗中描写禹牌字青石赤，字体奇形怪状，大概是根据传说。刘禹锡《寄吕衡州温》中也说过："尝闻祝融峰，上有神禹碑。古石琅玕姿，秘文螭虎形。"韩愈在祝融峰上，千搜万寻，也没有找到禹碑，以致伤心得流下了眼泪。

在离开衡阳前往潭州（今湖南长沙）途中，韩愈写了《赴江陵途中寄赠王十二补阙李十二拾遗李二十六员外翰林三学士》一诗，回顾三年来的坎坷经历，申诉自己无辜遭受贬谪的冤屈；推奖翰林三学士之贤，希望得到他们的引荐能够早日还京。"本诗是陈情乞援之作，但全篇自明心迹，高自标置，从而占下地步，没有卑下乞怜之态，气格比较高昂倔强。"（孙昌武选注《韩愈选集》，第54页）在潭州，韩愈陪同杜侍御游览岳麓寺和道林寺，作《陪杜侍御游湘西两寺独宿有题一首因献杨常侍》一诗。杨常侍即杨凭。韩愈献诗湖南观察使杨凭，意在扫除仕途的障碍。诗中虽彬彬有礼地称赞杨凭之贤，但亦含蓄委婉地对其抑己之事予以讥刺。

韩愈一行离开潭州，乘船向岳阳进发。船行至洞庭湖南岸，遇到暴风，被阻隔数日。

> 十月阴气盛，北风无时休。苍茫洞庭岸，与子维双舟。雾

雨晦争泄，波涛怒相投。犬鸡断四听，粮绝谁与谋？相去不容步，险如碍山丘。清谈可以饱，梦想接无由，男女喧左右，饥啼但啾啾。非怀北归兴，何用胜羁愁？云外有白日，寒光自悠悠。能令暂开霁，过是吾无求。

——《洞庭湖阻风赠张十一署》

时当十月，北风劲吹不止。韩愈与张署两家人，都只好系舟滞留。茫茫大雨倾盆而下，怒涛狂浪滚滚而来。路断粮绝，一时无法可想。相互隔绝，简直寸步难行。儿女左右喧嚷，啼饥之声不绝于耳。在这种情况之下，有什么办法可解羁旅之愁呢？只希望雨止云开，日出天晴，让我们走出困境，除此之外别无他求。

韩愈此诗是亲身经历的实录，情景逼真，毋庸置疑。清人张鸿《批韩诗》说它"寄托悱恻"。以仕途之困境寄托于令人恻隐的旅途困境之中，希望仕途上有人伸出援手，迎来云开日出的转机，也许正是诗人的言外之意。

风雨过后，韩愈一行到了岳阳，受到岳阳刺史窦庠的热情款待。窦庠设宴于岳阳楼，为韩愈接风。韩愈观赏洞庭湖景色，回顾仕途经历，感慨万千，写了《岳阳楼别窦司直》一诗。诗前半描写洞庭湖壮观景色，中间写窦庠热情接待，其后笔锋一转，写个人遭遇及受谗被祸的悲愤："念昔始读书，志欲干霸王。屠龙破千金，为艺亦云亢。爱才不择行，触事得谗谤。前年出官由，此祸最无妄。公卿采虚名，擢拜识天仗。奸猜畏弹射，斥逐恣欺诳。"他回首往事，自悔交友重才不重德（指结交刘禹锡、柳宗元等人），遇事受到谗言诽谤。前年外贬之事，就是出其不意的灾祸。这说明韩愈对刘禹锡、柳宗元在永贞革新中的表现颇有意见。

韩愈离开岳阳，便北出荆江口，由长江直抵江陵。这时，恰巧刘禹锡也贬官南下，路过江陵。他们不约而合。韩愈设宴款待刘禹锡，并出示《岳阳楼别窦司直》一诗，要他赓和。刘禹锡在和诗《韩十八侍御见示〈岳阳楼别窦司直〉诗因令属和重以自述故是成六十二韵》中说：“伊余负微尚，夙昔惭知己。”谓颇负名望而对韩愈以自己为知己未免抱愧，承认自己过去有对不起朋友的地方，并且解释说：“卫足不如葵，漏川空叹蚁。”葵尚能用枝叶保护自己的足，而自己则连葵都不如，自己都保护不了。意思是说，不是不想保护朋友，实在是力不从心，所以只有眼看着大水冲走蚂蚁而空自叹息。经过刘禹锡的解释之后，两人也就冰释前嫌重归于好了。

这期间，韩愈写了《永贞行》一诗，坚持其对永贞革新的保守立场，以痛打落水狗的姿态，对王叔文、王伾进行肆意攻击，指责他们利用顺宗因病不能理事的机会，窃取国家权力，并且罗列种种似是而非的罪名。对他们失败被贬斥拍手称快。他以为，对王叔文集团骂得越凶，越能表示自己的正义，越能显示对宪宗的忠诚，就越有仕进的希望。这恰恰暴露了他自己的私心。韩愈对永贞革新的错误态度，不能不说是他生平的一个污点。不过韩愈在此诗中对刘禹锡和柳宗元还是有所回护，对他们的贬斥遭遇表示由衷的同情：“四门肃穆贤俊登，数君非亲岂其朋？郎官清要为世称，荒郡迫野嗟可矜。”认为刘禹锡、柳宗元等人并非王叔文派的亲信，怎么会成为他们的同党呢？他们廉洁自守为世人称道，现被贬到荒僻偏远之地值得同情。韩愈还嘱咐他们到蛮荒之地，要多加小心，谨慎从事，要汲取以往的教训。

约于本年十一月中旬，韩愈和张署一起抵达江陵府。

荆南节度使兼江陵（今属湖北）尹，官属有功、仓、户、兵、法、士六曹参军事等。韩愈任法曹参军，掌管鞫狱、定刑、督捕盗贼之事。

韩愈在江陵，虽然对现任职务并不满意，但思想情绪与贬谪阳山时有所不同。那时再返长安无异于梦想，如今重返长安的障碍已不复存在，问题在于自己如何努力争取，因此他感到不能再自暴自弃了。他在思考如何汲取以往的经验教训，走好今后的人生道路。他所写的《五箴》，就是对于过往人生经验教训的检讨和总结。

> 人患不知其过，既知之，不能改，是无勇也。余生三十有八年，发之短者日益白，齿之摇者日益脱。聪明不及于前时，道德日负于初心，其不至于君子而卒为小人也昭昭矣。作五箴以讼其恶云。
>
> ——《五箴序》

序讲述作《五箴》的缘由：人怕的是不知道自己的过失，既然知道了，而不能改正，那是没有勇气的表现。自己已经三十八岁，头发短的日益变白，牙齿动的日益脱落。聪明不及于过往，信仰有负于初心，做不了君子就要沦为小人，这是明摆着的。因此作《五箴》用以自责自戒，以免产生不良的后果。

韩愈表明要不负初心，坚持做一个君子。他所谓“讼其恶”，是指要省身克己，去恶扬善，以免沦为小人。

> 余少之时，将求多能，早夜以孜孜；余今之时，既饱而嬉，早夜以无为。呜呼！余呼其无知乎？君子之弃而小人之归乎？
>
> ——《游箴》

《游箴》，检讨老大不思进取：我年少时，追求多能，早晚勤勉不怠；而今之时，不求上进，早晚无所事事。呜呼！我难道不知道，君子所丢弃的，就是小人所需要的？

韩愈表明今后不再虚掷光阴，要有所作为。

> 不知言之人，乌可与言？知言之人默然，而其意已传。幕中之辩，人反以汝为叛；台中之评，人反以汝为倾。汝不惩

邪？而呶呶以害其生邪？

——《言箴》

《言箴》，检讨自己言多有失：不知道怎么说话的人，怎能随便与他说话？知道怎么说话的人默默不语，其意思人家已经明白了。回想在张建封幕府中建言，反而受到谴责；在御史台任上直谏，反而落下罪名。你能不能少说话呢？你再啰唆不怕丢了生命吗？

韩愈表明今后说话要谨慎，要顾及后果。

行与义乖，言与法违。后虽无害，汝可以悔。行也无邪，言也无颇。死而不死，汝悔而何？宜悔而休，汝恶曷瘳？宜休而悔，汝善安在？悔不可追，悔不可为。思而斯得，汝则弗思。

——《行箴》

《行箴》，检讨自己行为判断缺乏是非标准：行为与道义背离，言论与法律违犯，虽然没有危害，你可以悔改。行为没有错误，言论没有偏颇，虽至于困顿几死而不死，你能够悔改吗？应该悔改而不悔改，你的毛病怎能痊愈呢？不应当悔改的当成错误悔改了，你的善心哪里去了？应当悔改的要抓紧改，机不可失。不应当悔改的不可去改，是非要明。

他表明做事要明辨是非，坚持真理。

无悖而好，不观其道；无悖而恶，不详其故。前之所好，今见其尤。从也为比，舍也为仇。前之所恶，今见其臧。从也为愧，舍也为狂。维仇维比，维狂维愧。于身不祥，于德不义。不义不祥，维恶之大。几如是为，而不颠沛？齿之尚少，庸有不思。今其老矣，不慎胡为！

——《好恶箴》

《好恶箴》，检讨自己的交友之道：无缘无故喜好他或者厌恶他，不看其行为是否合乎道义，出于什么缘故。以前的爱好，就成为今日的过失。顺从你的就成朋友，不顺从你的就成仇敌。以前厌恶的，就成为今日的相好。顺从者感到羞耻，不顺从者就会疯狂。什么仇敌啊朋友啊，羞耻啊疯狂啊，事情不明不白，道德不符合仁义。一个人好恶无缘无故，无德无义，就是最大的错误。总是这样做，你怎能不跌跟斗？年少之时，或许考虑不周。现在年纪大了，能不审慎而行吗？

韩愈表明好恶要有原则，交友要慎重。

> 内不足者，急于人知。霈焉有余，厥闻四驰。今日告汝，知名之法。勿病无闻，病其晔晔。昔者子路，惟恐有闻。赫然千载，德誉愈尊。矜汝文章，负汝言语。乘人不能，掩以自取。汝非其父，汝非其师。不请而教，谁云不欺？欺以贾憎，掩以媒怨。汝曾不寤，以及于难。小人在辱，亦克知悔。及其既宁，终莫能戒。既出汝心，又铭汝前。汝如不顾，祸亦宜然。
>
> ——《知名箴》

《知名箴》，检讨自己急于闻名的行为：内在学养不足的人，反而急于让人知道。学养充沛的人，自然会声名传扬四方。今天告诉你出名的方法，不要担心默默无闻，而要担心锋芒毕露。过去孔子弟子子路，就担心实未至而名归。结果声名显赫千年，道德声誉更加受人尊敬。你自恃几篇文章，仰仗花言巧语，利用别人不懂此行，掩人耳目，沽名钓誉。你不是他的父亲，也不是他的老师，却要不请而施教，这不是欺骗人吗？欺骗会招致仇恨，掩盖会招致埋怨。你若仍不醒悟，最终会招致灾难。小人犯错受辱，也懂得悔悟，待其冷静之后，也会引以为戒。事情出自你的不良动机，人家又明白告诫予你，你若闻戒言而不理会的话，那么大祸临头也是咎由自取。

韩愈警告自己不可追逐名誉，锋芒毕露。

宋人黄震《黄氏日钞》卷五九云："《五箴》之作，年四十八（按：应为'年三十八'），谓'聪明不及于前时，道德日负于初心'。而'游'也，'言'也，'行'也，'好恶'与'知名'也，各自为之箴。拳拳进德之心也。"确实如此，韩愈总结人生经验教训，立箴言以自戒，主要并不是消极地为了避免招灾惹祸，而是省身克己，不忘初心，激励自己更好地进德修业。

正因为不忘初心，所以韩愈并不甘心自己沉沦下僚的处境。

韩愈抵江陵未久，就有《上兵部李侍郎（巽）书》，反映自己急切欲返长安的心情，希望得到他的帮助。

元和元年（806）春，韩愈常与张署诗酒往还。二月底的一个晚上，韩愈到江陵城西赏花，张署因病未能同游，韩愈咏物抒慨，写下《李花赠张十一署》一诗：

> 江陵城西二月尾，花不见桃惟见李。风揉雨练雪羞比，波涛翻空杳无涘。君知此处花何似？白花倒烛天夜明，群鸡惊鸣官吏起。金乌海底初飞来，朱辉散射青霞开。迷魂乱眼看不得，照耀万树繁如堆。念昔少年著游燕，对花岂省曾辞杯。自从流落忧感集，欲去未到先思回。只今四十已如此，后日更老谁论哉？力携一樽独就醉，不忍虚掷委黄埃。

诗人于二月底来到江陵城西，放眼只见李花盛开而不见桃花。经过风揉雨练使李花分外洁白，连雪花也羞于同它相比。一大片繁花如波涛翻腾于空中，汹涌壮阔一望无际。紧接着，诗人对朋友把李花之洁白和繁盛做更加夸张而富于想象力的描绘：那一片洁白的李花把夜空照得通亮，群鸡误以为天明而惊啼，官吏也因此而纷纷起床。早晨一轮红日从海底飞出，半空红光散射，青霞披开，千万树李花繁密成堆，在阳光的照射下更是使人目乱神迷。如此的花海奇观，不由得让诗人感物兴怀，抚今思昔，感慨不已：回想起昔日青少年时代，贪恋游乐宴饮生活，对花饮酒哪里会放下杯子？自从流落边荒以来悲忧交集，要去看花走到途中就想着回来了。如今才四十来岁就如此伤感，日后更老就什么也不用说了。当下之所以勉力独往赏花饮酒，那是不忍心让李花白白地陨落，委弃于尘埃之中。诗人借花致慨，其“深层的意蕴则是由李花的命运联想到自己流落天涯的命运，不忍心就如此虚掷生命，委弃黄埃。于感慨身世的沉悲中蕴含着不甘沉沦的倔强意志，这也是韩愈一贯的思想性格”（刘学锴撰《唐诗选注评鉴》七，第161页）。

诗人居住在江陵城北郊，春天看到古寺旁两株杏树开花，不觉触景生情，引发沦落天涯的感慨。

居邻北郭古寺空，杏花两株能白红。曲江满园不可到，看此宁避雨与风。二年流窜出岭外，所见草木多异同。冬寒不严地恒泄，阳气发乱无全功。浮花浪蕊镇长有，才开还落瘴雾中。山榴踯躅少意思，照耀黄紫徒为丛。鹧鸪钩辀猿叫歇，杳杳深谷攒青枫。岂如此树一来玩，若在京国情何穷？今日胡为忽惆怅？万片飘泊随西东。明年更发应更好，道人莫忘邻家翁。

——《杏花》

这首诗，“单看题目，好像是一首咏物诗，实际上在诗中杏花只是触物增慨的外物和媒介，诗中所要抒发的是由杏花触发的贬窜南荒、漂泊异乡之慨和怀念京国、欲归不得之感”（刘学锴撰《唐诗选注评鉴》七，164页）。诗人处处说杏花，处处是对京城长安的思念，句句是对岁月空逝的感叹。

长安城曲江池的附近有一个杏园，是春季及第进士宴游的地方。韩愈进士及第之后，当年在杏园游宴的盛况，给他留下难忘的记忆。因此，当他看到在江陵住所附近古寺旁有两株杏树开花，便格外动情，以至于不避风雨，时常前往观赏，并且引发抚今思昔的种种感慨。

诗人在古寺旁边看到两树杏花，立即想到京城曲江杏园那满园的杏花，慨叹自己置身荆蛮之乡，不能回到长安去。流窜岭外两年来所见的花木多奇异，都不能与长安的杏花比美：岭南冬天没有严寒的气候，阴阳失调，化育万物的功效不全。一年四季普通花卉常常有，却旋开旋谢，坠落在瘴气烟雾之中。看山榴花、踯躅花，或黄或紫，成堆成丛了无意趣。闻鹧鸪鸟鸣、哀猿啼叫，徒见深谷一片青枫。哪里比得上这一树杏花值得赏玩，若在长安杏园更是情趣无穷。数天之后，诗人又一次来到杏树前，见杏花万片飘落随东西，顿生惆怅之情，失落之感。他只有寄希望于明年，期待明年杏花再开，花更好，并叮嘱寺僧到时候别忘了告诉我。诗人对杏花情有独钟，那是因为杏花在他心目中成了拳拳京国之思的一种寄托。

韩愈在江陵，做一些刑狱杂事，工作很不如意。眼看春光流逝，进京无门，内心十分郁闷，写下《感春四首》，抒写一腔激愤不平之情。

> 我所思兮在何所？情多地遐兮遍处处。东西南北皆欲往，千江隔兮万山阻。春风吹园杂花开，朝日照屋百鸟语。三杯取醉不复论，一生长恨奈何许！
>
> ——其一

诗人沉沦下僚，无所作为，想回京城又不得，心中苦不堪言：我所思念的地方在哪里？心仪之地路途遥远只好随遇而安。东西南北都可以前往，无奈有千山万水重重阻挡。春风吹进庭园杂花开放，晨光照进房屋百鸟鸣叫。我只是一醉方休何论冬春，一生壮志难酬能有什么办法?

皇天平分成四时，春气漫诞最可悲。杂花妆林草盖地，白日座上倾天维。蜂喧鸟咽留不得，红萼万片从风吹。岂如秋霜虽惨冽，摧落老物谁惜之？为此径须沽酒饮，自外天地弃不疑。近怜李杜无检束，烂漫长醉多文辞，屈原《离骚》二十五。不肯哺啜糟与醨，惜哉此子巧言语，不到圣处宁非痴？幸逢尧舜明四目，条理品汇皆得宜。平明出门暮归舍，酩酊马上知为谁?

——其二

诗人内心愁苦难耐，只有伤春寄慨，借酒消愁：天气春夏秋冬四季平分，春色漫无边际最引人伤怀。杂花妆点树林，青草覆盖着大地，春光普照像天上太阳垂下的帐幕。蜜蜂喧叫、鸟儿悲啼也留不住春光，红花万片随风四处飘飞。哪里比得上秋天风霜惨烈，摧枯拉朽谁会去怜惜？为此不如直去买酒一醉方休，飘飘于天地之外无忧无愁。近来喜爱李白、杜甫纵情放意，狂饮烂醉写下很多诗篇。屈原写有《离骚》二十五篇，却不肯饮一杯薄酒开怀，真可惜这位辞赋能手，不饮清酒难道别有痴情？如今君主圣明广开贤路，理朝政品鉴人才条条有理。而自己还是成天外出漫游早出晚归，在马背上酩酊大醉不知自己是谁。诗人“最后表面是颂扬朝政清明，自己只好酩酊大醉，讽刺和愤激的意味自然流露于言外”（孙昌武撰《韩愈诗文选评》，第160页）。

朝骑一马出，暝就一床卧。诗书渐欲抛，节行久已惰。冠欹感发秃，语误悲齿堕。孤负平生心，已矣知何奈!

——其三

诗人进一步倾诉自己的愁苦，担心辜负平生的志向：早晨独自骑马出游，晚上独自卧床睡眠。无心读书诗书渐渐抛弃，心灰意懒修行久已松懈。帽子戴不正感觉头发稀疏，话语常有误悲伤牙齿脱落。辜负平生济世为民的志向，真让人哀叹不知该如何是好！

> 我恨不如江头人，长网横江遮紫鳞，独宿荒陂射凫雁。卖纳租赋官不嗔，归来欢笑对妻子，衣食自给宁羞贫。今者无端读书史，智慧只足劳精神，画蛇著足无处用，两鬓雪白趋埃尘，乾愁漫解坐自累，与众异趣谁相亲？数杯浇肠虽暂醉，皎皎万虑醒还新。百年未满不得死，且可勤买抛青春（抛青春，酒名）。
>
> ——其四

诗人郁愤之极，难以自解，产生种种奇思幻想：我痛恨自己不是江边渔夫，用长网横截江流捕捉鲤鱼，躲在江边荒草中射击凫雁。卖鱼雁交了赋税官家不会发怒，回到家里可以笑对妻子儿女，衣食自给自足不用担心穷困。如今无缘无故读那么多经史书籍，有了智慧不过白白耗费精神。画蛇添足没有什么用处，两鬓雪白仍然沉沦下僚。种种忧愁难以解脱那是自讨苦吃，志趣与众不同谁人和你亲近？举杯浇愁虽得一时沉醉，万千愁绪醒后依然常在。人生百年未到临终期，姑且天天买酒畅快饮，但愿此生长醉不用醒。

清人陈沆《诗比兴笺》云：“《感春》诗当知其所感何感。第三章云‘诗书渐欲抛，节行久已惰’，‘孤负平生心，已矣知何奈’，则知其前后三章所感，即文集《五箴》所谓‘聪明不及于前时，闻道日负其初心’者也。又即《楚辞》所谓‘汩予若将不及兮，恐年岁之不吾与’，‘日月忽其不淹兮，春与秋其代序’，‘老冉冉其将至兮，恐修名之不立’者也。……故君子功业欲其及时，行道悲其逝水。”这一段评论，清楚地揭示了韩愈写作《感春四首》的所思所想，说明他为何如此心焦如焚，愁绪万千。这样就不至于使人误解诗中某些出于激愤、过于伤感的话语。

韩愈不仅是文学家，也是思想家，他既有文学家的激情抒发，也有思想家的冷静思考。“韩愈流落南方，远离了宦途纷争，有机会沉潜心神，深入总结、考虑一些重大理论课题，从而写出一系列具有重要价值和深远影响的理论文章。如著名的《五原》就是在这一时期写成的。特别是其中的《原道》《原毁》，不仅辞严义密，更文采灿然，千古传诵，被看作是散文名篇。”（孙昌武撰《韩愈诗文选评》，第165页）

韩愈流落南方这三年，诗歌创作也成果丰硕，其奇险怪诞诗风开始形成。“在此期间，他所创作的《宿龙宫滩》《郴口又赠二首》《龙移》《岳阳楼别窦司直》《八月十五夜赠张功曹》《谒衡岳庙遂宿岳寺题门楼》等一系列诗歌，运用最多的是激荡的语词和险怪甚至是阴森可怖的意象。这正是贬所环境的极度险恶而引起诗人内心的惊恐所致；而无罪遭贬的身世际遇，更使诗人百忧俱来，长期处于‘数杯浇肠虽暂醉，皎皎万虑醒还新’（《感春四首》其四）的苦闷之中，并此由形成一种诗思定势，创造出前人很少或未曾使用过的险怪意象，用于表达他特有的情感活动。”（沈松勤等著《唐诗研究》，第95页）

八、博士外调东都

韩愈在江陵工作半年之后，于元和元年（806）六月奉召回长安，授权知国子博士。国子博士仍是国子监的学官，而且还是权知，即暂代，谓低衔暂代高职。这样的任命，对于两年多来一直等待洗雪沉冤、得到重用的韩愈来说，未免有些失望，但能够回到长安，还是值得高兴的事。

韩愈回到长安时，他的弟子旧交张籍、张彻、侯喜、孟郊等人都在长安。韩愈的到来，使这一群诗人顿时活跃起来，他们经常在一起联句赋诗，以会合、秋雨、城南、斗鸡、征蜀等题目，创作了许多联句作品。如《会合联句》，就是他们初次会面时的作品：

离别言无期，会合意弥重。（张籍）
病添儿女恋，老丧丈夫勇。（韩愈）
剑心知未死，诗思犹孤耸。（孟郊）
愁去剧箭飞，欢来若泉涌。（张彻）
析言多新贯，摅抱无昔壅。（张籍）
念难须勤追，悔易勿轻踵。（韩愈）

几位老朋友共叙久别重逢之情，你一句我一句，相互慰问，相互勉励，情意十分真切。

宪宗即位次年正月，改元元和。元和时期共十五年（806—820），历史上称为唐朝中兴时期。元和中兴时期是韩愈一生在政治上、文学上有突出建树的时期。尽管其仕宦经历依然风波不断，却敢有作为，能文善武，在不同的岗位上留下了精彩的篇章。

韩愈回长安之后，位卑不忘为国忧，对于朝政有批评，也有颂扬，保持着直言敢谏的精神。

元和元年（806）七月，宪宗葬父皇顺宗，送葬仪式与陵寝建制，奢侈耗费，荒唐无度，不符合先王礼制。韩愈不是言事的谏官，不好直接谏诤，就写了《丰陵行》一诗进行批评：

> 羽卫煌煌一百里，晓出都门葬天子。群臣杂沓驰后先，宫官穰穰来不已。是时新秋七月初，金神按节炎气除，清风飘飘轻雨洒，偃蹇旂旆卷以舒。逾梁下坂笳鼓咽，嵽嵲遂走玄宫闾，哭声訇天百鸟噪，幽坎昼闭空灵舆。皇帝孝心深且远，资送礼备无羸余。设官置卫锁嫔妓，供养朝夕象平居。臣闻神道尚清净，三代旧制存诸书，墓藏庙祭不可乱，欲言非职知何如。

诗开头四句，描写送葬天子仪仗队伍庞大，长达百里，而大小官僚跑前跑后，杂乱无章，宦官侍从人员很多，稀稀拉拉。意思是说整个送葬队伍虽然规模庞大，却没有一点庄重肃穆的气氛。第二个四句，描写天时景象。第三个四句，描写下葬时的情景：过桥下坡，哀乐呜咽持续不断。哭声震天，却如同百鸟鸣叫，毫不悲哀。寝宫高大雄伟，墓室一关只剩棺材一具。接着四句，写葬后守陵设置：宪宗皇帝孝心深远，送资备礼应有尽有，设置官曹、侍卫和嫔妃，如同生前一模一样。最后诗人直接发表议论：臣听说神道讲究清净，夏、商、周三代礼制书上均有记载，墓藏、庙祭都须按照古礼行事，不能随意乱来。其批评宪宗之意，显而易见。

元和元年（806）正月，剑南西川节度副使刘辟，为兼领东川未成，背叛朝廷。宪宗令高崇文率师征讨，九月终于擒获刘辟，平定了西川叛乱。同年三月，夏绥节度使留后杨惠琳，企图晋升节度使，公然出兵抗拒朝命。宪宗下诏命河东节度使严绶派兵讨伐。不久，杨惠琳为部将所杀，传首京师。朝廷接连取得平定藩镇叛乱的胜利，维护了国家的安定统一，朝政呈现出一种中兴景象，韩愈为之欢欣鼓舞，写了《元和圣德诗》。诗中详叙宪宗收夏蜀、定青徐、除刘辟的业绩，大力称颂皇上功德，表现出诗人对大唐中兴局面再现的无限期望。诗序云“指事实录，具载明天子文武神圣，以惊动百姓耳目，传示无极”（《元和圣德诗序》）。说明他歌功颂德，张扬皇威，是为了惊人耳目，给其他图谋不轨的藩镇一个警告，希望国家能够长治久安。

韩愈和张籍两人经常在一起读书研讨：“搜穷古今书，事事相酌量。”（张籍《祭退之》）有一天，韩愈和张籍查阅家里的旧书，看到李翰所著的《张巡传》，发现其中对于张巡的事迹，记载周详细密，而没有为许远立传，也没有记载雷万春的事迹。同时想到自己在汴、徐两府任职时，曾到双庙去祭拜，听到当地老人讲述张巡、许远守城的事迹，于是就萌发了写《张中丞传后叙》的念头。

张巡、许远都是抗击安禄山叛军壮烈牺牲的英雄人物。安禄山叛乱，张巡时任真源（今河南鹿邑县东）县令，率兵进入雍丘（今河南杞县）抗拒叛将令狐潮的围攻，后因上级虢王抑兵，他退出雍丘。这时正好睢阳（治所宋城在今河南商丘南边）太守许远告急，张巡带了三千人马进入睢阳郡城，和许远共同抗敌。许远自认为能力不如他，把指挥权让给张巡。他们协同防御，多次打退敌将尹子奇的进攻。最后因粮尽援绝，在至德二载（757）十月郡城陷落，张巡壮烈牺牲，许远被俘后遇害。雷万春、南霁云都是张巡的部将，在守城中同时殉难。

韩愈的《张中丞传后叙》，首先为许远辩诬，申说其后死并非畏死，睢阳的沦陷乃粮尽援绝而非许远分城而守所造成。其次写南霁云的英勇事迹。最后补叙张巡视死如归的佚事。“作者以满腔的热情，明确的态度，完全肯定和歌颂了安史之乱初期的英雄人物：张巡、许远及其部将南霁云、雷万春等。表现了韩愈主张统一，支持唐宪宗开始制裁藩镇、统一中央集权的做法，这在当时是完全正确的，就历史发展讲，也有进步意义。此文是韩愈古文的代表作之一，也是他倡导古文运动的重要收获。”（张清华主编《韩愈诗文评注》，第200页）

韩愈回长安之后不久，被无端卷入一场是非的漩涡之中。风波的兴起，源于韩愈以文章知名于当时。事情起因是这样的：韩愈回长安后曾进见宰相郑絪。郑絪对他说，过去在翰林时，读过你的诗，无缘相见。请你为我抄一些诗送来。韩愈回家抄了若干首诗，择日给他送去。宰相因此有启用韩愈任“文学之职”的意思。这消息传出以后，有一些人出于嫉妒心，就向郑絪进谗言中伤韩愈，散布流言蜚语诽谤他。过了几个月，又有人向翰林学士李吉甫、中书舍人裴垍进谗言。有的朋友劝韩愈注意危险，这使韩愈非常恼火，他在《三星行》一诗中感慨道：“无善名已闻，无恶声已欢，名声相乘除，得少失有余。”意思是说，我没有做善事，好名声已传扬出去了；我没有行恶事，丑名声已到处喧闹。好名与丑名相乘除计算，得到的少而失去的多。

韩愈这时仕途不得志，加上流言蜚语的侵扰，内心充满抑郁不平的忧愤。他借悲秋抒写怀抱，写下《秋怀诗十一首》。这组诗，寄兴悠远，既有怀才不遇的激愤，不甘寂寞的忧虑，鞭策自励的意念，也有伤时忧世的感慨。

彼时何卒卒？我志何曼曼？犀首空好饮，廉颇尚能饭。学堂日无事，驱马适所愿。茫茫出门路，欲去聊自劝。归还阅书史，文字浩千万。陈迹竟谁寻？贱嗜非贵献。丈夫意有在，女子乃多怨。（其三）

诗人感叹：时光多么短促，匆匆过去，而我的志愿实现，为何那么漫长道远？我和犀首（公孙衍）、廉颇一样还是可用之才，但没有受到重用。他带着怀才不遇的苦闷，趁学堂无事，驱马外出打算放荡漫游，但刚出门就劝自己不能放纵无为。于是他返回家阅读经籍史书，在万千文字中探求古道，这是个人的爱好，并不想以此献给贵人。大丈夫自有志气在，不能像女子那样有那么多怨言。

霜风侵梧桐，众叶著树干，空阶一片下，琤若摧琅玕。谓是夜气灭，望舒陨其团。青冥无依倚，飞辙危难安。惊起出户视，倚楹久汍澜。忧愁费晷景，日月如跳丸。迷复不计远，为君驻尘鞍。（其九）

霜打梧桐，叶子飘落，如玉碎之声。诗人以为月神坐的车出现了险情，月亮在天空中无所依靠，陨落到了地上。他惊起出门察看，靠着廊柱久久出神，涕泪横流。此时诗人“内心惊恐却不能自已，夜深人静，一片落叶的微小声响，造成了神经上‘琤若摧琅玕’的巨大震动。仰视夜空，缺月高悬，‘青冥无所依，飞辙危难安’的联想，正是他四面受敌、无所倚靠心理的反映”（卞考萱等著《韩愈评传》，第 137 页）。

谗言发展到后期，“嚣嚣之徒，相訾百倍”（《答冯宿书》），使韩愈感到人言可畏，“三人为虎”“曾参杀人”等古训不能不引以为戒。为了不给人以口实，他曾经闭门谢客：“剥剥啄啄，有客至门。我不出应，客去而嗔。从者语我：子胡为然？我不厌客，困于语言。欲不出纳，以堙其源。……凡今之人，急名与官。子不引去，与为波澜。虽不开口，虽不开关，变化咀嚼，有鬼有神。”（《剥啄行》）他自我封闭，不愿意与人交往。虽然闭门谢客，但谗言制造者仍不罢休，继续卖弄上舌造谣中伤。他作《释言》解谗，也无济于事。为躲避争名夺官者无休止的兴风作浪，韩愈毅然决定主动引退，离开是非之地，请求分司东都，即到东都洛阳的国子监去当博士。他要求到洛阳，据说还有一个原因，就是为了便于照顾其刚刚去世的从兄韩俞的五个子女。

元和二年（807）六月，韩愈离开长安，到了洛阳，仍担任权知国子博士。元和三年（808）改任正式国子博士。洛阳国子监虽存而不废，但很不景气，教学活动几乎停止。“东都绝教授，游宴以为恒。”（《送侯参谋赴河中幕》）无所作为使韩愈难以忍受。

由于“举族仰薄宦”，依靠个人不高的俸禄要养活一个家族的人，韩愈在东都的生活比较清苦：“三年国子师，肠肚习藜苋。况住洛之涯，鲂鳟可罩汕。肯效屠门嚼，久嫌弋者篡。谋拙日焦拳，活计似锄铲。男寒涩诗书，妻瘦剩腰襻。”（《崔十六少府摄伊阳以诗及书见投因酬三十韵》）家里吃野菜习以为常，要改善生活就到洛河捕鱼。谋生艰难，无计可想。孩子读不起书，妻子饿得精瘦。其家庭经济拮据状态可想而知。

在洛阳期间，唯一让韩愈感到欣慰的是他得以以文会友，继续推进古文运动。他与孟郊、李翱、皇甫湜、樊师宗、卢同等人过从密切。孟郊连生三子，不久皆夭折。韩愈写了一首《孟郊失子》，劝慰孟郊的失子之痛。有一天，韩愈和孟郊一同游览苏栅谷水，韩愈触景生情，脱口而出：“冰溪时咽绝，风枥方轩举。”孟郊接着说：“此处不断肠，定知无断处。”（《莎栅联句》）此联句被人称为“好绝句”。皇甫湜长于写作古文，元和三年和牛僧孺、李宗闵参加贤良方正直言极谏科对策考试，他们的对策直陈时弊，受到考官杨於陵、韦贯之的肯定，以及负责复试的王涯、裴垍的支持而得中。却触怒了宰相李吉甫。杨、韦、王、裴都遭贬谪，皇甫湜等三人也被祸。皇甫湜出为陆浑尉（属河南府），心中不乐，经常和韩愈往来以消除心中的烦闷。他跟从韩愈习古文，亦好诗。有一天，他突然给韩愈送来一首诗，要韩愈属和。韩愈立即写了《陆浑山火一首和皇甫湜用其韵》，为其鸣冤泄愤，劝慰他要善于忍耐，倒霉的日子终究是会过去的。皇甫湜赴任之后，韩愈心中一直牵挂着他，忽然接到来信，悲喜交集。

敲门惊昼睡，问报睦州吏，手把一封书，上有皇甫字。拆书放床头，涕与泪垂四。昏昏还就枕，惘惘梦相值。悲哉无奇术，安得生两翅？

——《寄皇甫湜》

韩愈在午睡时接到皇甫湜的信，激动得涕泪交流。昏昏就枕之后，又在梦中相逢。只可惜自己没本领长出双翅，飞到他们身边去。可见师生二人，情谊何其深厚。皇甫湜后来成为韩门中与李翱同等重要的古文家。

韩愈爱才，希望社会上有才能的人，都能为大唐中兴出力。

当时有一个以喜哭闻名的人叫唐衢，善于写诗，抱奇才而不得志，经常为忧伤国事而痛哭流涕。韩愈写诗劝他：

虎有爪兮牛有角，虎可搏兮牛可触。奈何君独抱奇才，手把锄犁饿空谷。当今天子急贤良，匦函朝出开明光。胡不上书自荐达，坐令四海如虞唐？

——《赠唐衢》

韩愈说，动物还懂得发挥自己的特长，老虎有爪子，牛头上长角，老虎能用爪搏人，牛能用角顶触。怎么唯独你怀抱着奇才，却手把锄犁在荒山空谷挨饿。当今天子正急于征求贤良才俊，一清早就摆出甌函还大开殿堂招贤纳士。你为什么不上书自荐求官，好把四海之内治理得像唐虞时代一样。诗人鼓励唐衢毛遂自荐，为治国平天下贡献自己的聪明才智。

当时有处士李渤，刻志于学，隐居于登封县西的少室山。元和元年宪宗下诏以右拾遗征召他入朝，河南府少尹杜兼派专使持诏书上山敦促，李渤上书辞谢不就。元和三年又征召他出任谏官。李渤仍无意出山。因此这年十二月，韩愈自发写信给李渤，劝他出仕。信中说：

> 昔者孔子知不可为而为之不已，足迹接于诸侯之国，即可为之时，自藏深山，牢关而固距，即与仁义者异守矣。想拾遗公冠带就车，惠然肯来，舒所蓄积以补缀盛德之有阙遗。利加于时，名垂于将来。踊跃悚企，倾刻以冀。
>
> ——《与少室山李渤拾遗书》

韩愈以古代圣贤为榜样，以奉守仁义为理由，来劝说李渤：从前孔子知其不可而为之，周游列国，足迹遍于诸侯。而今天子仁贤，是可为之时，若自藏深山，牢守门户，对朝廷邀请严加拒绝，这跟奉守仁义之道者的做法是相背离的。希望他答应出山，发挥自己的才学，以补盛德的缺遗。这样既有利于当代，也可垂名于将来。这以后，韩愈还同樊宗师、卢仝一道从洛阳到一百五十里外的少室山拜访李渤，跟他促膝谈心。

元和四年（809）六月，韩愈在东都改任都官员外郎，兼祠部员外郎。都官属于刑部，掌管刑狱诉讼。祠部属于礼部，掌管祠庙、祭祀、佛寺道观。韩愈在这个职位上的作为，皇甫湜在《韩文公神道碑》中说：“除尚书都官郎中（按：应为都官员外郎），分司判祠部。中官号功德使，司京城观、寺，尚书敛手先职，先生按《六典》尽索之以归，诛其无良，时其出入，禁哗众以正浮屠。”当时佛寺、道观都由左右功德使掌管，而功德使由宦官充任。宦官崇尚佛、道比帝王更甚，由他们掌管佛、道之籍，造成僧道人数失控，寺观风气败坏，其中贪赃枉法之事，违法乱纪之徒，都无人敢于过问。韩愈不能容忍佛、道泛滥成灾的现象，他就任都官、祠部员外郎之后，即根据《六典》关于祠部职权范围的规定，果断将东都寺观管理权收归祠部，把宦官批准剃度的僧尼，“尽索之以归”，命其还俗。并整肃风纪，诛杀若干违法乱纪的不良之徒。规定僧尼出入寺观时间，不得随意招摇街市。这样一来，使洛阳佛道两门的风气为之一变。但亦因此得罪了宦官，他们不时用恶言向东都留守（东都百司官署的最高行政长官）郑余庆控告。韩愈义正辞严予以驳斥。双方公牒往来，相持不下。郑余庆不敢得罪宦官，息事宁人，韩愈只好以郎官事务繁忙为由，于次年上书郑余庆称病告休。他在《为分司郎官上郑余庆尚书相公启》中说：“分司郎官职事惟祠部为烦且重，愈独判二年，日与宦官为敌，相伺候罪过，恶言詈辞，狼藉公牒，不敢为耻，实虑陷祸。……私图其宜，敢以病告。”郑余庆当时并没有同意韩愈的请求，但迫于宦官的压力，于元和五年（810）冬，将韩愈调任河南县令。

东都有河南、洛阳两县，以洛水为界。河南县在洛水之南。河南县令官阶要比都官员外郎稍高，但一属中央，一属地方，内外轻重显然不同。韩愈调任河南县令，属于外放性质，心情很不愉快。

> 少年饮酒时，踊跃见菊花。今来不复饮，每见恒咨嗟。伫立摘满手，行行把归家。此时无与语，弃置奈悲何！
>
> ——《晚菊》

诗人见晚菊而颇有感慨：年轻时好饮酒，见菊花十分兴奋；如今不再饮酒，见菊花常常叹气。久立篱旁随手摘一把菊花，踱着慢步走回家。此时独自悒郁谁与说话，被人弃置有什么办法！

辛夷高花最先开，青天露坐始此回。已呼孺人戛鸣瑟，更遣稚子传清杯。选壮军兴不为用，坐狂朝论无由陪。如今到死得闲处，还有诗赋歌康哉！

——《感春五首》其一

辛夷花开，春天来了，可以露天坐了。叫妻子鸣琴，唤小孩斟酒，但心绪仍然不好：既不能随军出征参加平叛，又不能坐对朝议出谋划策，空享此等安乐，又有什么意义！

韩愈此时心中的不快，不仅因为个人宦海沉浮，更在于岁月蹉跎，自己难于施展抱负，感到有愧于时代。

群公一何贤，上戴天子圣。谋谟收禹绩，四面出雄劲。转输非不勤，稽逋有军令。在庭百执事，奉职各祗敬。我独胡为哉？坐与亿兆庆。譬如笼中鸟，仰给活性命。为诗告友生，负愧终究竟。

——《东都遇春》（节录）

他觉得如今朝廷上下都在为国家中兴而忙碌，自己却如笼中之鸟，苟活于世，无法施展抱负，参与时代变革，终究有一种负愧之感。

韩愈被下放后，尽管有一种被弃置的失落感，有一种壮志难酬的苦闷，但并没有消极怠工。他仍然为官守职，认真工作。李翱在《故正议大夫行尚书吏部侍郎卜一柱国赐紫金鱼袋赠礼部尚书韩公行状》中说："改河南县令，日以职分辨于留守及尹，故军士莫敢犯禁。"当时河南县内有一些不肖分子，用钱财贿赂神策军将吏取得军籍，冒充军人横行街里，坑害百姓。韩愈惩办这些被百姓控告的冒牌军人，加以拘捕，予以杖罚。这些冒牌军人的后台是神策军的军吏，背后又有宦官支持。他们对韩愈的作为大为不满，纷纷向洛阳留守郑余庆控诉。郑余庆不敢得罪宦官，不论是非，反而把控告冒牌军人的老百姓抓起来。于是，韩愈上书辩明是非。

> 百姓控告有人辱骂他的妹妹和妻子，作为长官，能不把这个人拘来讯问吗？拘他不来，作为长官，能不发怒而行杖吗？身在军营里，手持兵器在防御守卫，留守出入时前驱后从的，这才真是军人。坐在坊市卖饼，却又自称“军人”，这样谁不是军人呢？我认为这一定是奸人用钱财贿赂将吏，盗取相公文牒，把姓名偷加进军籍里，来欺骗府县。这种人本是相公所要铲除的，守法官吏所最憎恨的，纵使抓住捆起来行杖也没有过错啊！
>
> 前几天听说相公反要拘捕控告的百姓。我以为大君子处理政事，要有权变，初看起来好像有点小异同，大体上总不离于正道。军吏们纷纷进见相公诉说委屈，相公作为长官，怎能不稍为表示点帮他们的意思呢？当然不敢因此就对大君子有所怀疑。可见到从事们讲起来，和我小人所仰望信赖于相公的好像不甚一致。尽管如此，仍怎敢对相公产生半点怀疑。这一定是那些从事和将吏未能去掉结党营私的恶习，把问题遮盖得严严的，不把真情实况向相公表白透露。小人我受相公私恩已久，怎敢把这些想法藏起来暗底里抱怨相公，而不向相公一一陈述呢？希望相公垂怜审察，就极为欣幸了！
>
> ——《为河南令上留守郑相公启》（黄永年译文）

郑余庆看了韩愈的启文，感到理屈词穷，不再追查控告的百姓。县内的各种军人也就不敢犯禁。

韩愈在河南县令任内，除了取缔不法军人之外，还做了一件与东都洛阳安全有关的大事，那就是发起查禁各藩镇在东都设置的留邸（类似现代的同乡会会馆）。皇甫湜在《韩文公神道碑》中说：“受河南令，魏、郓、幽镇，各为留邸，贮潜卒以橐罪士，官无敢问者。先生将擿其禁，以壮朝廷，断民署吏，俟旦发，留守、尹以闻，皆大恐，令遽相禁。有使还为言，宪宗悦曰：‘韩愈助我者。’”当时山东魏博、淄青，河北幽冀、成德各节度使，都在东都及附近设有留邸，豢养一批本镇士卒，平时用以刺探军情，一旦有事则从中响应，官吏无人敢于过问。韩愈懂得各地藩镇在东都私设留邸居心叵测，图谋不轨，于是将此事报告上级。洛阳留守、府尹听了都大为震惊，立即下令予以查禁。东都使者回朝报告，宪宗听了很高兴，说：“韩愈帮助我了。”

韩愈心系国家安全，也十分关注全国各地藩镇的动静与平叛战争的形势。

元和四年（809）十月，河北成德军（今河北正定）节度使王承宗叛唐，朝廷派左神策军中尉吐突承璀为镇州行营兵马招讨处置使前往讨伐。可是，吐突承璀原本是宦官，毫无将略，到了前线督师无能，毫无进展。十一月，彰义军节度使吴少诚去世，其弟吴少阳自称留后（未经朝廷任命的节度使）。韩愈听到这些消息，心急如焚。他在《送侯参谋赴河中幕》一诗中说：

> 河北兵未进，蔡州帅新薨。曷不请扫除，活彼黎与蒸。鄙夫诚怯弱，受恩愧徒弘。犹思脱儒冠，弃死取先登。又欲面言事，上书求诏征。侵官固非是，妄作譴可惩。惟当待责免，耕斸归沟塍。今君得所附，势若脱鞲鹰。檄笔无与让，幕谋职其膺。收绩开史牒，翰飞逐溟鹏。男儿贵立事，流景不可乘。

他看到河北、蔡州（时为彰义节度使治所）的形势，呼吁赶快清除叛军，拯救那里的黎民百姓。他说自己虽是怯弱鄙夫，也想脱去儒冠，捷足先登，为报效国家而献身疆场。又想面见皇帝，建言献策，上书请求征召。只是限于身份，不能越职言事，没有敢轻举妄动。原来国子监的同事侯继，应召要到河中幕府当参谋，就劝他在幕府中要敢作敢当，珍惜时机，为国立功立事。

元和五年（810）四月，朝廷为了对付王承宗的叛乱，任命乌重胤为河阳（今河南孟州）节度使。乌重胤是一位“文武忠勇，求士为国，不私于家”的大夫，上任不久即郑重求贤。处士石洪积极应聘，迅速启程。韩愈为他送行，写了《送石处士序》，称赞乌重胤“以义取人”，石洪“以道自任”，并赋诗一首以赠。

长把种树书，人云避世士。忽骑将军马，自号报恩子。风云入壮怀，泉石别幽耳。巨鹿师欲老，常山险犹恃。岂惟彼相忧，固是吾徒耻。去去事方急，酒行可以起。

——《送石处士赴河阳幕》

韩愈送别石洪处士到河阳幕府当参谋，祝贺他告别隐居泉石的生活，骑马挎枪报效国家。他立即想到河北的平叛战事：吐突承璀率军讨伐王承宗进入巨鹿，师久驻而不捷；王承宗在常山依仗着险要，与讨伐军顽抗。诗人说，这样的局势哪里只是让宰相担忧，原本也是我们大家的耻辱。于是他鼓励石处士从速起行，为国分忧。

在洛阳的几年，聚集在韩愈周围的朋友与学生很多，说明他所领导的古文运动与新诗派的创建活动都在积极地开展起来。他特别注意发现人才，奖掖后进。其中竭力提携青年诗人李贺，就是著名的例子。

李贺少年词笔动人。早在元和二年（807），李贺十八岁，从家乡昌谷来到洛阳，正好韩愈从京城调来东都。一天，李贺携带他的诗卷来拜望韩愈。唐人张固在《幽闲鼓吹》一书中记载了这次会见：

李贺以歌诗谒韩吏部，吏部时为国子博士分司，送客归，极困。门人呈卷，解带旋读之。首篇《雁门太守行》曰：“黑云压城城欲摧，甲光向日金鳞开。”却援带，命邀之。

这时韩愈刚送客归来，身体极为疲倦，但读了李贺的《雁门太守行》，感到此人出手不凡，立刻请他进门会见。这次会见之后，韩愈便认定李贺是一个不凡的人材。元和四年（809），韩愈曾偕同皇甫湜专门驱车到李贺住处看望他。李贺喜出望外，即席赋诗一首，题曰《高轩过》。

华裾织翠青如葱，金环压辔摇冬珑。马蹄殷耳声隆隆，入门下马气如虹。东京才子文章公，二十八宿罗心胸。九精照耀贯当中。殿前作赋声摩空，笔补造化天无功。庞眉书客感秋蓬，谁知死草生华风。我今垂翅附冥鸿，他日不羞蛇作龙。

诗的前十句均为称颂韩愈、皇甫湜，首先叙写他们的服饰、车马及二公气宇轩昂的气概，然后称颂他们学识渊博，识见卓绝，文学造诣之高是以弥补造化之不足。诗的后四句，作者诉说见到韩愈、皇甫湜来访之后的激动心情：自己原本穷愁如秋蓬，谁知枯草逢春风，顿时生机勃发，使人信心倍增，感到有变蛇为龙的希望。从此可见，韩愈对后学的关怀，给李贺带来多么巨大的激励与鼓舞。

元和五年（810），李贺应河南府试，参加河南府秀才宴礼。此时韩愈为河南令，主持宴礼，即席赋诗，题为《燕河南府秀才》，诗中说："鄙夫忝县尹，愧慄难为情。惟求文章写，不敢妒与争。"还写了《学诸进士作精卫衔石填海》一诗，勉励秀才们努力进业。

鸟有偿冤者，终年抱寸诚。口衔山石细，心望海波平。渺渺功难见，区区命已轻。人皆讥造次，我独赏专精。岂计休无日，惟应尽此生。何惭《刺客传》，不著报仇名。

韩愈以精卫鸟衔西山之木石以填东海的故事，鼓励秀才们要以用力耕耘、不问收获的态度进德修业。他说：人们都讥笑这样做太鲁莽轻率，我独独欣赏这种专精于事业的精神。

李贺考试成绩优异，取得了“乡贡进士”的资格。韩愈写信给他，劝他举进士。这年冬天，李贺到京城长安，准备第二年春天参加礼部选拔进士考试。李贺才高名大，极有希望礼部一试而中，一些嫉妒他的人，就制造舆论，说他应该避“家讳”，说什么李贺的父亲名晋肃，晋肃的“晋”和进士的“进”同音，李贺如行孝道，就不应该参加进士考试。并且说，劝李贺举进士也是不对的。韩愈听到李贺这样有才华的人遭到中伤，企图毁其前程，非常恼火，他不顾一时甚嚣尘上的舆论，专门写了一篇《讳辩》，为李贺辩护。

韩愈在文章中首先提出法典依据，一是“二名不偏讳”，即君主、尊长之名有两个字，不单讳其中一个字，就是只提到其中一个字时就不算触犯。二是“不讳嫌名”，即同音异文的字不用避讳。界定法律是非之后，韩愈就义正词严地质问：“今贺父名严肃，贺举进士，为犯二名律乎？为犯嫌名律乎？父名晋，子不得举进士；若父名仁，子不得为人乎？”这一问，问得有理，使那些伪君子们瞠目结舌，无言以对。文章接着用历史上有名的圣贤不避讳的事实，说明李贺举进士并没有违反圣贤之道：这种避讳究竟起源于什么时候？订立法制来教化天下的，不是周公、孔子吗？周公作诗不避讳，孔子不避讳二名，在《春秋》里对不避讳嫌名的不加指责。曾参父名皙，曾参不避讳说“昔”字。在列举一系列历史事例之后，韩愈对毁谤者提出责问：“今考之于经，质之于律，稽之以国家之典，贺举进士为可邪？为不可邪？凡事父母得如曾参，可以无讥矣；作人得如周公、孔子，亦可以止矣。今世之士不务行曾参、周公、孔子之行，而讳亲之名则务胜于曾参、周公、孔子，亦见其惑也。”

韩愈为李贺辩讳，论据充分，说理透辟，无可辩驳，可谓尽心竭力，无以复加。遗憾的是，韩愈的努力，并没有改变社会舆论的压力，李贺最终未能参加进士考试。这当然是一件十分遗憾的事。然而，韩愈爱护人才、提携后进的良苦用心，仍然是令人钦佩的。

家住洛阳的诗人卢仝，受到恶少的欺凌，韩愈得知以后立即予以处置。

> 昨晚长须来下状：隔墙恶少恶难似，每骑屋山下窥阚，浑舍惊怕走折趾。凭依婚媾欺官吏，不信令行能禁止？先生受屈未曾语，忽来此告良有以。嗟我身为赤县令，操权不用欲何俟？立召贼曹呼五百，尽取鼠辈尸诸市。先生又遣长须来，如此处置非所喜，况又时当长养节，都邑未可猛政理。先生固是余所畏，度量不敢窥涯涘。放纵是谁之过欤？效尤戮仆愧前史。
>
> ——《寄卢仝》（节录）

有一天，卢仝家奴长须来县府告状，说一个邻家恶少无恶不作，常爬上我家屋顶偷窥内室，吓得全家惊恐万状，有人还伤了脚。这个恶少还扬言与卢仝家有婚媾关系，以欺诈官府。韩愈一了解情况，肯定又是那班冒充军人的无赖干的，立即下令县吏捕捉为非作歹的恶少，予以严惩，斩首示众以儆效尤。好心的卢仝还叫家奴长须来说，这样处置太过分了。韩愈回话说：恶少无状，实是平日放纵所致，因此仿效古人戮仆，做如此处置。

韩愈作为一县之长，非常关切民生。对于社会上误入歧途的青年，也尽力给以帮助。

> 非痴非狂谁氏子？去入王屋称道士。白头老母遮门啼，挽断衫袖留不止。翠眉新妇年二十，载送还家哭穿市。或云欲学吹凤笙，所慕灵妃媲萧史。又云时俗轻寻常，力行险怪取贵仕。神仙虽然有传说，知者尽知其妄矣。圣君贤相安可欺，干死穷山竟何俟？呜呼余心诚岂弟，愿往教诲究终始。罚一劝百政之

经，不从而诛未晚耳。谁其友亲能哀怜，写吾此诗持送似？

——《谁氏子》

有一个青年，非痴非狂，却抛家弃妻，去入王屋山当道士。韩愈认为像这种因宗教迷信而误入歧途的年轻人，不予教诲是放弃长者的责任。诗人以和易近人的态度，向他讲清楚神仙虚妄的道理，劝其归来，并且警告他，若不归，则“不从而诛”。他要其亲友将此诗送到山中，告知这个青年。结果数月后，这个青年果然迷途知返，出山后立即被河南少尹将他送回家中。这样，既挽救了一个青年，也挽救了一个家庭。

九、回归京师任职

元和六年（811）秋九月，韩愈被任命为职方员外郎。他离开任职五年的洛阳，返回长安。这时他已经四十四岁了。途中在陕州峡石坞暂息时，一眼泉水，触发了他的诗情。

居然鳞介不能容，石眼环环水一钟。闻说旱时求得雨，只疑科斗是蛟龙。

——《峡石西泉》

河南道陕州城外，有峡石坞，水自石眼流出，一汪水容不下小鱼，只见蝌蚪游动，闻说干旱时祈雨即应，实际上人们把蝌蚪当作蛟龙。一些地方官员妄自尊大，竟能呼风唤雨，多么可笑！这是诗人在洛阳几年经历的观感。

马车一路奔驰向前，过潼关时，老马突然长鸣一声，引起诗人警觉和思考。他吟出了这样一首诗：

岁老岂能充上驷，力微当自慎前程。不知何故翻骧首，牵过关门妄一鸣？

——《入关咏马》

他自比老马，感叹年老力微，怎么能够充当大任？仕途风云莫测，还需小心谨慎为好。可是他仍不甘寂寞，过关时又昂首鸣叫了一声。老马嘶风，显示自己能量还在，应该可以有所作为。这就是他回京前的心情。

韩愈回到长安，又开始了长达八年的京官生涯。虽然仕途仍不平坦，难免宦海沉浮，但他出色地发挥自己的文功武略，终于由困顿走向发达，进入了朝廷权力中心，达到了他一生仕宦的高峰时期，也可以说是他人生抱负得以部分实现的时期。

职方员外郎，属尚书省兵部职方司的官员，负责掌管天下地图及军事情报等事宜。韩愈第一次参与军事方面的工作。这一段仕历时间虽不长，却填补了他这方面知识的不足，对他此后在处理军国大事上才能的发挥，具有重要的意义。

韩愈回京之后仕途上并不平静。职方员外郎做了不到半年，元和七年（812）二月六日，突然被免职了，要他再到国子监去当博士。这是怎么回事呢?

事情是这样的：华阴县令柳涧贪赃枉法，被华州刺史阎济美弹劾停职。不久，刺史阎济美自己也被罢官，柳涧趁机煽动百姓闹事，进行诬陷报复。华州继任刺史赵昌再度追查柳涧的案件，查实了他的罪状，上报朝廷，将柳涧贬为房州司马。韩愈因公事过华州，听闻此事，误以为是两个刺史同党伐异，没经深入调查，就贸然上书为柳涧申诉。朝廷派监察御史反复查证，柳涧赃罪属实，将他再贬为封溪尉。韩愈也以“妄论”的过失，由职方员外郎调任国子博士。实际上这是韩愈的第三次贬官。

韩愈自信才能出众，在仕途上却屡遭贬黜，郁郁不得志，因此牢骚满腹，于是写了一篇《进学解》，进行自解自嘲，抒发愤懑不平之气。

国子先生晨入太学，招诸生立馆下，诲之曰：“业精于勤，荒于嬉；行成于思，毁于随。方今圣贤相逢，治具毕张，拔去凶邪，登崇俊良。占小善者率以录，名一艺者无不庸。爬罗剔抉，刮垢磨光。盖有幸而获选，孰云多而不扬？诸生业患不能精，无患有司之不明；行患不能成，无患有司之不公。”

言未既，有笑于列者曰：“先生欺余哉！弟子事先生，于兹有年矣。先生口不绝吟于六艺之文，手不停披于百家之编，记事者必提其要，纂言者必钩其玄。贪多务得，细大不捐，焚膏油以继晷，恒兀兀以穷年。先生之于业，可谓勤矣。抵排异端，攘斥佛老；补苴罅漏，张皇幽眇。寻坠绪之茫茫，独旁搜而远绍。障百川而东之，回狂澜于既倒。先生之于儒，可谓有劳矣。沉浸浓郁，含英咀华；作为文章，其书满家。上规姚姒，浑浑无涯；《周诰》《殷盘》，佶屈聱牙；《春秋》谨严，《左氏》浮夸；《易》奇而法，《诗》正而葩；下逮《庄》《骚》，太史所录，子云、相如，同工异曲。先生之于文，可谓闳其中而肆其外矣。少始知学，勇于敢为；长通于方，左右具宜。先生之于为人，可谓成矣。然而公不见信于人，私不见助于友，跋前踬后，动辄得咎。暂为御史，遂窜南夷。三年博士，冗不见治。命与仇谋，取败几时。冬暖而儿号寒，年丰而妻啼饥。头童齿豁，竟死何裨？不知虑此，而反教人为？”

先生曰：“吁！子来前！夫大木为杗，细木为桷，欂栌侏儒，椳闑扂楔，各得其宜，施以成室者，匠氏之工也；玉札丹砂，赤箭青芝，牛溲马勃，败鼓之皮，俱收并蓄，待用无遗者，医师之良也；登明选公，杂进巧拙，纡余为妍，卓荦为杰，校短量长，惟器是适者，宰相之方也。昔者孟轲好辩，孔道以明，辙环天下，卒老于行；荀卿守正，大论是弘，逃谗于楚，废死兰陵。是二儒者，吐辞为经，举足为法，绝类离伦，优入圣域，其遇于世何如也？今先生学虽勤而不繇其统，言虽多而不要其中，文虽奇而不济于用，行虽修而不显于众。犹且月费俸钱，岁靡廪粟，子不知耕，妇不知织。乘马从徒，安坐而食，踵常途之促促，窥陈编以盗窃。然而圣主不加诛，宰臣不见斥，兹非其幸欤？动而得谤，名亦随之，投闲置散，乃分之宜。若夫商财贿之有亡，计班资之崇庳，忘己量之所称，指前人之瑕疵，是所谓诘匠氏之不以杙为楹，而訾医师以昌阳引年，欲进其豨苓也。”

——《进学解》

先生教诲学生勤勉学业，求取进步，学生提出质问，先生再来解说，所以叫《进学解》。这篇文章，韩愈是借师生的问答，来阐述自己对于卫道、治学、做人、作文等各方面的见解，抒发自己一生怀才不遇、仕途屡遭困顿的怨愤。

文章第一段，写国子先生（即韩愈）清晨来到太学，把学生招集起来，训导他们说：“学业靠勤奋才能精湛，如果贪玩就会荒废，德行靠思考才能形成，如果随大流就会毁掉。当今朝廷，圣明君主与贤良大臣会合，规章制度健全，它们能够铲除奸邪，提拔贤俊，稍微有点才能的人都会被录用，有一技之长的人都不会被抛弃。仔细地搜罗拣选人才，改变他们的缺点，发扬他们的优点。只有才行不够而侥幸被选拔上来的人，哪里会有学行优长却没有被提举的人呢？学生们，不要担心选拔人才的人眼睛不亮，只怕你们的学业不够精湛；不要担心他们做不到公平，只怕你们的德行无所成就。”

国子先生的这一番训导，关于进业修行的言论，是人生经验的精彩总结，堪称经典之论。至于国家形势大好，能够人尽其才的言论，意在要学生解除顾虑，专心致志进业修行，其实是不符合现实状况的违心之论。正因为如此，才引起一位学生的反驳，使文势得以展开。

第二段写一个学生听了先生的讲话，提出质疑："先生是在欺骗我们吧！学生跟着先生，到今天也有些年了。先生口里没有停止过吟诵六经之文，手里也不曾停止过翻阅诸子百家的书，记事的一定给它提出主要内容来，立论的一定勾画出它的奥妙之处来。贪图多得，务求有所收获，不论重大的细微的都不丢弃。太阳下去了，就点起油灯，一年到头都在那里孜孜不倦地学习研究。先生对于学业，可以说是够勤奋了吧。抵制排斥那些异端邪说，驱除排斥佛家和道家的学说，补充完善儒学理论上的缺陷与不足，阐发光大其深奥隐微的意义，寻求那些久已失传的古代儒家学说，广泛搜集起来使它传之久远。竭力拦截各种异端浊流泛滥，使之排入东海，把被狂澜压倒的儒学正气挽救过来，使之扬眉吐气。先生对于儒家学说，可以说是立了功劳的吧。沉浸在如醇厚美酒般的典籍中，咀嚼品味它们的精华，写起文章来，一屋子堆得满满的。上取法虞、夏之书，那是多么的博大无垠啊，周诰文、殷盘铭，那是多么的曲折拗口啊。《春秋》是多么严谨，《左传》又是多么铺张。《易经》奇异而有法则，《诗经》纯正而又优美。下及《庄子》《离骚》、太史公的《史记》，以及扬雄、司马相如的著述，它们虽然各不相同，却都一样美妙绝伦。先生所作的文章，可以说是内涵宏大而文辞奔放自如了吧。先生少年就知道好学，敢作敢为，长大之后，通晓礼法，行为得体。先生对于做人，可以说是很成熟了吧。然而在官场上不被人所信用，私交上也没有朋友帮助你。前进有困难，后退也有阻碍，一举一动都会招来过错。当了一段时间御史，又被贬到边远的南方。当了三年博士，这种闲散官吏也没有什么成绩可以表现。你的命运注定老是和仇敌相伴随，遭受失败用不了多少时间。冬天天气暖和，你的孩子还要叫冷；年岁本来富饶，你的妻子还要喊饿。头发也光了，牙齿也缺了，你就是死了，又于事何补呢？你不想一想这些，怎么反而来教训人呢?”

学生的这一片质疑的发言，实际上是为作者代言，借以抒发自己的“不平之鸣”。作者首先借用学生口吻，进行自我表彰，宣扬自己不同寻常的才能、品格和勤奋治学、作文的成就，而后也是借学生之嘴，一吐胸中之块垒，诉说自己学精行成而有志难伸、动辄得咎的狼狈处境。这样前后鲜明的对比，就突现了一个有才有志之士坎坷不遇的形象，彰显了社会上不能公正对待人才的弊端。

第三段写先生听了学生的质疑之后，回答道：“咦！你前来！(指着学馆屋宇）你看粗木料当栋梁，细木料当椽子，壁柱、斗拱、梁上短柱、门枢、门橛、门闩、门两旁的木头，各得其所，用它们施工建成房子，这可是木匠的技术呀。地榆、朱砂、天麻、龙芝、车前草、马屎菌、破朽的鼓皮，兼收并蓄，无一遗漏，预备着日后派上用场，这可是医师的好习惯呢。既明察又公平地选拔人才，能力强的和能力弱的都能量才录用，含而不露的人是好的，特立独行的人也是杰出的，比较各人的长短优劣，根据他们的才能给予合理的使用，这就是宰相的用人之道。想当初，孟子喜欢辩论，孔孟之道才得以发扬光大，可他的车迹遍于天下，却最终老死在周游列国的途中。荀卿坚守正道，其博大的学说才得以弘扬，可是却为了躲避谗言逃到楚国，最终被废了官职，死在兰陵。这两个了不起的学者，说出话来可以当作经典，每一行动都成为人们效法的准则，出类拔萃，完全达到圣贤的境界。他们在世上的遭遇怎么样呢？今天，先生我学习虽然勤奋，却没有什么系统研究；话虽说得很多，却抓不住要害之处；文章虽然奇特，却不能作为济世之用；道行虽然修习了，在众人之中却显现不出来。就这样，还每年每月花着国家的钱，吃着国家的饭，孩子不懂种田，妻子也不会织布。骑马行路时，有奴仆跟随后面。自己不费力就可以安然地坐下吃饭。行事循规蹈矩，做学问也没有什么创见。然而圣君不加罪责，大臣也不予指斥，这难道不是我的侥幸了吗？动不动就受到别人的毁谤，可名声也随之显著了。被弃置在闲散的位置上，那是自己分有所得。如果还要计算财产的有无、官阶的高低，而忘记自己才能是否与之相称，还要来指摘别人的毛病，这就真好比是去责问木匠为什么不拿小木桩来做厅堂的大柱子，或指责医师为什么用菖蒲延年益寿，而打算推荐解毒的狶苓。”

先生对学生质疑的这一番解答，实际上是自嘲自解。表面上，句句是自咎自责之词，实际上是反话正说，句句饱含着怀才不遇的怨气和壮志未酬的伤感。

这篇《进学解》，用一个师生辩论的故事，巧妙地再现了作者的才学人品及其坎坷的仕途遭遇，淋漓尽致地宣泄了作者怀才不遇、报国无门的一腔怨愤，实际上是对于贤愚颠倒的社会现实的一种控诉。文章写得机巧含蓄，绵里藏针，于穷愁委屈之中宣扬自己排斥佛老、倡导古文的主张，在牢骚怨愤之中显示自己卓越不凡的文学才能。

《进学解》因为文章写得精彩，很快盛传一时。当朝的宰相读了这篇文章，觉得韩愈的文力雄厚，又有史才，就提升他为比部郎中、史馆修撰。元和八年（813），白居易起草的制书说：“太学博士韩愈，学术精博，文力雄健。立词措意，有班、马之风。求之一时，甚不易得。加以性方道直，介然有守。不交势利，自致名望，可使执简，列为史官。记事书法，必无所苟。仍迁郎位，以示褒升。”（《白居易文集》卷一八《韩愈比部郎中史馆修撰制》）可见当时韩愈的名望已经相当高。

比部是尚书省刑部所属的一个部门。比部郎中，从五品上，掌管内外赋敛的经费账簿。史馆修撰，负责撰修国史。韩愈的实际职责是史馆修撰。宰相李吉甫交给他的任务是修撰顺宗实录。

韩愈就任史馆修撰，刘秀才（或云名轲，字希仁）来信表示祝贺。韩愈在《答刘秀才论史书》中，首先谈了自己修史的设想：“愚以为凡史氏褒贬大法，《春秋》已备之矣。后之作者在据事迹实录，实录则善恶自见矣。然此尚非浅陋偷惰者所能就，况褒贬邪?”他打算依照孔子修《春秋》的法则，秉事实录，让事实说话，是非善恶不随意作褒贬。另外，他也对刘秀才坦率地谈了自己的思想顾虑：“夫为史者不有人祸，则有天刑，岂可不畏惧而轻为之哉?”感到修史历来风险很大，因此心里诚惶诚恐。柳宗元曾对此提出批评，希望他能居官行道，坚持原则，在史官的岗位上大胆尽职，写出一代信史。事实上，韩愈并没有辜负柳宗元的期望，他还是勇于担当，认真履行一个史官的职责，很好完成了《顺宗实录》的修撰任务。

顺宗作为皇帝，是与永贞革新相始终的，因此，顺宗实录实际上也可以说是永贞革新实录。韩愈所写的《顺宗实录》，忠实地记录了永贞革新的始末，对其推行的改革新政，如打击弄权的宦官，罢除乱政扰民的“宫市”和“五坊小儿”，打击贪暴官吏，贬黜京兆尹李实，禁止正税之外的一切苛捐杂税，停止盐铁使进献，释放宫女和教坊女乐，等等，不仅如实做了记录，而且不少地方进行了深入开掘，使乱政扰民者穷形尽相，以彰显新政的大得民心。这样，《实录》就具有自己鲜明的特色：它仿左氏之传《春秋》，以事系日，系月系年。“一事之叙，必溯原委；一人之见，具详生平，皮里阳秋，别见匠心；与普通排比作日记簿者不同。”（钱基博《韩愈志》，第128页）

辛酉，贬京兆尹李实为通州长史。诏曰：“(略)。”实陷事李齐运，骤迁至京兆尹。恃宠强愎，不顾文法。是时春夏旱，京畿乏食。实一不以介意。方务聚敛征求，以给进奉。每奏对，辄曰："今年虽旱，而谷甚好。"由是租税皆不免，人穷至坏屋卖瓦木贷麦苗以应官。优人成辅端为谣嘲之，实闻之，奏辅端诽谤朝政，杖杀之。实遇侍御史王播于道，故事：尹与御史相遇，尹下道避。实不肯避，导骑如故。播诘让导骑者，实怒，遂奏播为三原令，廷诟之。陵轹公卿已下，随喜怒诬奏迁黜，朝廷畏忌之。尝有诏免畿内逋租，实不行用诏书，征之如初。勇于杀害，人吏不聊生。至谴，市里欢呼，皆袖瓦砾遮道伺之，实由间道获免。

——《顺宗实录》卷第一（节录）

《实录》关于京兆尹李实贬官的记载，其缘由除诏书所说的之外，韩愈根据调查了解又增加了几件事：一是隐瞒京畿灾情，一味聚敛征求，逼得农民拆屋卖砖瓦，应付官税。民间艺人写歌谣讽刺此事，李实就以诽谤朝政的罪名将他杖杀。二是侍御史王播有一次在长安街道上和李实相遇，按旧例京兆尹李实应当避让台官，李实不但不让，还大叫大嚷，王播责问其随从，李实便诬告王播，使王播贬为三原令，还在朝廷上辱骂王播。李实欺压凌辱公卿以下官员，常常随其喜怒诬告别人，使人遭受贬黜。四是有一次皇上下诏免除京畿地区以往欠下的税租，李实不执行诏书，照样征收，还大打出手，致使民不聊生。

韩愈列举种种事实，就充分揭露了李实的贪暴面目：他瞒上欺下，横征暴敛，弄得民不聊生；他恃宠傲物，横行霸道，任意诬告陷害他人。难怪惹得天怒人怨，当他受到朝廷罪责贬官时，市井街衢的百姓都欢呼叫好，许多人身上还藏着瓦砾要拦路砸他，他只得找偏僻小路偷偷溜走。这一切，韩愈也都如实记录史册。

旧事：宫中有要市外物，令官吏主之，与人为市，随给其直。贞元末，以宦者为使，抑买人物，稍不如本估。末年不复行文书，置“白望”数百人于两市并要闹坊，阅人所卖物，但称“宫市”，即敛手付与，真伪不复可辨，无敢问所从来，其论价之高下者。率用百钱物买人值数千钱物，仍索进奉门户并脚价钱。将物诣市，至有空手而归者。名为“宫市”，而实夺之。尝有农夫以驴负柴至城卖，遇宦者称“宫市”取之，才与绢数尺，又就索门户，仍邀以驴送至内。农夫涕泣，以所得绢付之，不肯受，曰：“须汝驴送柴至内。”农夫曰：“我有父母妻子，待此然后食。今以柴与汝，不取直而归，汝尚不肯，我有死而已！”遂殴宦者。街吏擒以闻，诏黜此宦者，而赐农夫绢十匹，然“宫市”亦不为之改易。谏官御史数奏疏谏，不听。上初登位，禁之。至大赦，又明禁。

——《顺宗实录》卷第二（节录）

《实录》这一段关于取消宫市的记载，首先叙述宫市在唐代的演变历史：原先，宫廷需要到市肆上去购买东西，叫官吏负责，向货主购买，按值付钱。到贞元末年，由宦官负责采购，到市上压低价钱强买，稍低于货物原值的价格。后来，不再出示公文证件，用“白望”数百人在东、西两市及重要街坊东张西望，看中人们所卖的货物，只要说是“宫市”，就得敛手把东西给他们，这些人真假难辨，不敢问其来头，也不敢说其给价之高低。这些“白望”常用百钱买入价值数千钱的货物，他们把货物拿进宫，还要向货主索取进奉门户钱和脚力钱。人们把货物运到市场来卖，有的人甚至空手而归。作者接着用“名为宫市，而实夺之”，揭示宫市的掠夺本质。然后用一个具体事例进一步加以证明：曾有一个农夫以驴拉柴到城里卖，遇到宦官以“宫市”名义拿去，才给几尺绢，又要索取进奉门户钱，仍要农夫以驴送柴到宫内。农夫哭了，以刚才所得的几尺绢给他，宦官不同意，说：“必须用你的驴送柴到宫里去。”农夫说：“我家有父母妻儿，依靠这头驴劳动养活全家老小。今天把柴给了你，拿不到钱回家，你还不肯，我只有死路一条了!”一怒之下就打了宦官。街吏因此抓了农夫，报告朝廷，皇上下令革除这个宦官，赐给这个农夫十匹绢。然而宫市依旧不改。顺宗李诵初登基，即禁止宫市。到大赦天下时，又明令禁之。

韩愈如实记载中唐时期的宫市始末，事情的是非善恶自见，作者的抑扬褒贬自明。他对宦官的揭露毫不留情，对农夫的同情溢于言表，从而也就表明他对顺宗禁止宫市、打击宦官弄权的善政是赞赏有加的。

从《顺宗实录》看，韩愈对永贞革新的主要新政明显是肯定的，并不反对，“惟记王伾、王叔文，未得其平”（钱基博《韩愈志》，第 128 页）。对他们的人品存在偏见，对他们争夺权力的行动有所指责，认为他们是“乘时偷国柄”的小人（《永贞行》）。

韩愈和孟郊交情深厚，两人诗歌风格相近，文学史上称为“韩孟诗派”。元和九年（814）八月，孟郊在赴兴元途中突然去世，消息传来，“愈走位哭，且召张籍会哭”（《贞曜先生墓志铭》）。孟郊死后运到东都洛阳安葬，韩愈在长安任职无法前往吊唁，就在自己家里设立了孟郊的灵位，走到灵位前哭吊，还叫张籍一起来哭吊，表达痛失挚友的哀痛之情。

十月孟郊下葬之前，樊宗师派人来要韩愈给孟郊写墓志铭。韩愈哭着说：“唉！我还忍心给我友写墓志铭啊!”后来又派人来催索墓志铭，说：“否则就无法把基志铭埋进墓里了。”韩愈这才怀着悲痛的心情写了《曜贞先生墓志铭》。这篇墓志铭，韩愈不拘传统公式化的格局，自由记叙事实，表达真情，盛赞孟郊的人品和诗品。

先生讳郊，字东野。父庭玢，娶裴氏女，而选为昆山尉。

生先生及二季酆、郢而卒。先生生六七年，端序则见，长而愈骞。涵而揉之，内外完好。色夷气清，可畏而亲。及其为诗，刿目铽心，刃迎缕解，钩章棘句，掐擢胃肾，神施鬼设，间见层出。唯其大玩于词而与世抹摋，人皆劫劫，我独有余。有以后时开先生者。曰："吾既挤而与之矣，其犹足存邪？"

将葬，张籍曰："先生揭德振华，于古有光。贤者故事有易名，况士哉！如曰贞曜先生，则姓名字行有载，不待讲说而明。"皆曰："然。"遂用之。

铭曰：於戏贞曜！维出不訾，维持不猗。维卒不施，以昌其诗。

——《贞曜先生墓志铭》（节录）

上引第一段，着重讲孟郊的人品和诗歌上的成就：先生讳郊，字东野。父名庭玢，娶裴氏女，后来选授昆山尉，有了先生和先生的两个小弟酆、郢后去世。先生七八岁时，已初露头角，长大后越加超群拔类，学识广博而能融会贯通，内心修养和待人处世都已臻美善，态度和平而神气清峻，使人感到既可畏又可亲。到写出诗歌来，则真可刺人心目，叫人有分析透辟之感，加以章法曲折而造句奇倔，动人心弦，神妙非人力所能及之处，层见叠出。这样地在文辞上下了大功夫，而对世俗的荣利漠视，人家都汲汲奔走，自己却从容自得。有人开导先生不要落后于时势，先生说："我既已把荣利推让出去了，还有什么可顾恋的呢？"

上引第二段，讲给孟郊私谥的含义：将要安葬，张籍说："先生树立德行重振诗道，光辉不减于古人。贤者按照旧例可以易名赠谥，何况道德文章之士！如果赠谥为贞曜先生，则姓与名之外德行也有着落，这不待讲说大家都可明白。"人家都说："很对。"就用"贞曜"为谥。

上引第三段，是铭文：呜呼贞曜先生！讲究操守不事依傍，一生贡献不可估量。虽然终于不见施用，却使他的诗歌盛昌。（以上均采用黄永年的译文）

这三段文字，情深意切，足见韩愈对孟郊的了解之深。

“韩愈为什么对孟郊如此多情多义，这其中的原因虽说是多种多样的，但起决定作用的当推‘不平则鸣’的物理和‘抱不平’的善心。……韩愈为孟郊私设灵堂也好，张籍所拟定的代表操守高洁的‘贞曜’的私谥也好，想来都是出于对于社会弊端的一种枨触和矫正，也是对死者的一种最好的安慰和追悼。”（吴小林主编《唐宋八大家品读辞典》，第199页陈祖美文）

元和九年（814）十月，韩愈改任考功郎中，仍兼史馆修撰。考功郎中是尚书省吏部考功司的主管官员，负责考核文武百官的功过。同年十二月，以考功郎中知制诰。知制诰，是替皇帝撰写制词的，算是皇帝的近臣，可以给食于政事堂，列席宰相会议。这时，韩愈已经职近中央权力中心，可以参与朝政事务，有望施展抱负，感到十分满意。他经常入值禁中，欣然自得。

百叶双桃晚更红，窥窗映竹见玲珑。应知侍史归天上，故伴仙郎宿禁中。

——《题百叶桃花》

韩愈独宿宫中，窗外的百叶桃花鲜艳怡人，在竹影婆娑中显得格外玲珑可爱，就像端正婉丽的侍女站立在窗前。他感到洋洋得意：要知道只有内庭才配有随从侍女，如今我作为尚书郎夜宿禁中才享有侍女陪伴。

韩愈此时年已四十有八，他感到自己人生的春天虽然姗姗来迟，却终于来临了。

新年都未有芳华，二月初惊见草芽。白雪却嫌春色晚，故穿庭树作飞花。

——《春雪》

新年，指阴历正月初一。这一天前后是立春，所以标志着一年春天的到来。这首绝句借景抒怀，抒写诗人面临晚来春天的欢欣之情：进入新年以来一直未见芬芳的鲜花，到仲春二月刚刚见到初生的草芽。春来得太晚了，花开得太迟了！飞舞的雪花好像颇能善解人意，故意穿越庭树飘飞翻舞，化作纷纷扬扬的飞花，给整个庭院带来一派春意。此情此景，也令诗人心花怒放：姗姗来迟的春天终于来到了！“正是由于诗人心中的春天，这才幻化出了白雪穿庭树作飞花的美好春色，使寒冷的白雪成为温暖春色的标志。”（刘学锴撰《唐诗选注评鉴》七，第222页）

元和十年（815）六月初三，京城发生震惊朝野的大事件：宰相武元衡在凌晨上朝路上，遭到藩将指使的乱贼杀害，取其颅骨而去。几乎同时，御史中丞裴度也遭袭击受伤。武元衡死后好几天，也没有抓到凶手。兵部侍郎许孟容上奏曰：“岂有国相横尸路隅，而不能擒贼！”于是皇上下诏：“能得贼者赏钱千万，授五品官。”并且把钱放在东西市用以招募告发者。后来神策将士王士则、王士平抓捕到了十八个凶手，他们承认是受镇州节度王承宗的派遣。皇上因此授予王士则、王士平五品官，独有赏钱没有发给他们。韩愈一直关心事态的进展，当他得知赏钱没有兑现时，感到朝廷信誉受损，非同小可，立即写了《论捕贼行赏表》，提出劝谏。他首先陈述“不守言信”会影响朝廷声誉：“闻初载钱置市之日，市中观者日数万人。巡绕瞻视，咨嗟叹息，既去复来，以至日暮。百姓小人重财轻义，不能深达事体，但见不给其赏，便以为朝廷爱惜此钱，不守言信。自近传远，无由辨明。”接着，他分析国家面临内忧外患的形势，强调“于此之时，特宜示人以信”：“况今元济、承宗尚未擒灭，两河之地太半未收，陇右河西皆没戎狄。所宜大明约束，使信在言前，号令指麾，以图功利。”最后，他历数若干历史事例，总结历史经验，指出：“自古以来，未有不信其言而能有大功者，亦未有不费小财而能收大利者。”可见韩愈忧念国事，建言献策，真是煞费苦心。

元和十一年（816）正月，韩愈被任命为中书舍人。中书舍人，负责诏令起草，参议表章，正五品上。原来韩愈是以考功郎中兼知制诰，至今才真授中书舍人，成为皇帝的侍从秘书。当时和韩愈同任中书舍人的席夔（排行八）赠诗韩愈，韩愈写了答和诗《和席八十二韵》。和诗云：“绛阙银河曙，东风右掖春。官随名共美，花与思俱新。绮陌朝游间，绫衾夜直频。横门开日月，高阁切星辰。”韩愈赞美席夔入值禁廷，住在高大的宫阙殿堂，夜间可享受青绫白绫被，实际上也在赞美自己的优裕处境，从中不难看出韩愈任中书舍人之后怡然自得的心情。

三年之间，韩愈仕途连续升迁，由国子博士而比部郎中、史馆修撰，而考功郎中、知制诰，而中书舍人。他之所以得到执政者的重视和提拔，有主客观多方面的原因。从主观方面看，那是由于这时期韩愈“性方道直，介然有守，不交权势，自致名望”的品行得到了朝野的认可，他宣扬儒道、反对佛老的影响越来越大，他倡导古文、写作古文的成就已使其居于古文写作盟主的地位。

元和十年（815），他在长安靖安里为自家置了一间屋庐，家庭生活也较前富裕了许多。

韩愈仕途连续升迁，处境大有改善，有一种平生苦学终成正果的成就感。他先后写了两首教育儿子的诗，要他们努力学习。

> 始我来京师，止携一束书。辛勤三十年，以有此屋庐。此屋岂为华，于我自有余。中堂高且新，四时登牢蔬。前荣馔宾

亲，冠婚之所於。庭内无所有，高树八九株。有藤娄络之，春华夏阴敷。东堂坐见山，云风相吹嘘。松果连南亭，外有瓜芋区。西偏屋不多，槐榆翳空虚。山鸟旦夕鸣，有类涧谷居。主妇治北堂，膳服适戚疏，恩封高平君，子孙从朝裾。开门问谁来，无非卿大夫。不知官高卑，玉带悬金鱼。问客之所为，峨冠讲唐虞。酒食罢无为，棋槊以相娱。凡此座中人，十九持钧枢。又问谁与频，莫与张樊如。来过亦无事，考评道精粗。跹跹媚学子，墙屏日有徒，以能问不能，其蔽岂可祛。嗟我不修饰，事与庸人俱，安能坐如此，比肩于朝儒。诗以示儿曹，其无迷厥初。

——《示儿》

韩愈升官之后，买了新居，生活环境大为改善。这首《示儿》诗，就从住宅说起：开始我来京师时，只携带一捆书籍。经历三十年的辛劳，才有了这座屋庐。这座别墅虽然并不豪华，对我来说已经绰绰有余。接着就介绍中堂的用处、庭院的草木，又从北堂说到主妇得封高平郡君，子孙也穿上朝服。然后介绍家中常常高朋满座，来的大都是公卿大夫，佩戴金鱼袋、身居要职的高官，谈论的内容无非是古代圣君唐尧、虞舜的功德。而来得最频繁的当数张籍、樊宗师这两位老朋友，他们来访并无要事，只是讨论讨论儒道的精义。还有一些风度翩翩的学子站在一旁，提问一些尚不明白的问题。韩愈之所以津津乐道地讲述眼前的家庭情况，目的是要告诉儿子，这一切来之不易。他说：假如我不刻意努力，做事和常人一样，怎么可能成就今日之盛况，能够与朝廷大儒比肩而立？我写诗告示儿子们，不要迷失方向，做事要慎始慎终。

木之就规矩，在梓匠轮舆。人之能为人，由腹有诗书。诗书勤乃有，不勤腹空虚。欲知学之力，贤愚同一初，由其不能学，所入遂异闾。两家各生子，提孩巧相如，少长聚嬉戏，不殊同队鱼。年至十二三，头角稍相疏。二十渐乖张，清沟映污渠。三十骨骼成，乃一龙一猪，飞黄腾踏去，不能顾蟾蜍。一为马前卒，鞭背生虫蛆。一为公与相，潭潭府中居。问之何因尔，学与不学欤！金璧虽重宝，费用难贮储；学问藏之身，身在则有余。君子与小人，不系父母且。不见公与相，起身自犁锄。不见三公后，寒饥出无驴。文章岂不贵，经训乃菑畬。潢潦无根源，朝满夕已除。人不通古今，马牛而襟裾。行身陷不义，况望多名誉。时秋积雨霁，新凉入郊墟。灯火稍可亲，简编可卷舒。岂不旦夕念，为尔惜居诸。恩义有相夺，作诗劝踌躇。

——《符城南读书》

这是一首劝学诗，韩愈劝导儿子符（韩昶的小名）在城南樊川别墅好好读书。他首先说，木之成器，在于木工和造车者，人之为人，在于腹中有《诗》《书》。而《诗》《书》靠勤学才能为己所有，否则照样腹中空虚。接着，他从人的成长过程来说明学习的重要性：一样的小孩子，有的成龙，有的成猪；有的成卿相，有的成马前卒，全在于学与不学。君子与小人，都不是天生的，要靠自己的学习和修养。他强调说，人不通古今，则近于禽兽，行身陷不义，则令名无以立。因而他劝符儿，趁秋凉好天气，珍惜时光，好好读书，不要再犹豫不决了。李光地《榕村诗选》评点云："此诗勉符为学，后则由文章而归之于穷经观史，修饬行义也。"的确，韩愈在勉励符儿读书的时候，并没有忽视行为道德方面的要求。

这两首劝学诗，呈现韩愈当年家庭生活的真实场景，体现韩愈教育子女的良苦用心。但也遭到宋代有的文人和学者的非议，说他"所示皆利禄事"，不言"行道忧世"。后代也有一些人为他辩护。

清代学者赵翼从历史的眼光对这两首诗做了实事求是的评论："《示儿》诗自言'辛勤三十年'，始有此屋，而备述屋宇之垲爽，妻受诰封，所往还无非公卿大夫，其诱其劝学：此已属小见。《符城南读书》一首，亦以两家生子，提孩时朝夕相同，无甚差等；及长而一龙一猪，或为公相，势位赫奕，或为马卒，日受鞭笞，皆由学与不学之故。此亦徒以利禄诱子，宜宋人之议其后也。不知舍利禄而专言品行，此宋以后道学诸儒之论，宋以前固无此说也。观《颜氏家训》《柳氏家训》，亦何尝不以荣辱为劝诫耶?"（《瓯北诗话》卷三）我们自然不必超越时代去苛求古人。

韩愈在《示儿》诗中，还讲到这时期的交游情况，他家中常常高朋满座，而以张籍、樊宗师来得最为频繁。他们经常在一起谈文论道。张籍后来回忆道："追招不隔日，继践公之堂。出则连辔驰，寝则对榻床。搜穷古今书，事事相酌量。有花必同寻，有月必同望。为文先见草，酿熟偕共觞。新果及异鲑，无不相待尝。"（《祭退之》）可见他们亲密无间的关系。韩愈此诗中也讲到这时期指导后学的情况："跹跹媚学子，墙屏日有徒。以能问不能，其蔽岂可怯?"当时几乎每天都有学子登门求教，韩愈总是予以悉心指导，指点迷津，不厌其烦地解答他们不明白的问题。从此可见，韩愈这时期虽然政务比较繁忙，仍然没有放松以文会友，提携后学，为继续推进古文运动而做不懈的努力。

十、襄助讨平淮西

近两年来，朝廷讨伐淮西（治蔡州，今河南驻马店）吴元济叛乱的战事，一直让韩愈牵挂于心。

元和九年（814）闰八月，淮西藩镇、彰义节度使（领蔡、申、光三州）吴少阳去世，其子吴元济匿丧不发，自领军权，并发兵四出掳掠。次年正月，吴元济纵兵侵掠到东都洛阳畿县，情势危急。宪宗调动十六镇的十万兵马讨伐吴元济，声势很大，但没有什么进展。二月，鄂岳观察使（治鄂州，今湖北武昌）柳公绰自动请求带兵出征，获得宪宗诏许。韩愈时任考功员外郎知制诰，听到这个消息，大为振奋，立即写信给柳公绰，大加赞扬与鼓励。他称赞柳公绰一介书生，能够去文就武，鼓三军而进，慷慨激昂，同食下卒，以壮士气，虽古代名将，何以加兹！并且说：“愈诚怯弱，不适于用。听于下风，窃自增气，夸于中朝稠人广众会集之中，所以羞武夫之颜。令议者知将国兵而为人之司命者，不在彼而在此也。”（《与鄂州柳公绰中丞书》）他不仅自己受到鼓舞，提振勇气，而且在大庭广众中进行宣传，张扬正气，竭力为平叛战争鼓而呼。

各镇兵马讨伐淮西叛乱，久而无功。朝廷群臣争请罢兵，宰相中也分主战和主和两派。一是以宰相韦贯之、李逢吉为代表，主张采取安抚政策；一是以宰相武元衡、御史中丞裴度为代表，主张采取用兵政策。武元衡被藩镇派人刺杀之后，唯裴度力主征讨。韩愈坚决站在裴度一边。

元和十年（815）五月，宪宗派御史中丞裴度前往淮西行营宣慰，视察用兵形势。裴度视察以后，回朝奏报，认为淮西可以取胜。而宰相韦贯之等人则持反对态度。于是主战和主和两派展开了激烈的争论。这时韩愈挺身而出，上了一道《论淮西事宜状》。

韩愈在奏状中分析了前线形势，认为“以三小州残弊困剧之余，而当天下之全力，其破败可立而待也”。接着指出，当今的关键在于“陛下断与不断”，因此他恳请皇上不要因种种异议而疑惑，“要先决于心，详度本末，事至不惑，然可图功”。

韩愈在奏状中说：“臣谬承恩宠，获掌纶诰（时任知制诰），地亲职重，不同庶寮。辄竭愚诚，以效裨补。”因此他经过精心谋划，提出了克敌制胜的六项具体建议：

第一，就地征兵，组军御敌。原先诸道发兵二三千人，势力单弱，旅居异乡，士气不高，所在将帅，以其客兵，难于指挥，宜令其全部归还本镇。建议就地征兵，许、唐、汝、寿等州土民，均有兵器，习于战斗，若令召募，立可成军，若要添兵，自可取足。

第二，集中兵力，重点突破。鉴于叛军兵力布置分散，建议把我方兵力集中为四道，屯扎在要冲之地，审量情势，乘机取胜。

第三，教育将士，优待俘虏。蔡州士卒，原本都是国家百姓，为吴元济胁迫，不得已才与王师交战。因此，作战时固然必须尽力克敌，但一旦敌人势穷，不再为恶，就要善待，这样可使他们相率弃逆归顺。

第四，树立必胜信心，不可轻言罢兵。

第五，赏罚分明，厚赏重罚。赏厚可以令廉士动心，罚重可以令凶人丧魂。

第六，对淄青（山东李师道）、恒冀（河北王承宗）两镇下诏警告，晓以利害，使他们不敢轻举妄动。

韩愈的这篇奏状，对淮西用兵的策略，条分缕析，说得头头是道，显示了非凡的军事识见。他鼓吹积极主战，而且其中一部分是针对主和派而发的，自然使主和宰相韦贯之耿耿于怀。

宪宗决心讨伐淮西，把用兵大权交给主战宰相武元衡。元和十年（815）六月，武元衡被谋反藩镇派人刺杀之后，主战的御史中丞裴度被提拔为宰相。元和十一年（815）正月，任命韩愈为中书舍人。二月，主和中书舍人李逢吉拜相，再加上原来主和宰相韦贯之等人，使朝廷内的主和势力大为增强。五月，主和宰相借故将积极主战的韩愈，由中书舍人改任太子右庶子，夺了他的实权，给一个闲职让他靠边站。

韩愈被贬为闲官之后，难以有所作为，心里很不高兴。侯喜为了安慰韩愈，写了一首咏笋诗赠给他。他在《和侯协律咏笋》中，借题发挥，抒发了对奸臣肆意弄权的怨愤：“得时方张王，挟势欲腾骞。见角牛羊没，看皮虎豹存。攒生犹有隙，散布忽无垠。讵可持筹算，谁能以理言？纵横公占地，罗列暗连根。狂剧时穿壁，群强几触藩。”这一段诗，把主和派朋比为奸、得势猖狂、横行霸道的嘴脸，揭露无遗，其中讥讽之意，溢于言表。

在对待淮西问题上，朝廷一直存在着主战与主和两派。元和十一年（816）八月，主和宰相韦贯之罢为吏部侍郎，九月又外放湖南，其他几个主和大臣也遭贬谪，主和派势力受到了重创。可是，到元和十二年（817）七月，宰相李逢吉又以征讨淮西持续四年，兵疲财乏为由，老调重弹，拟议罢兵。裴度坚决主张将讨伐战争进行到底。他审时度势，觉得事不宜迟，就挺身而出，主动请缨带兵征讨。宪宗考虑数日，再次询问裴度，是否决心往前线督战？裴度陈述前线形势，说淮西“势实窘蹙，将心不一”，对带兵平定淮西之役满怀信心。裴度的态度，坚定了宪宗的决心。七月二十九日，宪宗批准裴度的请求，任命裴度以宰相兼彰义节度使，充淮西宣慰招讨处置使，前往淮西，统领征讨事宜。裴度奏请刑部侍郎马总担任宣慰副使，以右庶子韩愈兼御史中丞，充彰义行军司马，随大军前往淮西。行军司马一职，是节度使、副使以下最重要的军事行政长官，总理军政事务，平时负责军队操练，战时拟订攻守战法，并主管器械、粮秣、军籍、赏赐等事项。御史中丞是韩愈的兼衔，目的在于担任行军司马期间具有监督军中诸务的权威性。韩愈虽感到职责繁重，但心里却很高兴。他欣然命笔，给宣慰副使马总赠诗一首。

红旗照海压南荒，征入中台作侍郎。暂从相公平小寇，便归天阙致时康。

——《赠刑部马侍郎》

诗的前两句，叙写马总的仕途经历，从安南都护、广州刺史、桂管观察使调任刑部侍郎。诗的后两句，抒写此次征讨淮西的壮志豪情：我们跟随相公平定叛逆小寇，可让天下一统，百姓安康。

八月三日，裴度启程前往淮西。大军自通化门东出长安，宪宗亲自相送。裴度对宪宗说：“臣若灭贼，则天朝有期；贼在，则归阙无日。”显示了裴度破釜沉舟平定叛贼的坚定决心。宪宗为之流下眼泪，三军将帅无不为之动容。

大军东行至洛阳，裴度命韩愈前往汴州，劝说汴州刺史、宣武军节度使韩弘出兵，协同讨伐淮西。韩愈赴汴州途中，路过鸿沟，触景生情，写下《过鸿沟》一诗。

龙疲虎困割川原，亿万苍生性命存。谁劝君王回马首，真成一掷赌乾坤?

鸿沟是一道渠水。秦末楚汉之争，项羽、刘邦争战，因双方筋疲力尽，相约中分天下，以鸿沟为界，其西为汉地，其东为楚地。汉王刘邦西归途中，用张良、陈平的计策，回马追杀楚王项羽，趁项羽不备，与韩信、彭越合军击之，项羽大败，遂灭楚而建汉。韩愈过鸿沟时，借古喻今，说在藩镇割据、苍生涂炭的情况下，劝说君王用兵还是罢兵，真正关系到国家的前途与命运。这既是对裴度的表扬，也是对主和派的警告。

韩愈的汴州之行颇见成效。韩弘自贞元十五年（799）起为定武军节度使，累受检校左右仆射、司空。宪宗即位，加同平章事，授司徒，是当时中原各节度使中地位最高者。他虽以归服朝廷面目出现，却素怀异志，拥兵自重，镇宣武十余年不曾入朝。宪宗用兵淮西，为了团结他，授以淮西诸军行营都统。他一方面以都统身份命令众军合攻淮西，而自己却消极应付，并不愿意淮西速平。他听说裴度亲自出征，韩愈又前来劝说，终于表示愿意在裴度节制下效命，答应协同作战，派他的儿子公武率兵一万二千人会于淮西，并捐输财赋资助军需。此时河南尹张正甫也来到汴州拜见韩弘，得知裴度亲征，立即动身赶往洛阳迎接。韩愈写诗送他：

司徒东镇驰书谒，丞相西来走马迎。两府元臣今转密，一方逋寇不难平。

——《送张侍郎》

诗的前两句说张正甫东谒司徒韩弘，西迎丞相裴度。后两句说裴度和韩弘两位元臣如今密切合作，淮西小寇是不难平定的。韩愈对胜利前景满怀信心。

韩愈从汴州赶到福昌（今河南宜阳），与裴度一行会合。裴度对韩愈出使汴州的工作很满意，赠诗一首以表慰问。韩愈随即写了一首奉和之作。

> 旗穿晓日云霞杂，山倚秋空剑戟明。敢请相公平贼后，暂携诸吏上峥嵘。
>
> ——《奉和裴相公东征途经女儿山下作》

裴度诗已佚，仅在白居易集中存“待平贼垒报天子，莫指仙山示老夫”两句，亦可见其意气与自信。韩愈的和诗，赞颂东征队伍红旗凌空招展，剑戟如山林立，预言不久便平定贼寇班师凯旋，裴度定会带领诸吏一同登山游乐。诗中更有一种如操胜券的气概。

八月廿七日，裴度一行到达郾城（今河南漯河市郾城区），以郾城作为前线指挥地。大军驻扎于此，东南距吴元济老巢蔡州（今河南汝南）一百八十里。大军初至郾城，韩愈与判官李正封有《晚秋郾城夜会联句》，诗凡百韵，抒发战斗豪情，悬拟歼贼、奏凯、振旗诸事，谓官军成功，计日可待，江淮即将永享太平：“江淮永清宴，宇宙重开拓。是日号升平，此年名作噩。”宣扬今日讨贼战事胜券在握，来日国泰民安前景可期，借以鼓舞士气，提振军威。诗写得“激昂慷慨，有中夜起舞之意”（蒋之翘语）。

韩愈得知吴元济的精兵都布陈在四境，以抗拒官兵，守蔡州城的是一些老弱残兵，不过千人，便向裴度建议，给他三千兵马，抄近路袭击蔡州城，擒拿吴元济。裴度考虑各种因素，没有同意。这个计划虽未能由韩愈去执行，但后来事实证明他对敌情虚实的了解和判断是正确的，他自告奋勇请命擒贼的行动，更是精神可嘉。

裴度深知宦官监军之弊，奏准罢去宦官监军，集中了军事指挥权。他统一谋划，在行军司马韩愈的参谋下制订了作战方案，亲自指挥六将从四面包围合攻淮西，诸路将领也同心协力，奋勇作战，经过数次战役，大举歼灭敌人有生力量，战事取得了节节胜利，接二连三收复失地，以至夺取了淮西军外城。十月十五日，负责西线战事的李愬，得知蔡州空城，守城皆老弱之卒的消息之后，便带领数千人马，趁着大风雪，夜袭蔡州城，擒得吴元济，押送京城，报捷裴度。奇袭蔡州的良谋，三天之内获得成功。申、光二州两万余众见大势已去，相继来降。二十五日，裴度、韩愈一行自郾城进入蔡州，颁布皇帝诏令，免收淮西州县两年赋税，怀柔蔡人，于是民情大悦，四境安定。随后宪宗在长安御兴门受俘，斩吴元济于独柳树下，扰攘多年的淮西叛乱终于平息。

蔡州既平，吴元济被斩，同样抗拒朝廷的镇州节度使王承宗，自然受到震慑。有一个叫柏耆的布衣献策给韩愈，韩愈感到很好，就跟裴度说："淮西既灭，王承宗必定吓破了胆，可以不用劳师动众了。现在宜派辩士携带丞相书函前往劝降，讲明祸福利害，就可以使他归服。"裴度表示同意，韩愈立即挥笔写了一封信给王承宗，叫柏耆持书前往镇州劝降。王承宗看了信之后，果然大为恐惧。不久，他就献地归顺朝廷。韩愈襄助讨平淮西吴元济，也威服了镇州王承宗，可谓一举两得。

十一月二十八日，韩愈随裴度班师回朝，宣慰副使马总暂代淮西节度使（留后）。临别时，韩愈给马总赠诗一首：

为文无出相如右，谋帅难居郤縠先。归去雪销溱洧动，西来旌旆拂晴天。

——《酬别留后侍郎》

前两句诗，称赞马总的文武才能：文才堪比司马相如，帅才犹如郤縠。后两句诗为告别之辞：我们回到长安要冰化雪消了，你也会很快班师回朝的。

韩愈随裴度离开郾城，第二天傍晚到达襄城（今河南襄城县）。

周楚仍连接，川原乍屈盘。云垂天不暖，尘涨雪犹干。印绶归台室，旌旗别将坛。欲知迎候盛，骑火万星攒。

——《同李二十八夜次襄城》

诗人夜宿襄城。到此古代周、楚毗邻之地，地貌突然有了变化，天气也显得格外干冷。思前想后，心情却很兴奋：收复淮西逆贼盘踞之地，大军凯旋告别将帅行营，回到京城的时候，欢迎我们的一定是星火满天，盛况空前。

四面星辰著地明，散烧烟火宿天兵。不关破贼须归奏，自趁新年贺太平。

——《同李二十八员外从裴相公野宿西界》

队伍来到西界，星垂平野大地一片光明，散烧烟火天兵野地宿营。不是想赶紧回到京城报捷，而是要趁新年之际祝贺太平。

郾城辞罢过襄城，颍水嵩山刮眼明。已去蔡州三百里，家山不用远来迎。

——《过襄城》

离开襄城，就进入了洛阳界，见到颍水、嵩山分外亲切。洛阳是韩愈的故乡，因而说家人不用来迎接，我还要赶回京城祝贺太平年。

荒山野水照斜晖，啄雪寒鸦趁始飞。夜宿驿亭愁不睡，幸来相就盖征衣。

——《宿神龟招李二十八冯十七》

进入汝州（今河南临汝），夜宿神龟驿馆。荒山野火，寒鸦飞鸣，夜不能寐，招李正封、冯宿同盖征衣夜话。

到了宜阳（今河南宜阳），韩愈和李正封顺便去参观连昌宫，并赋诗唱和。

夹道疏槐出老根，高甍巨桷压山原。宫前遗老来相问：今是开元几叶孙？

——《和李司勋过连昌宫》

连昌宫，是唐玄宗来东都常住的离宫。如今殿宇宏伟建筑依然耸立山原，而周围已是草木萧条。诗人巧借宫前一位遗老的问话："当今天子是开元皇帝的几代儿孙?"抒写期盼中兴大唐，希望宪宗能够继承开元盛世先业的心愿。

到了陕石县（今河南陕县），在诗人心目中离潼关就不远了。

数日方离雪，今朝又出山。试凭高处望，隐约见潼关。

——《次硖石》

几天前才离开雪地，今朝又走出重山。试着登高远望，似乎隐约望见了潼关。其实从陕石到潼关距离并不近，说"隐约见潼关"，其实并非真的能够望见潼关，只是表达一种急切希望过潼关、回长安的志得意满的心情。

十二月七日，裴度"道封晋国公，进阶金紫光禄大夫，以旧官相"。朝廷派遣使者连夜飞骑而来，到桃林古塞（在阌乡县东北十里）与班师大军相遇，当即宣读册命。韩愈赋诗记录此事，并表庆贺之意。

西来骑火照山红，夜宿桃林腊月中。手把命珪兼相印，一时重叠赏元功。

——《桃林夜贺晋公》

大军抵达潼关，驻扎休息，即将向华州进发。韩愈先给华州刺史张贾写了一首诗，快马递送过去，通知对方准备犒军。

荆山已去华山来，日出潼关四扇开。刺史莫辞迎候远，相公亲破蔡州回。

——《次潼关先寄张十二阁老使君》

荆山迤逦而去，华山迎面而来，凯旋大军快速前进，昔日紧闭的潼关，今日敞开四扇城门迎接凯旋之师。潼关是京城长安的门户。"如果说，往日紧闭关锁、戒备森严的潼关透露出形势的紧张和局面的警急，那么今天这敞开大门的潼关就意味着一个道路畅通、寰宇清平的统一局面的到来。”（刘学锴撰《唐诗选注评鉴》七，232 页）此时此刻，诗人通知远在百里之外的华州刺史，莫嫌路远赶快来潼关迎接，相公亲率大军平定蔡州凯旋！虽是近乎命令口气，却并不让人感到居功自傲，倒是传神地表现出诗人的淋漓兴会、胜利豪情。

在潼关暂息时，韩愈给裴度献诗一首。

> 暂辞堂印执兵权，尽管诸公破贼年。冠盖相望催入相，待将功德格皇天。
>
> ——《次潼关上都统相公》

前两句写裴度暂辞宰相之印执掌兵权，统帅诸公破除淮西逆贼。后两句说，如今京城众臣都盼望相公早日回归相位，尚有许多事等待您匡正处理。

韩愈在此次回京途中所作，“数诗皆可作凯歌”（程学恂），“快事快调，此公一生最得意时”（蒋抱玄）。

裴度重回相位，写诗赠送原征讨淮西幕府中人士，韩愈奉和一首。

> 南伐旋师太华东，天书夜到册元功。将军旧压三司贵，相国新兼五等崇。鹓鹭欲归仙仗里，熊罴还入禁营中。长惭典午非材职，得就闲官即至公。
>
> ——《晋公破贼回重拜台司以诗示幕中宾客愈奉和》

此诗首先写裴度破除逆贼班师回到桃林，接到册命受封晋公。往日作为将军，位在三公之上，今日作为相国，受到新的尊崇。然后写幕府中的人士，文臣回归朝官班列，武官还入禁营之中。而自己不是什么人才，得个闲官也就很公平了。诗人如此谦卑，无非是表明自己不求功赏的态度。

十二月十六日，大军返回长安。韩愈在淮西一役中表现出处理军国大事的卓越才能，以军功迁授刑部侍郎。刑部为朝廷最高司法机关，掌管刑法政令。侍郎为刑部副长官，正四品下。韩愈终于进入朝廷的权力中心了。

平定淮西之后，河北诸藩镇受到震慑，相继归顺朝廷。素怀异志的宣武节度使韩弘，也转而对朝廷恭顺有加。宪宗中兴事业，如日中天。群臣请刻石纪功，宪宗欣然同意。元和十三年（818）正月十四日，诏命韩愈撰写《平淮西碑》。韩愈经过两个多月的构思、推敲，于三月二十五日写成献上。碑文简明地表达了维护国家统一、反对藩镇割据的立场，详细地叙述平定淮西的前因后果，称颂宪宗伐蔡之部署和决策之坚决果断，记载诸路兵马在四方战场的战斗业绩，突出裴度的指挥督战之功。其中对李愬的战绩也写得清清楚楚：“十月壬申，愬用所得贼将，自文城，因天大雪，疾驰百二十里，用夜半到察。破其门，取元济以献，尽得其属人卒。”可是碑文刻石之后，却发生了一场风波。

李愬认为，碑文突出裴度的功劳，而没有突出自己入蔡擒吴的头功。李愬之妻是皇室公主之女，能自由出入禁中，为了使李愬功劳明白地居于第一，她直接向宪宗诉说碑辞有偏颇，埋没了李愬之功。李愬有一个部属猛士叫石忠孝，还大闹要推倒石碑，弄得满城风雨。宪宗考虑到日后还须借重武臣，也就迁就李愬，下诏磨去韩愈写的碑文，命翰林学士段文昌重撰一篇碑文刻石。其实，韩愈的碑文，真实反映了平定淮西战役的全局，其中已经充分肯定了李愬的功绩，内容并无偏颇之处，文章也写得精彩得体。正如宋代苏轼《记临江驿站小诗》所说：“淮西功业冠吾唐，吏部文章日月光。千载断碑人脍炙，不知世有段文昌。”

韩愈参与淮西之役凯旋之后，以军功迁刑部侍郎，又奉诏撰写

《平淮西碑》，带给他无上的荣耀，却意想不到碑文风波会带给他如此的耻辱和沮丧。他没有机会为自己辩白，心里自然郁闷不乐。《独钓四首》，隐约地反映了他无助的孤寂和情绪的抑郁：

秋半百事变，溪鱼去不来。风能坼芡觜，露亦染梨腮。远岫重叠出，寒花散乱开。所期终莫至，日暮与谁回？（其四）

韩愈感到秋来百事变化，霜风寒露都能摧残花果，自己独钓一天下来，暮归竟然毫无收获，一股沮丧之情油然而生。

十一、谏佛贬谪潮州

韩愈是儒家的忠实信徒，一生信仰孔孟之道，全力排斥佛教和道教。对于社会上佛教和道教风行，蒙骗百姓，很看不惯。

> 街东街西讲佛经，撞钟吹螺闹宫庭。广张罪福资诱胁，听众狎恰排浮萍。黄衣道士亦讲说，座下寥落如明星。华山女儿家奉道，欲驱异教归仙灵。洗妆拭面著冠帔，白咽红颊长眉青。遂来升座演真诀，观门不许人开扃。不知谁人暗相报，訇然振动如雷霆。扫除众寺人迹绝，骅骝塞路连辎軿。观中人满坐观外，后至无地无由听。抽钗脱钏解环佩，堆金叠玉光青荧。天门贵人传诏召，六宫愿识师颜形。玉皇颔首许归去，乘龙驾鹤来青冥。豪家少年岂知道，来绕百匝脚不停。云窗雾阁事慌惚，重重翠幔深金屏。仙梯难攀俗缘重，浪凭青鸟通丁宁。
>
> ——《华山女》

韩愈这首诗，揭露佛教和道教竞相讲经，耍尽花招，争取群众。先写佛教僧侣广开俗讲，宣扬佛经：他们在街东街西到处设堂讲经，又敲鼓又吹螺大闹寺院殿堂。他们大张旗鼓地宣传祸与福的因果报应之说，诱惑胁迫人们信奉佛教，台下听众密集如同水上浮萍。黄衣道士亦讲道，听众却只寥若晨星。接着写华山女道士另出高招，哗众取宠：她为了驱使佛教信徒回归道教，着意梳妆打扮，戴上法冠，穿上道袍，涂脂抹粉，还画了青眉，以一副妖艳姿色诱惑听众。她来到讲堂宣讲道家的教义，故作神秘，不许人打开道院的大门。有人暗地里把消息散播出去，突然间人潮就如雷霆轰动。别的寺院听众一扫而空，前来道观听讲的人如车水马龙。观内观外都坐满了人，后到的人已无插足之地。听讲的贵妇人当场纷纷解下身上的饰物施献，一会儿便有了一堆金光耀眼财宝，使华山女大获其利。消息传到了皇宫，宫廷内监来传诏召见，打着“六宫后妃愿意结识”的旗号掩人耳目。这位女道士大概艳名已炽，不宜久留深宫，皇帝点头准许放还，华山女就乘龙驾鹤回归道观。从宫廷归来，华山女更加风光无限，那些豪门少年哪里要懂得仙道，一天到晚围着华山女转个不停，只是一心想入仙窟。华山女的住所云封雾锁，情事恍惚，在重重的帷幕之中还有金屏阻隔。这些豪门少年恐怕俗缘太重，仙梯难攀，虽凭信使屡屡传送恳切的情意，也是徒劳无益。“言外之意是：受到宫内传召、皇帝颔首称许的华山女身价已非昔比，即使是豪家少年要想亲近她也是徒劳梦想了。这种描写，既暗示了华山女的实际身份已近娼妓，但又不是一般的娼妓，而是‘仙梯难攀’，身价更高的高级娼妓。其中蕴含的言外之意、讽刺之音便全凭读者自己领会了。”（刘学锴著《唐诗选注评鉴》七，第207页）

这首诗，在貌似客观叙写之中，寓含讽刺揭露之意。作者不露声色，通过华山女道士的活动行径，有力揭露了道教神仙之说的虚妄惑众及其丑秽内幕，也把讽刺的锋芒指向宫廷皇家。

道教与佛教的风行，都与最高统治者的提倡和支持紧密相关。宪宗晚年，既好神仙，又崇尚佛教。自淮西平定之后，宪宗以为世道渐平，遂生骄侈之心，任用佞人，弊政叠出，自己一心好神仙方术之说，求长生不老之药。元和十三年（818）十月，宪宗颁布求方士的诏书，征得柳泌，命居兴唐观炼药。柳泌说要到天台山采仙药，十一月就任命柳泌为台州刺史，谏官谏诤也不予理睬。韩愈写《华山女》揭露道教虚妄，自然不是无的放矢之举。元和十四年（819）正月，宪宗隆重举行迎奉法门寺佛骨活动，想借礼佛以求长寿。韩愈上了一篇《论佛骨表》，触怒了宪宗，险些丧了性命。

事情是这样的：陕西凤翔府扶风县法门寺有一座阿育王塔，以藏有一节释迦牟尼佛指骨而闻名。相传佛祖涅槃之后，遗体火化结成舍利。公元3世纪，阿育王统一印度后，为了弘扬佛法，将舍利分成八万四千份，分送世界各国建塔供奉。中国一共有十九处，法门寺是第五处，据说法门寺塔地宫三十年打开一次，向人们展示佛骨，就可以求得干戈平息，国泰民安，风调雨顺，历代统治者都非常迷信这个说法。德宗贞元六年（790）曾经打开法门寺地宫举行过迎奉佛骨活动，至元和十四年（819）恰满三十年。所以这一年正月，宪宗派宦官杜英奇，带领三十名宫人与和尚，到扶风法门寺迎奉佛骨，先迎进皇宫内供奉三天，然后送到长安各佛寺传递供养，让吏民瞻拜。这件事轰动了长安城，人们奔走相告，争先恐后前往顶礼膜拜，纷纷祈求福祐，一时形成了崇佛的热潮。人们为了供佛舍施，废业破产，在所不惜；为了表示对佛的虔诚，烧顶灼臂，不惜采取自残行为。当时任刑部侍郎的韩愈，目睹这种情况，非常着急，认为如不及时制止，让佛骨再传递各寺，一定会有人断臂割肉，舍身事佛，造成恶劣的影响。于是，他不顾个人得失，写了一篇《论佛骨表》呈送宪宗皇帝，力图劝止这种迷信行为。

臣某言：伏以佛者，夷狄之一法耳。自后汉时流入中国，上古未尝有也。昔者黄帝在位百年，年一百一十岁。少昊在位八十年，年一百岁。颛顼在位七十九年，年九十八岁。帝喾在位七十年，年一百五岁。帝尧在位九十八年，年一百一十八岁。帝舜及禹年皆百岁。此时天下太平，百姓安乐寿考。然而此时中国未有佛也。其后殷汤亦年百岁。汤孙太戊在位七十五年，武丁在位五十九年，书史不言其年寿所极，盖亦俱年不减百岁。周文王九十七岁，武王年九十三岁，穆王在位百年。此时佛法亦未至中国，非因事佛而致然也。

汉明帝时始有佛法，明帝在位才十八年耳。其后乱亡相继，运祚不长。宋齐梁陈元魏已下事佛渐谨，年代尤促。惟梁武帝在位四十八年，前后三次舍身施佛。宗庙之祭不用牲牢，尽日一食，止于菜果。其后竟为侯景所逼，饿死台城，国亦寻灭。事佛求福，反更得祸。由是观之，佛不足信，事亦可知矣。

高祖始受隋禅，即议除之。当时群臣材识不远，不能深知先王之道，古今之宜，推阐圣明，以救斯弊，其事遂止，臣常恨焉。伏惟睿圣文武皇帝陛下神圣英武，数千百年已来未有伦比。即位之初，不许度人为僧尼道士，又不许创立寺观。臣常以为高祖之志必行于陛下之手。今纵未能即行，岂可恣之转令盛也？今闻陛下令群僧迎佛骨于凤翔，御楼以观，舁入大内。又令诸寺递迎供养。臣虽至愚，必知陛下不惑于佛，作此崇奉以祈福祥也。直以年丰人乐，狥人之心，为京都士庶设诡异之观、戏玩之具耳。安有圣明若此而肯信此等事哉！然百姓愚冥，易惑难晓。苟见陛下如此，将谓真心事佛。皆曰：天子大圣，犹一心敬信；百姓何人，于佛更惜身命？焚顶烧指，百十为群，解衣散钱。自朝至暮，转相仿效，惟恐后时。老少奔波，弃其业次。若不即加禁遏，更历诸寺，必有断臂脔身以为供养者。伤风败俗，传笑四方，非细事也。

夫佛本夷狄之人，与中国言语不通，衣服殊制。口不言先王之法言，身不服先王之法服，不知君臣之义，父子之情。假如其身至今尚在，奉其国命，来朝京师。陛下容而接之，不过宣政一见，礼宾一设，赐衣一袭，卫而出境，不令惑众也。况其身死已久，枯朽之骨，凶秽之余，岂宜令入宫禁？

孔子曰：“敬鬼神而远之。”古之诸侯行吊于其国，尚令巫祝先以桃茢祓除不祥，然后进吊。今无故取朽秽之物，亲临观之。巫祝不先，桃茢不用。群臣不言其非，御史不举其失，臣实耻之。乞以此骨付有司，投诸水火，永绝根本。断天下之疑，绝后代之惑。使天下之人知大圣人之所作为出于寻常万万也。岂不盛哉！岂不快哉！佛如有灵，能作祸祟，凡有殃咎，宜加臣身。上天鉴临，臣不怨悔。无任感激恳悃之至，谨奉表以闻。臣某诚惶诚恐。

文章第一段，写佛法传入中国之前的情况，列举黄帝以来历代帝王，一个个都寿命很长，在位时间也长，说明年高寿长跟事佛无关。

文章第二段，写佛法传入中国之后，越敬奉佛，越是没有好结果：汉明帝时开始有佛法，而明帝在位只有十八年。这以后变乱覆亡的事连续出现，国运皇位都不久长。宋、齐、梁、陈、元魏以下，奉佛一天比一天虔诚，可年代更为短暂。只有梁武帝在位四十八年，他前后三度舍身施佛。宗庙祭祀不用牲畜，一天只吃一餐，吃的只是蔬菜水果。他后来竟为侯景所逼，饿死在台城，国家不久也灭亡。事佛本想求福，反而得祸。由此看来，佛的不足信奉，事情也应很明白了。

这两段文章，用佛教传入中国以前与以后的事实，从正反两方面证明佛的不足信奉，虽然缺乏理论根据和逻辑的合理性，却具有很强的现实针对性。帝王佞佛的目的就是为了祈求自身的长命百岁、皇位久长。文章有的放矢，就是针对帝王这种祈求福禄的心理而发的。作者打的是攻心战，而不是理论战。

文章第三段，写事佛有悖于祖训和陛下的初心：唐高祖受隋帝禅位，就商议要除掉佛教。只是当时群臣缺乏远见，不能深明先王之道，古今之宜，未能贯彻高祖圣明的主张，挽救这个积弊，事情终于中止。臣常为之惋惜。陛下神圣英武，数千百年以来没有谁能比拟。即位之初，就不许度人为僧尼道士，又不许创建佛寺道观。臣常以为高祖的遗志在陛下手里一定会付诸实施。如今即使不能立即实施，怎能放任它反使之炽盛起来呢？

文章第四段，写当今迎奉佛骨造成的不良影响：新近知道陛下令群僧去凤翔迎来佛骨，登楼观看，抬进皇宫，还让一些寺院奉迎供养。臣即使愚蠢到顶，也很清楚陛下不会是由于被佛骨所迷惑，因而做出这些崇佛的举动，来祈求福祐吉祥。不过是由于年谷丰登百姓安乐，曲从人们的要求，给京城官员庶民安排点奇异的景观、戏玩的东西而已。哪有如此圣明，却肯相信这等事情的道理？然而百姓愚昧不明事理，易受迷惑而难于晓谕，如果见到陛下这些举动，将认为是真心信佛，都说："天子是大圣人，尚且一心虔诚信奉，百姓何等样人，怎好再顾惜身家性命？"于是焚灼头顶，烧去指头，成百上千地拥到一起，脱衣散钱去供养，从早到晚，辗转仿效，唯恐落后。年老的、年轻的统统忙碌奔走，丢下自己的工作不去完成。对此如若不立即禁止，让佛骨再经历各个寺院，就必然会出现断臂割肉来充供养的。伤风败俗，让四方传笑，可不是小事情啊！

文章第五段，讲佛本身不符合我国先王礼法，不能让他惑众：

佛本身是夷狄之人，和中国言语不通，服饰制度也不同，嘴里不讲先王留下的礼法之言，身上不穿先王留下的礼法之服，不懂得君臣之义，父子之情。假如他本人至今还在世，奉了国王之命，来京师朝见。陛下包容予以接待，也不过在宣政殿接见一次，在礼宾院设宴一席，赏赐一套衣服，然后护送他出境，不让他惑乱人心。何况其人身死已久，只是根枯朽的指骨，凶秽的残留物，难道能让它进入宫禁？

文章最后一段，提出将佛骨投之水火，永绝根本的建议：古代的诸侯在国内吊丧，尚且叫巫祝先用桃枝、扫帚打扫过，来祓除不祥，然后进去祭吊。如今无故取来朽秽的东西，亲自去观看，巫祝不先出动，桃枝、扫帚也都不用，群臣不说不对，御史也不指出失误，臣真引以为耻。为此请把这指骨交付主办官吏，叫他投进河里或者火里，从根本上把它消灭掉。这样就可以使天下后世不再受它迷惑，让所有的人都知道大圣人的所作所为高出寻常人千万倍。这岂非一大好事！一大快事！佛如果真有灵，能够降祸作祟，那一切灾殃，都该落在臣身上。老天有眼，臣决不抱怨悔恨。

韩愈写这篇文章时，已经五十二岁，官职是刑部侍郎。他一生宦海颠簸，几经奋斗，好容易到此高位，可以安享荣华富贵了。对于迎奉佛骨之事，“群臣不言其非，御史不举其失”，他并不是谏官，可以一声不响，谁也不会怪他。但韩愈没有这样做，出于对国家的忠贞，为了维护儒家的正统，反对异教邪说，他不顾一切风险写了这篇奏章，并表示愿意以身作证，说明佛之不足惧，显示出非凡的勇气。

宪宗看了这篇奏章，果然勃然大怒，立即召集宰相，掷下奏章，命令将韩愈处死。他气急败坏地说：“愈言我奉佛太过，我犹为容之。至谓东汉奉佛之后，帝王咸致夭促，何言之乖剌也！愈人臣，狂妄敢尔，固不可赦!”(《旧唐书·韩愈传》）宪宗对于韩愈说的东汉以后信佛的帝王都短命而死，无法容忍，因为这话打击了他的长生美梦，所以要处死韩愈。这时，裴度、崔群出面为他求情，说韩愈虽然狂妄，却是出于对于皇上的一片忠心，请求宽容他一次，以开将来的言路。皇亲国戚也认为处刑太重，纷纷替韩愈求情。在众人的请求下，宪宗终于怒气稍平，同意不加死罪，将他远贬到离长安七千六百多里的潮州去做刺史。潮州（今广东潮安）属岭南道，濒临南海，因潮流往复而得名。由刑部侍郎而远贬潮州，也是很重的惩罚。

韩愈贬官，按规定，必须即日上道，不容停留。其时，他的第四个小女儿正重病在床。后来他在《祭女挐女文》中回忆说：“昔汝疾亟，值吾南逐。苍黄分散，使汝惊忧。我视汝颜，心知死隔；汝视我面，悲不能啼。”父女生离死别一般，情状十分凄惨。

韩愈撇下病重的女儿，告别家人，只身踏上了贬谪南荒的途程。他取道商洛，乘坐马车奔驰而往，过秦岭，至蓝田关，他的侄孙韩湘赶来陪伴南行。这时他悲喜交集，感慨万千，写下《左迁至蓝关示侄孙湘》一诗：

> 一封朝奏九重天，夕贬潮州路八千。欲为圣明除弊事，肯将衰朽惜残年。云横秦岭家何在？雪拥蓝关马不前。知汝远来应有意，好收吾骨瘴江边。

诗的首联直写自己获罪被贬的原因：早晨一封奏章呈送皇上，晚上立即遭受远贬潮州，表明自己获罪被贬，只是因为“一封朝奏”，别无他故。次联进一步申述自己上书谏诤完全出于为国分忧的动机，根本没有考虑自身的安危：自己上表谏阻迎奉佛骨，完全是为了替国家革除害民的弊政，尽管可能招来一场弥天大祸，岂敢为了衰朽之身而顾惜余生。诗的第三联由抒情转为写景：他立马蓝关，回顾来路秦岭云封雾锁，自己的家已不知在何处；瞻望前路白雪簇拥蓝关，惯于登高的马也畏缩不前。浮云蔽日，家国无望；大雪寒天，前途险阻，忠臣恋阙之情和英雄失路之悲一寓其中。末联是说自己或将丧命于潮州，因而对侄孙托付后事：我知道你远道而来的心意，好在瘴气江边收拾我的尸骨。

这首诗悲壮动人，充分地显示诗人辟佛除弊的坚定立场和舍生取义的浩然正气：他上表阻迎佛骨，无所顾忌，不惜残年；他面对政治高压，无所畏惧，毫不妥协；他面临不测前途，从容淡定，无怨无悔。真可以说“义烈之气，掷地有声，唐贤集中所绝无仅有”（俞陛云《诗境浅说》）。

“韩愈因谏阻迎佛骨而遭严谴，不但是其一生经历中的大事，也是中唐政坛上的大事。反映这一大事的《论佛骨表》和《左迁至蓝关示侄孙湘》也因此成为韩愈诗文中的双璧。”（刘学锴《唐诗选注评鉴》七，第 237 页）

韩愈从蓝田奔赴商洛，出武关，进入邓州（今河南邓县）界。只见大路旁标志道途里程的土堠，一个又一个飞驰而过，他有感而发，作《路傍堠》诗。

> 堆堆路傍堠，一双复一只。迎我出秦关，送我入楚泽。千以高山遮，万以远水隔。吾君勤听治，照与日月敌。臣愚幸可哀，臣罪庶可释。何当迎送归，缘路高历历。

路旁飞驰而过的土堠，似乎在迎送自己，出秦关，入楚界，离开长安，已有万水千山之隔。沿途历历在目的土堠，不知何时可以迎送我回归长安？“吾君”以下四句，明显看出韩愈的矛盾心理，他在经历七八天贬途辛苦跋涉之后，开始反思自己言行，悔恨反佛态度矫激太过，为了求得皇上的恩免，他也只好唱几句颂歌。从此可见韩愈在碰得头破血流之后的软弱一面。

韩愈在邓州听说朝廷调兵讨伐山东叛将李师道的消息，作诗云：

潮阳南去倍长沙，恋阙那堪又忆家。心讶愁来惟贮火，眼知别后自添花。商颜暮雪逢人少，邓鄙春泥见驿赊。早晚王师收海岳，普将雷雨发萌芽。

——《次邓州界》

诗人一路上在估算前去的路程，难以排遣恋阙思家之情，以至于内心生火，老眼更添昏花。在由商洛入邓州途中，他听到朝廷调兵讨伐李师道，很是兴奋，希望王师早日收复山东滨海地区，取得平叛战争的胜利，到时朝廷又好大赦天下了。

韩愈过了河南南阳，就到古代楚国的地界了。“秦商邈既远，湖海浩将经。”（《过南阳》）进入湖北，就是江湖浩渺的地区了。韩愈到了宜城（今湖北宜城市），拜访了宜城驿附近的楚昭王庙。“旧庙屋极宏盛，今惟草屋一区。然问左侧人，尚云每岁十月，民相率聚祭其前。”（《记宜城驿》）听了介绍，诗人有感而发，写了一首为人称道的绝句：

丘坟满目衣冠尽，城阙连云草树荒。犹有国人怀旧德，一间茅屋祭昭王。

——《楚昭王庙》

宜城曾是楚国的鄢都，楚惠王自郢迁都于鄢，昭王仍以此为都城。作为春秋战国时期楚国的都城，曾经城阙连云，人才济济。但诗人此次经过楚都时，满朝文武人才已成历史过客，只见丘坟满目；高耸入云的城阙成了一片荒墟，先人为纪念楚昭王而建造的庙宇也已荡然无存。此情此景，不禁令人感慨欷歔。但是，楚地的百姓依然怀念昭王抗击吴国入侵、免受生灵涂炭的“旧德”，仍要搭一间茅屋作为昭王庙，年年祭祀这位楚国的先王。这表明真正对百姓有过功德的人，永远活在人民心中。“从这一层面看，历史自有其永恒的东西，永恒的价值。对于两遭贬谪，做好埋骨瘴江边准备的诗人来说，这正是一种精神上的支撑。今之视昔，亦昭示着来之视今。在历史的长河中，诗人在‘一间茅屋祭昭王’的景象中正得到了安慰与启示，寂寞而伤感的心情也因此变得充实而自信了。”（刘学锴《唐诗选注评鉴》七，第210页）

三月中旬，韩愈进入广东境内，就急于打听潮州的情况，以便到一个人生地不熟的边荒之地，早一点有个思想准备。

> 南行逾六旬，始下昌乐泷。险恶不可状，船石相舂撞。往问龙头吏，潮州尚几里？行当何时到？土风复何似？泷吏垂手笑：官何问之愚！譬官居京邑，何由知东吴？东吴游宦乡，官知自有由。潮州底处所？有罪乃窜流。侬幸无负犯，何由到而知？官今行自到，那遽妄问为？不虞卒见困，汗出愧且骇。吏曰聊戏官，侬尝使往罢，岭南大抵同，官去道苦辽。下此三千里，有州始名潮。恶溪瘴毒聚，雷电常汹汹。鳄鱼大于船，牙眼怖杀侬。州南数十里，有海无天地。飓风有时作，掀簸真差事。圣人于天下，于物无不容。比闻此州囚，亦有生还侬。官无嫌此州，固罪人所徙。官当明时来，事不待说委。官不自谨慎，宜即引分往。胡为此水边，神色久慊慌？瓬大瓶罂小，所任自有宜。官何不自量，满溢以取斯？工农虽小人，事业各有守。不知官在朝，有益国家不？得无虱其间，不武亦不文，仁义饰其躬，巧奸败群伦。叩头谢吏言：始惭今更羞。历官二十余，国恩并未酬。凡吏之所诃，嗟实颇有之。不即金木诛，敢不识私恩。潮州虽云远，虽恶不可过。于身实已多，敢不持自贺。
>
> ——《泷吏》

韩愈来到韶州乐昌县（今广东乐昌市），境内泷水水势险恶，巨石横亘，往往与行舟相撞。在泷水渡口，韩愈向一位泷边小吏打听潮州的情况。此诗记叙他与泷吏的一席对话。

韩愈首先向泷吏发问：到潮州还有多少里路程？这样走什么时候可以到达？当地的风俗怎么样？

泷吏垂手发笑道：官人为什么问得这样愚蠢！比如官人住在京城，怎能知道东吴的情况？（唐韶州为三国东吴的始兴郡）东吴是在外做官的地方，官人想知道自有原因。潮州是什么地方？有罪的人才流放到那里。你并没有犯罪，怎么能到那里，想了解那里的情况？哪里用得着匆忙地胡乱打听呢？

韩愈没想到被小吏问得无言以对，感到既惭愧又震惊。

泷吏接着说：且和你开个玩笑，我曾经往那里遣送罪犯。岭南情况都差不多，官人去那里路途还很遥远。距离这里三千里，才有一个叫潮州的地方。恶溪一带聚集有毒的瘴气，雷电常常震耳欲聋。鳄鱼比船还要大，牙齿眼睛要吓死你。州南数十里之外，只见茫茫大海看不到天地。台风刮起来的时候，能见到翻江倒海的奇观。当今皇帝胸怀宽大，各种人物都能见用。最近听说流放到潮州的囚犯，也有活着回来的人。官人不要嫌弃这个州，它本来是罪犯所流放的地方。官人在圣明时世来到潮州，事情不消说便可知原委。你自己不谨慎犯了罪，流放到这里是罪有应得。为什么来到泷水边，神色如此失意恍惚？缸大罂小，各有合适的用途。官人为何自不量力，超越本分弄得今天这个地步？工人农民虽是小人，做事情各有守则。不知官人在朝廷，是否有益于国家？是不是像虱子一样寄生其中，不能武也不会文，表面上假仁假义，实际上狡猾奸诈败坏人伦道德。

韩愈叩头感谢泷吏说：原本在朝居官已觉惭愧，今天听了这番话更自觉羞耻。做官二十年，国家的恩德还没有报答。你所指责的问题，确实大都存在。没有受到刀、枷的刑罚，能不懂得皇上对自己的恩惠？潮州虽说很遥远，环境也很险恶，这样的处罚并不算过分。皇上给自己的恩惠受用不尽，哪里敢不自为庆贺！

韩愈和泷吏的这一番对话，是南行途中的一段经历，亦是经过作者加工的一篇佳作。作者借这一番对话，抒发无辜被贬谪的委屈心情，进行自嘲自解。“在泷吏一系列责问和诗人半推半就的回答中，把韩愈‘欲为圣明除弊事’，反而‘夕贬潮阳路八千’的怨愤发泻了出来，使读者觉得泷吏越是责问，越觉得韩公委屈，韩公越自责，越使人感到圣主并不圣明。”（张清华主编《韩愈诗文评注》，第728页）

韩愈在泷吏那里了解到潮州的情况之后，心中有了底数。他挥笔在临泷寺的墙壁上题了一首诗：

不觉离家已五千，仍将衰病入泷船。潮阳未到吾能说，海气昏昏水拍天。

——《题临泷寺》

不知不觉离家已有五千里路，诗人仍带着衰病之身坐船沿着泷水前行。未到潮阳诗人已能说出潮阳的景况，海气苍茫无际水浪滔天。诗写得亦悲亦豪，转悲为豪。

韩愈在韶州（今广东韶关西南地区），过始兴江口时，想到数十年前的往事，感慨不已。

忆作儿童随伯氏，南来今只一身存。目前百口还相逐，旧事无人可共论。

——《过始兴江口感怀》

大历十四年（779）大哥韩会被贬韶州，韩愈当时十二岁，曾跟随大哥到过这里。当时同来的大哥、大嫂和老成都已不在人世，只剩自己一人还活着。自己被贬逐的一家人还未赶上来，身边连个谈论家事的人都没有，怎能不感慨呢？

韩愈到广州时，意外地接到桂管节度使裴行立派元集虚送来的药物和书信，还有朋友柳宗元托他带来的慰问信，使他非常感动。

> 势要情所重，排斥则埃尘。骨肉未免然，又况四海人？嶷嶷桂林伯，矫矫义勇身。生平所未识，待我逾交亲。遗我数幅书，继以药物珍；药物防瘴疠，书劝养形神。不知四罪地，岂有再起辰？穷途致感激，肝胆还轮囷。
>
> ——《赠别元十八协律六首》其四

一个人有权有势时，自然为人所倚重，一旦遭到排斥，便视如尘埃了。骨肉之亲未免如此，更何况五湖四海之人？桂管节度使裴行立和韩愈素不相识，却不远千里派人送来药物和书信，让他预防瘴疠，劝他保养身体和精神，使他感到不是亲人胜似亲人，满怀难以言传的感激之情。

> 寄书龙城守，君骥何时秣？峡山逢飓风，雷电助撞捽。乘潮簸扶胥，近岸指一发。两岩虽云牢，木石互飞发。屯门虽云高，亦映波浪没。余罪不足惜，子生未宜忽。胡为不忍别？感谢情至骨。
>
> ——《赠别元十八协律六首》其六

柳宗元此时在柳州任刺史（龙城郡守），趁元集虚南来之机，托他带信给韩愈，表示慰问。韩愈此时乘船赴潮州途中，遇到台风，风急浪高，身处险境，仍不忘请元集虚带信给柳宗元，一则表示刻骨铭心的感谢，二则叮嘱他保重自己的身体，等待内召回朝，而对自己之贬，则以为不足为惜。

韩愈船行到增江口，遇到洪水，只得投宿村民家。

> 云昏水奔流，天水漭相围。三江灭无口，其谁识涯圻？暮宿投村民，高处水半扉。犬鸡俱上屋，不复走与飞。篙舟入其

家，暝闻屋中唏。问知岁常然，哀此为生微。海风吹寒晴，波扬众星辉。仰视北斗高，不知路所归。

——《宿曾江口示侄孙湘二首》(其一)

天色昏暗洪水浩渺无际，水天相连如围城没有出路。三江（增江、东江、北江）口一片汪洋，不知道哪里是岸边。诗人的船走投无路，傍晚只有投宿到高处人家，大水也淹没了半截门窗。撑船进入村民家里夜宿，夜里听到主人在唉声叹气。一问才知道年年岁岁水患不断，可怜一家人生计困难。听了村民的诉苦，诗人也为之悲叹：仰视北斗高照，却不知路在何方！（天高皇帝远，有谁来过问民生疾苦呢！）诗人这时候虽然身居困境，但他的意念并没有局限于个人的处境，他仍不时关心民生疾苦，没有忘记为民生呼号。

韩愈于四月二十五日到达潮州。上任后，即与官吏百姓相见，面询民生疾苦，并按照常规，写《潮州刺史谢上表》，表达对皇帝委任的感谢。谢上表一开头，尽管说自己罪不可赦，但只承认"狂妄戆愚，不识礼度，上表陈佛骨事，言涉不敬"，并没有承认上表陈佛骨事本身有什么错误。接着他大力陈情诉苦，诉说潮州离中原之远，地势之险，气候之恶，环境之可怕，而自己年迈体衰，恐怕要埋骨于蛮荒。然后表白自己尚有可用之处：臣于人事多所不通，惟酷爱学问文章，为时辈所推许。臣对时文未有过人的表现，至于论述陛下功德，写作诗歌，记功刻石于泰山，即使古人复生，臣也未肯多让。他在大肆赞颂宪宗中兴大唐功德之后，更明确提出希望自己能为之贡献绵薄之力："当此之际，所谓千载一时不可逢之嘉会。而臣负罪婴衅，自拘海岛，戚戚嗟嗟，日与死迫。曾不得奏薄伎于从官之内、隶御之间，穷思毕精，以赎罪过。怀痛穷天，死不闭目。瞻望宸极，魂神飞去。伏惟皇帝陛下天地父母，哀而怜之。"

韩愈的陈情诉苦，乞求哀怜，果然产生了一定的效果。宪宗看了韩愈表文之后有些动心，对宰相说："韩愈谏佛事，是为我好，我岂不知。但韩愈身为人臣，不该说人主事佛，年寿短促。"有复用韩愈之意。宰相皇甫镈唯恐韩愈复用，对自己不利，当即奏报说："韩愈终究太狂妄，姑且酌量内移做郡守。"就这样，这年十月实行大赦，韩愈不得召还，只是量移袁州（今江西宜春）任刺史。

韩愈自三月二十五日到潮州，至年底离任，治理潮州不到一年时间，但得到当地百姓的衷心爱戴，把他尊为神，在刺史公堂之后立庙祭拜。到了宋代，韩文公庙香火还很盛，"潮人之事公也，饮食必祭，水旱疾疫，凡有求必祷也"（苏轼《韩文公庙碑》）。潮州人民如此敬仰韩愈，韩愈究竟为潮州人民做了什么好事呢？

潮州州学久废，文教落后。韩愈到任后发现潮州的教育状况很不景气，立即着手兴办学校，他在《潮州请置乡校牒》中，强调学校教育对提高民众道德礼仪水平的重要作用。此牒是韩愈以刺史身份发给潮州所属各县的公文，要求各县除整治、兴办县学外，仍从基层的乡校办起。他自己则率先整治州学，并且落实了一系列办学措施："赵德秀才沈雅专静，颇通经，有文章，能知先王之道，论说且排异端而宗孔氏，可以为师矣。请摄海阳县尉为衙推，专句当州学以督生徒，兴恺悌之风。刺史出己俸百千以为举本，收其赢余以给学生厨馔。"他聘请德才兼备的赵德，以海阳县尉、州衙推官的身份，专门负责办学事宜，更难能可贵的是拿出自己的俸禄千百（十万）作为办学资本，解决学生的伙食费用。这样一一做好安排，兴办州学的事也就水到渠成了。从此潮州的学校就一直如水长流，延续不断，在社会文明建设中发挥着重要作用。宋代苏轼在《潮州韩文公庙碑》中说："始潮人未知学，公命进士赵德为之师，自是潮之士笃于文行，延及齐民。至于今，号为易治。"

深入了解民众疾苦，去害除弊，关注农桑，安定百姓生活。按照当时的风习，祭祀当地山川神祇，祈求护佑境内百姓的安宁。韩愈上任后，写了《潮州祭神文五首》，分别是祭湖神文、祭止雨文、祭城隍文、祭界石文和祭大神文，目的很明确，祈求风调雨顺，百姓平安。元和十四年潮州在夏、秋两季都淫雨成灾。韩愈祭止雨文说：“稻既穟矣，而雨不得熟以获也；蚕起且眠矣，而雨不得老以蔟也。岁且尽矣，稻不可以复种，而蚕不可以复育也。农夫桑妇将无以应赋税继衣食也。”祭城隍神也是祈求停止淫雨：“粪除天地山川，清风时兴，白日显行。蚕谷以登，人不咨嗟。惟神之恩，夙夜不敢忘怠。”他心心念念，总是祈求百姓的衣食无忧。岭南一带的习俗崇敬鬼神，又淫祀，但有灾异，刺史能否躬自祭神是百姓判断刺史是否恪尽职守的一个标志。韩愈入乡随俗，频频祭神，主要是为了顺应民心，与百姓同甘共苦，度过灾年。

韩愈上任之后，探询民间疾苦，许多人反映：潮州西边溪潭常有鳄鱼出没，吞食百姓的家畜，弄得百姓穷困不堪。韩愈前往视察之后，即派下属官员前往致祭，并亲自作文祭告。

> 维元和十四年四月二十四日，潮州刺史韩愈使军事衙推秦济以羊一猪一投恶溪之潭水，以与鳄鱼食。而告之曰：
>
> 昔先王既有天下，列山泽，网绳擉刃，以除虫蛇恶物为民害者，驱而出之四海之外。及后王德薄，不能远有，则江汉之间尚皆弃之以与蛮夷楚越；况湖岭海之间，去京师万里哉？鳄鱼之涵淹卵育于此，亦固其所。
>
> 今天子嗣唐位，神圣慈武。四海之外，六合之内，皆抚而有之。况禹迹所揜，扬州之近地，刺史县令之所治，出贡赋以供天地宗庙百神之祀之壤者哉？鳄鱼其不可与刺史杂处此土也。刺史受天子命，守此土，治此民。而鳄鱼睅然不安溪潭，据食民畜熊豕鹿獐以肥其身，以种其子孙，与刺史亢拒争为长

雄。刺史虽驽弱，亦安肯为鳄鱼低首下心，伈伈睍睍，为民吏羞，以偷活于此邪？且承天子命以来为吏，固其势不得不与鳄鱼辩。鳄鱼有知，其听刺史。

潮之州，大海在其南，鲸鹏之大，虾蟹之细，无不容归，以生以食，鳄鱼朝发而夕至也。今与鳄鱼约：尽三日，其率丑类，南徙于海，以避天子之命吏。三日不能，至五日；五日不能，至七日。七日不能，是终不肯徙也，是不有刺史听从其言也。不然，则是鳄鱼冥顽不灵，刺史虽有言，不闻不知也。夫傲天子之命吏，不听其言，不徙以避之；与冥顽不灵，为民物害者皆可杀。刺史则选材技吏民，操强弓毒矢，以与鳄鱼从事，必尽杀乃止。其无悔。

——《鳄鱼文》

这是一篇声讨鳄鱼檄文。

正文第一段先回顾历史，拿先王和后王对比，以阐明鳄鱼得以长期在潮州肆虐的原因：先王以德治天下，能为民除害，后王德薄，不能统治远方，连江汉之间都放弃了，何况离京师万里之遥的潮州！

文章第二段，从大唐天子的角度昭告鳄鱼，如今四海之外，六合之内，都在掌控之中，刺史、县令为天子治天下，以出贡赋。警告鳄鱼不可与刺史杂处于此地。接着，严正阐明刺史的职责与态度：刺史受天子之命来守此土，治此民，而鳄鱼竟敢侵害民畜，与刺史抗拒争雄，岂能容忍？因此必须辨别是非，决一雌雄。

文章第三段，正式向鳄鱼宣战。宣战也很讲究策略，这就是一劝、二逼、三杀，先礼后兵，刚柔相济。首先，给鳄鱼指出去路：鳄鱼如果有灵性，就听刺史说，潮州之南有大海，鲸、鹏之类的大动物，虾、蟹之类的小生命，没有不能容纳的，都可以生存养育；

路程也很近，你们早晨出发，晚上就可以到达那里了。然后，限期撤离，发出警告：限三天之内，率领你们的同伙迁到南边的大海里去，避开天子任命的刺史。三天不够，就五天；五天不够，就七天。如果过了七天还不见行动，那就是始终不肯迁移了，那就是眼中没有刺史，不听我的话了。要不然，那就是鳄鱼愚蠢顽固，我这个做刺史的虽然有言在先，你们却听不见、弄不懂了。要知道，凡是傲视天子任命的刺史，不听告诫，不回避刺史而迁入大海的，和愚蠢顽固祸害人民生畜的一切丑类，统统都应该杀掉。最后，宣布要采取果断行动：刺史要挑选武艺高强的吏民，拿起强弓毒箭，与鳄鱼较量，直到斩尽杀绝，才肯罢手。你们可别后悔。

这篇檄文，反映了韩愈为民除害、除恶务尽的决心和勇气。因为它顺民意，得民心，所以很快传播开去，并逐步演绎出传奇故事。这类故事，直到今天潮州仍在流传。《旧唐书·韩愈传》记载韩愈驱鳄鱼一事说："咒之夕，有暴风雨，起于湫中，数日湫水尽涸，徙于旧湫西六十里。自是潮人无鳄鱼之患。"大概是根据民间传奇故事而写的。后来潮州人无鳄鱼之患，当是事实，那是韩愈采取了实际措施：首先，他挑选武艺高强的吏民，拿起武器把鳄鱼斩尽杀绝；其次，他发动民众修筑堤坝，将吏民所居之地与鳄鱼出没的恶溪隔开。唐韩文公筑北门堤，地方志有记载。据说今潮州西湖原是恶溪一部分，后经北堤断开，遂成后来的西湖（曾楚南《韩愈在潮州》）。

也有学者认为："应当说这篇文章的意义主要是象征性的。作者利用驱逐鳄鱼一事，表达出与邪恶事物势不两立的战斗热情和正义在手、胜利在握的自信。韩愈在贬黜之中写作这样的文章，也是借以抒写怀抱，表达志向。"（孙昌武撰《韩愈诗文选评》，第330页）还有学者认为韩愈的文章，"无非是在借题发挥而已。在指责鳄鱼的背后，我们应该看到有比鳄鱼更为凶残的丑类在。安史之乱以来那些拥兵割据的藩镇大帅，鱼肉百姓的贪官污吏，不是更为祸国殃民吗？所以这篇貌似‘游戏文字’的文章，显然有鲜明的主题，它因小见大，发人深思，有着严峻的现实意义”（《韩愈诗文鉴赏辞典》，宋廓文）。其实，韩愈发布祭鳄鱼文，采取措施为民除害，是历史事实，不可轻易否定。至于文中作者别有寄托，也是情理之中的事。在应用文中抒情言志、讽谕寄慨，是韩愈的家常便饭。

元和十四年（819）七月朝廷大赦天下。韩愈于十月二十五日获准量移袁州（今江西宜春）刺史，十二月接到诏书。韶州刺史来诗祝贺，韩愈酬答诗云：

> 明时远逐事何如？遇赦移官罪未除。北望讵令随塞雁，南迁才免葬江鱼。将经贵郡烦留客，先惠高文起谢予。暂欲系船韶石下，上宾虞舜整冠裾。
>
> ——《量移袁州张韶州端公以诗相贺因酬之》

此诗表达诗人对无罪远窜、量移袁州处置的强烈不满：贬谪半年即获量移，不是说明自己本来无罪吗？为什么仅仅量移袁州，难道莫须有的罪名还是没有解除？接着，他感叹自己不如塞雁可以北归，量移袁州不过是免于葬身潮州罢了。此诗可视为《左迁至蓝关示侄孙湘》的姐妹篇，这两首七律抒写无辜遭贬的怨愤之情一脉相承，其中“北望讵令随塞雁，南迁才免葬江鱼”二句，与前诗“云横秦岭家何在”“好收吾骨瘴江边”二句遥相呼应，表明冤案仍在延续，处置轻重虽略不同，而昭雪回京依然无望。

元和十四年（819）十月底，韩愈离开潮州，取道韶州前往袁州。因为家眷寄居在韶州，他因此在韶州停留多日，于次年闰正月八日到达袁州。袁州（今江西宜春），在江南西道所辖州中，是最小州之一，下辖宜春、新渝、萍乡三个县。韩愈一上任，即按惯例写了《袁州刺史谢上表》，表示要尽好守土之职："伏以州小地狭，赋税及时，人安吏循，闾里无事。微臣惟当布陛下惟新之泽，守国家承平之规，劝以耕桑，使无怠惰而已。"此时朝政正处于大变动时期，元和十五年（820）正月，宪宗为宦官所弑。闰月太子李恒即位，是为穆宗。韩愈连上《慰国哀表》《贺皇帝即位表》《贺赦表》等，向穆宗示好，而自己只有静守职责，期待时来运转。

当时正遇当地大旱。韩愈按惯例频频祭神，为百姓祈雨，写了《袁州祭神文三首》。在祭城隍文中，韩愈说："刺史无治行，无以媚于神祇。天降之罚，以久不雨，苗且尽死。刺史虽得罪，百姓何辜？宜降疾咎于某身，无令鳏寡蒙兹滥罚。"在祭仰山文中，他亦说："今既大旱，嘉谷将尽，人将无以为命。……若守土有罪，宜被疾殃于其身；百姓可哀，宜蒙恩闵。"他一再表示，宁肯自己受罚也不要让百姓受罪，愿以自身的疾殃换取百姓的丰衣足食。尽管这是一种迷信的说法，却也彰显一个地方父母官以人民利益为重的可贵精神。

韩愈关心民生疾苦，不只是祭神祈雨，为民哀求，更主要的敢于运用行政权力，切实解决实际问题，救黎民于水火。释放奴婢，就是最有力的铁证。

袁州地方豪门地主私招奴婢之风盛行。贫苦农民因天灾人祸无法生活，或欠公私债务无力偿还，就把子女典押给富豪人家。到期无力赎回，被典押的男女便终身沦为他们的奴婢，任其鞭打驱使。韩愈采取"以佣折值"的办法，解救这些奴婢。他下令规定：累计这些奴婢为奴期间的工价，等于典押的钱数时，就算还清债务，放还人家。劳动所值尚不足抵消其债务的，即帮助钱财赎归。这样就解放了袁州七百多个奴婢，让他们重新获得人身自由。为革除劣

俗，他还明令："削其俗法，不许隶人。"（《旧唐书·韩愈传》）

韩愈又从袁州联想到全国各地受苦受难的奴婢，当年回朝时立即写了《应所在典贴良人男女状》，建议把释放奴婢写进大赦令。

> 右准律：不许典贴良人男女作奴婢驱使。臣往任袁州刺史日，检责州界内，得七百三十一人，并是良人男女。准律例，计佣折值，一时免放。原其本末，或因水旱不熟，或因公私债负，遂相典贴，渐以成风。名目虽殊，奴婢不别。鞭笞役使，至死乃休。既乖律文，实亏政理。袁州至小，尚有七百余人。天下诸州，其数固当不少。今因大庆，乞令有司重举旧章，一皆免放，仍勒长吏严加检责。如有隐漏，必重科惩。则四海苍生，孰不感荷圣德。

韩愈首先引用唐律为依据，从袁州情况推论全国肯定有为数不少的此类奴婢，请求趁大庆之机，把释放奴婢写入大赦令，并责令长吏严加督办，如有隐瞒遗漏，则重加惩处。值得注意的是，在这奏状中提议"重举旧章，一皆放免"，也就是严格按照法律办事，释放所有非法买卖的奴婢。这就比他在潮州、袁州实行的"计庸得赎所没"的办法，能够更加彻底解决人口掠卖问题。作者心系四海苍生，为放免天下奴隶，殷殷为民请命，其精神可嘉，其用心良苦。

在袁州期间，有一件令韩愈伤心的事，那就是接到柳宗元于元和十四年（819）十一月八日病故的消息。

韩愈和柳宗元交谊长久。贞元十九年（803）两人同为监察御史，虽然只有几个月，但却建立了较深厚的友谊，后来韩愈在诗中说："同官尽才俊，偏善柳与刘。"（《赴江陵途中寄赠三学士》）说明关系非同一般。后因政治观点不同，韩愈受王叔文集团排斥，贬谪阳山令，不久柳宗元由于参与"永贞革新"，也被贬为永州司马。

从此两人会合的机会就很少，只有几次短暂的相聚，长期都是天各一方，但却一直音问不绝，经常就各种理论、实际问题进行讨论。在文学上，他们都主张“文以明道”，韩愈倡导“古文运动”，柳宗元一直在舆论上和创作上予以积极的支持与配合，共同推进这场文体、文风的改革取得非凡的实绩。因此，尽管在一些问题上存在不同观点，并没有影响两人间的亲密情谊，以至于柳宗元临终之前，向韩愈千里托孤，柳宗元去世之后，刘禹锡把为他写墓志铭的重任委托给韩愈。

韩愈得知柳宗元去世的消息，立即驰书吊唁，书中云：“哀哉若人之不淑。吾尝评其文，雄深雅健似司马子长，崔蔡不足多也。”（见刘禹锡《唐故尚书礼部员外郎柳君集记》）后来，他先后写了《祭柳子厚文》《柳子厚墓志铭》《柳州罗池庙碑》，盛赞柳宗元的人格品德、文学成就和他在柳州的政绩，为柳宗元“材不为世用，道不行于时”的人生际遇鸣不平，借以寄托对亡友的深切怀念，抒发自己的无尽哀思。对于柳宗元千里托孤的遗愿，韩愈在《祭柳子厚文》里也做了明确的回应：“嗟嗟子厚，今也则亡。临绝之音，一何琅琅。遍告诸友，以寄厥子。不鄙谓余，亦托以死。凡今之交，观势厚薄。余岂可保，能承子托？非我知子，子实命我。犹有鬼神，宁敢遗堕？”他说：子厚今已不在人世，其临终之言琅琅在耳。他遍告诸位友人托付自己的儿子，看得起我也托以死后之事。我岂能弃置不顾？他昭告天地鬼神，自己决不会辜负亡友的托付。后来柳宗元的两个儿子，果然由韩愈、崔群两人负责抚养。由此可见，韩愈是一个多么忠诚于友谊的人。

韩愈因谏阻迎佛骨而遭到严谴，从人生高峰跌入低谷，近两年的贬谪经历，使他进一步走近人民大众，体察民生疾苦，写出一些反映民瘼，为民请命的诗文作品，并且不遗余力地为民除祸害，谋福祉。这两年充满险恶、冷酷与厄运的现实生活，以及荒僻险怪的南方景物，往来南北的奇异见闻，造成了韩愈心理与诗风演变的重要条件。这时期，奇险怪诞的诗风进一步发扬光大，显示奇光异彩。“韩愈诗中所汇集的奇险怪诞的景象，正是诗人用来展示自己对充满险恶、冷酷与厄运之现实的深刻的内心体验。韩愈的这一内心体验及其奇险怪诞的诗风，大致始于贞元后期，至元和中期趋于定型。”（沈松勤等著《唐诗研究》，第95页）更确切地说，韩愈奇险怪诞的诗风，应该始于贞元末年的阳山之贬，定型于元和末年的潮州之贬。这时期异彩纷呈、诗艺娴熟的众多作品，标志着韩愈诗歌主体风格的创立，也就使他成为中唐诗坛上领袖群星的一派盟主。

十二、调任国子祭酒

元和十五年（820）正月，穆宗李恒即位。这年九月，召韩愈为朝散大夫、国子监祭酒（相当于现在的公立大学校长）。国子监祭酒是中央教育机构首长，职掌虽不如三省六部重要，地位却相当尊崇，非硕儒有文者不授。穆宗为太子时，韩愈曾任太子右庶子，对韩愈比较了解。由州牧升迁为祭酒，是穆宗对韩愈的特别褒奖，也是韩愈才学名望所致。

十月诏命到达袁州。韩愈接到任命后，即自袁州启程北返。

因为“今又获位于朝，复其章绶”（《祭湘君夫人文》），所以韩愈此次北归，心情不错，沿途拜亲访友，观光览胜，也有不少感慨。他先到洪州（今江西南昌），向江西观察使王仲舒辞行。袁州是江西观察使的属邑，王仲舒是韩愈的上司。他们还是旧相识，韩愈贬谪连州阳山令时，王仲舒也因被贬连州司户参军，可谓是患难之交。因此，这次辞别，真是有些依依不舍。

凭高试回首，一望豫章城。人由恋德泣，马亦别群鸣。寒日夕始照，风江远渐平。默然都不语，应识此时情。

——《次石头驿寄江西王十中丞阁老》

石头驿在豫章郡西二十里。韩愈离开洪州二十多里，在石头驿驻足，回望豫章城（即南昌），还恋恋不舍，以至于人泣马鸣。此时心情无须多言，只有你我两心相知。可见两人情谊非同一般。

韩愈行至江州（今江西九江），登庐山览胜，游西林寺，在访萧存故居时，题了一首诗。

中郎有女能传业，伯道无儿可保家。偶到匡山曾住处，几行衰泪落烟霞。

——《游西林寺题萧二兄郎中旧堂》

萧存是古文家萧颖士的儿子。关于这首诗，唐代赵璘《因话录》卷三有一段记载："功曹讳颖士，字茂挺，门人谥曰文元先生。先生一子存，字伯诚，为金部员外郎，谅直有功曹之风。时裴延龄为户部尚书，恃恩奸佞，与张滂不叶。金部恶延龄之为人，弃官归庐山，以山水自娱，识者高之。终于检校仓部郎中。生三子，皆无禄早世，无后。……韩文公少时，尝受萧金部知赏。及自袁州入为国子祭酒，途经江州，因游庐山，过金部山居，访诸子凋谢，惟二女在。因赋诗云云。留百缣以拯之。"韩愈对古文家萧颖士崇敬有加，少年时代曾受知于萧存，写作古文受他的影响，心存感念，所以访其故居时，缅怀先师，不禁伤心落泪。他不忘旧恩，为之料理家事，赠送一百匹细绸周济他的女儿。

韩愈离开江州，逆江而上，进入湖北境内。到了安陆（今湖北安陆），已经离随州（今湖北随州）不远，有老朋友周君巢在随州当刺史，他接连写了两首诗寄给他：

行行指汉东，暂喜笑言同。雨雪离江上，蒹葭出梦中。面犹含瘴色，眼已带华风。岁暮难相值，酣歌未可终。

——《自袁州还京行次安陆先寄随州周员外》

陆孟丘杨久作尘，同时存者更谁人？金丹别后知传得，乞取刀圭救病身。

——《又寄周随州员外》

周愿，字君巢，是韩愈早年在董晋幕府时的同事，时任随州刺史。快到随州，离中原不远了，风光景色、人情风俗也都接近中原，更可喜的是马上就要见到早年的老朋友了。当年在董晋幕府的同僚陆长源、孟叔度、丘颖、杨凝，都早已不在人世，我们亦已进入暮年。老朋友暮年相逢，实属难得，这次相会，我们应该尽情酣饮高歌。韩愈还对周君巢开个玩笑：听说你身体很好是因为靠吃金丹，能不能把你的金丹妙药也给我一些，救救我这有病的身体？

韩愈离开随州北行，到枣阳县（今湖北枣阳市）。此地汉代属南阳郡。皇甫湜《韩文公神道碑》云：韩氏先祖韩信曾“居南阳”。因此韩愈到了南阳郡之后，曾寻访韩氏的后人，可是没有找到。他在广昌驿馆题了一首诗。

白水龙飞已几春？偶逢遗迹问耕人。丘坟发掘当官路，何处南阳有近亲？

——《题广昌馆》

白水飞龙，指汉光武帝从南阳起兵反王莽，建立东汉政权。如今往事如烟，古老丘坟也被发掘变成了官路，南阳哪里还有韩氏近亲？诗人不胜有桑田沧海之感。

韩愈到达襄阳之后，就走了从江汉直通长安的商山路。约于十月底，他来到商县（今陕西商县）层峰驿，看到自己亡女的坟墓时，不禁悲痛交加，提笔在驿梁上写下一首诗。

数条藤束木皮棺，草殡荒山白骨寒。惊恐入心身已病，扶舁沿路众知难。绕坟不暇号三匝，设祭唯闻饭一盘。致汝无辜由我罪，百年惭痛泪阑干。

——《去岁自刑部侍郎以罪贬潮州刺史乘驿赴任其后家亦谴逐小女

道死殡之层峰驿旁山下蒙恩还朝过其墓留题驿梁》

元和十四年（819）正月，韩愈因上《论佛骨表》获罪，贬谪潮州，即日单身上路。不久，家人也遭谴逐。二月二日，他的十二岁女儿挐子病死途中，葬于商县南层峰驿旁荒山下。据作者《女挐圹铭》："愈既行，有司以罪人家不可留京师，迫遣之。女挐年十二，病在席。既惊痛与其父诀，又舆致走道，撼顿失食饮节，死于商南层峰驿，即瘗道南山下。"又有《祭女挐女文》云："昔汝疾亟，值吾南逐。苍黄分散，使汝惊忧。我视汝颜，心知死隔；汝视我面，悲不能啼。我既南行，家亦随谴。扶汝上舆，走朝至暮。大雪冰寒，伤女羸肌。撼顿险阻，不得少息。不能食饮，又使渴饥。死于穷山，实非其命。……草葬路隅，棺非其棺。既瘗遂行，谁守谁瞻。魂单骨寒，无所讬依。人谁不死，于汝即冤。"两文记叙当时的情景比较详尽。韩愈此诗，借追叙葬女往事，抒写父女之间生离死别的无比哀痛，其自谴自责之辞，实际上也是对时政残酷的悲愤控诉。父亲写一纸奏章，提一条建议，何罪之有？女儿无辜被驱逐，病死于道途，何其冤屈！三年之后，韩愈为京兆尹时，将女挐迁葬于河阳祖茔，《祭女挐女文》《女挐圹铭》即为迁葬时所写，可见女挐之死所造成的痛苦，一直萦绕在晚年韩愈的心中。

韩愈于十月从袁州动身，在路上用了一个多月的时间，于十一月回到京城。

次年正月，穆宗改元为长庆元年（821），举行大赦。借此机会，韩愈根据自己近两年在南方了解的情况，写了两份为民请命的奏状：《论典帖良人家男女状》和《黄家贼事宜状》。

《论典帖良人家男女状》，建议放免天下各州典押的奴婢，让他们重新获得人身自由。（已见前述）

《黄家贼事宜状》，建议妥善处理岭南少数民族问题，维护国家安定统一。

所谓“黄家贼”，是指散居于邕、管二州（今广西南宁、北流）山林之间的少数民族黄家部落。韩愈贬谪潮州期间，通过各种途径了解到，黄家部落的骚乱，是长期影响岭南地区安定的一个大问题。贞元十年（794），黄洞首领黄少卿曾攻陷岭南前后十二州，此后一直攻战不断。征讨将吏往往虚报战果，邀功求赏。“自用兵已来，已经二十年。前后所奏，杀获计不下一二万人。倘皆非虚，贼已寻尽。至今贼犹依旧，足明欺罔朝廷。邕容两管因此凋敝。杀伤疾疫，十室九空。百姓怨嗟，如出一口。”韩愈向朝廷揭露了岭南的真实情况，提出自己的建议。

韩愈反对一味武力征讨：“今所用严公素者，亦非抚御之才，不能别立规模，依前还请攻讨。如此不已，臣恐岭南一道，未有宁息之时。”他认为容州经略使严公素又请对黄家部落用兵，对岭南地区并无好处。

韩愈赞成合并邕、容两管为一道，但建议经略使应设在邕州，兵镇前移，一则不敢轻有侵犯，一则易为逐便控制。

韩愈认为以往所发诸道南讨兵马，不熟山川，不服水土，伤亡太大。建议在本地招募千人，组军长期守备，守则有威，攻则有利。并主张用和平手段解决安边问题。

> 自南讨已来，贼徒亦甚伤损。察其情理，厌苦必深。大抵岭南人稀地广，贼之所处又更荒僻。假如尽杀其人，尽得其地，在于国计，不为有益。容贷羁縻，比之禽兽，来则捍御，去则不追，亦未亏损朝廷事势。以臣之愚，若因改元大庆，赦其罪戾，遣一郎官御史亲往宣谕。必望风降伏，欢呼听命。仍为择选有材用威信谙岭南事者为经略使。处置得宜，自然永无侵叛之事。

韩愈认为，岭南黄家部落，经历朝廷多年讨伐，伤亡损失惨重，按理也会感到痛苦不堪。岭南地广人稀，假如尽杀其人，尽得其地，未必有益于国家。若宽大为怀，采取笼络之策，趁改元大庆，赦免他们的罪行，他们必然会乘机降伏，欣然听命。再选派得力的地方官，妥善处置，自然不会再有骚乱之事发生。韩愈的分析合情合理，提出的处置办法切实可行。朝廷若能采纳，付诸实施，既有利于国家安定统一，也可以减少生灵涂炭。令人遗憾的是穆宗没有采纳韩愈的建议，枉费韩愈一片忧国忧民之苦心。

韩愈上任国子祭酒之后，就对国子监的机构和风气进行了整顿。

韩愈自贞元末进入仕途以来，已几次在国子监所属学校任过教职，对国子监内部的情况比较熟悉。因此他一上任就接连采取措施，解决国子监面临的问题。

韩愈首先发现国子太学和四门学生员不足，学馆很不景气。中唐国子监渐趋败落，入学人数减少，生徒疏散，元和年间各学学生不及开元以前的三分之一。他查阅《唐六典》，其中对国子监各学馆的生员规模和招生对象都有明文规定："国子馆学生三百人，皆取文武三品已上及国公子孙从三品已上曾孙补充；太学馆学生五百人，皆取五品已上及郡县公子孙从三品已上曾生补充；四门馆学生五百人，皆取七品已上及侯伯子男子补充。"那么，为什么会产生生员不足呢？他经过调查了解，原来是因为儒风不正，不重视学校教育，"至使公卿子孙，耻游太学"，权贵子孙不愿意上学，工商平民子孙又没有资格上太学，因而造成学员数量稀稀拉拉。为此韩愈专门写了请示报告《请复国子监生徒状》，要求适当放宽生员资格限制，扩大招生范围："今请国子馆并依《六典》：其太学馆量许取常参官八品已上子弟充，其四门馆亦量许取无资荫有才业人充。”他提议扩大招生范围、放宽入学资格，是一项大胆的改革，无疑有利于当时高等教育的振兴。

“师者，所以传道授业解惑也。”（《师说》）韩愈非常重视教师的作用。他到国子监上任之后，就注意师资队伍的状况。经过调查了解，他发现国子监师资队伍良莠不齐，质量不高，原因是吏部没有把好质量关：“近年吏部所注，多循资叙，不考艺能。”学官中多有学既不博，艺亦不专者，影响生徒的学习积极性。为此，他专门打报告，要求吏部认真选择学官，严把教师质量关：“伏请非专通经传，博涉坟史，及进士五经诸色登科人，不以比拟。其新授官上日，必加研试，然后放上，以副圣朝崇儒尚学之意。”（《国子监论新注学官牒》）提出选派教师不仅要注重学术资格，还要经过研试考核，以保证教师质量。他还亲自物色教师人选，特地写《举荐张籍状（国子监）》，举荐有真才实学的张籍担任国子博士，加强教师阵容。张籍时任校书郎，正九品上，而国子博士为正五品上，属于破格提拔，但他“学有师法，文多古风。沉默静退，介然自守。声华行实，光映儒林”，可谓是德才兼备的人才。韩愈了解张籍，也就举不避亲，他完全是为了教育事业着想。

韩愈在学馆大力倡导尊师重教，打击歪风邪气，不放过日常小事。有一位讲礼经的直讲（最低一级的教员），由于容貌丑陋而被人歧视，一些出身豪门贵族的学官都讨厌他，不准他与他们同桌进餐。韩愈得知这个情况，命令小吏：“召直讲来，与祭酒共食。”（李翱《韩公行状》）跟校长一起吃饭，对一个直讲来说是很大的体面，从此人们就不敢再贱视他了。

自从韩愈担任国子祭酒之后，充实了师资队伍，选拔一些有真才实学的儒生为学官，经常开展学术讨论，学馆的空气顿时活跃起来。学员们看到学馆的变化，兴奋地奔走相告："韩公来为祭酒，国子监不寂寞矣。"（李翱《韩公行状》）这说明韩愈的工作成绩获得了学员们的好评。

十三、勇夺三军之帅

长庆元年（821）七月，韩愈由国子祭酒转任兵部侍郎（即副部长），掌管天下军卫武官选用授职的政令等事宜。

这一年七月，河北镇州（今河北正定）地方发生了叛乱。镇州成德军都兵马使王廷凑举兵叛变，杀死成德节度使田弘正及其僚属，自称留后，要求朝廷承认他为节度使。接着，王廷凑又派人杀了冀州刺史王进岌，分兵进占冀州。魏博节度使李愬准备派深州刺史牛元翼出兵讨伐，王廷凑立即派兵包围了深州。朝廷震骇，河北、河东诸军亦因之陷于惶乱之中。冬十月，朝廷为应付这种严重局面，启用当时镇守太原的元老重臣裴度为镇州四面行营都招讨使（总指挥，并带宰相职），讨王廷凑，三面出兵解救深州。但因运粮通道都被王廷凑控制，讨伐军粮草缺乏，无法进展，深州之围不能解。朝廷不得已，只好赦免王廷凑罪，于长庆二年（822）二月二日任命他为成德节度使，并以韩愈为镇州宣慰使，吴丹为副使，前去宣谕。

王廷凑虽受朝廷旌节，还是不肯解深州之围。裴度写信给他，责以大义，仍然无动于衷。他自感罪大，朝廷不会宽恕他，对于安抚之策疑虑重重，对立态度并未有所改变。在这种情况下，韩愈单车前往宣谕，犹如徒手深入虎穴，是很危险的差事，他还是毫不犹豫地承担了下来。他出发后，朝士都为他担心，怕他遭受不测。翰林学士元稹以为韩愈此去必死，损失太大，因此面奏穆宗说："韩愈可惜。"穆宗也有点懊悔，便命韩愈到接境处察看一下形势就行了，不一定到王廷凑军营中去。韩愈回应说："止，君之仁。死，臣之义。安有受君命而滞留自顾!"他毅然前往，快马加鞭而去。

韩愈行次太原，早春二月的一个清晨，他给同行副使吴丹写了一首诗，抒发感慨。

朗朗闻街鼓，晨起似朝时。翻翻走驿马，春尽是归期。地失嘉禾处，《风》存《蟋蟀》辞。暮齿良多感，无事涕垂颐。

——《奉使常山早次太原呈副使吴郎中》

常山，郡名，即镇州，时为成德军节度使治所。诗人在赴镇州途中，在太原暂息了一夜，早晨起来听到街鼓声朗朗，恰似在朝时听到的一样。我们驰马如飞奔往镇州，到春末总可完成使命返朝。接着，诗人借用两个典故，抒发感慨，以至于泪流满面。这其中的深意，方成珪《笺正》解读说："雪王廷凑罪，复以为节镇，非公意也。故此诗有微词焉。地失嘉禾，言太平无象。《风》存《蟋蟀》，警太康也。结则忧深思远，可于言外得之。"（钱仲联集释《韩昌黎诗系年集释》，第 1233 页）韩愈感慨朝廷无能，泰康无望，为国家前途而忧心如焚，泪流满面。这就是他不顾个人安危、敢闯虎穴的缘由所在。

韩愈行经寿阳驿（寿阳，太原属县，在太原东一百七十里）时，吴丹题了一首诗，他也接着题了一首。

风光欲动别长安，春半边城特地寒。不见园花与巷柳，马头惟有月团团。

——《夕次寿阳驿题吴郎中诗后》

诗人说，春光欲动时离开长安，春半来到边城，天气还特别寒冷，到处是一片萧索景象。看不见园中的花、街巷的柳，马头只有一轮月明当空。即景抒怀，情绪还是乐观的。

到了裴度的承天（今山西平定县东北娘子关）行营，给相公献上一首诗。

窜逐三年海上归，逢公复此著征衣。旋吟佳句还鞭马，恨不身先去鸟飞。

——《奉使镇州行次承天行营奉酬裴司空相公》

诗人先叙与裴度相别三年之后，难得重逢于前线。接着抒写自己此刻快马加鞭飞奔镇州的急切心情，表达了一往无前完成朝廷使命的决心。

在奔赴镇州途中，韩愈又给裴度寄了一首诗。

衔命山东抚乱师，日驰三百自嫌迟。风霜满面无人识，何处如今更有诗？

——《镇州路上谨酬裴司空相公重见寄》

王命在身，往抚乱师，日驰三百里自己还嫌太慢，风霜满面无人识也在所不顾，韩愈对履行国家使命的强烈责任心，昭然可见。

据李翱《韩公行状》记载，韩愈入镇州，经历了一场化险为夷的舌战。

韩愈到了镇州，王廷凑带着全副武装的甲兵来迎接他，一个个都剑拔弩张。进了宾馆，甲兵布满厅堂。韩愈、王廷凑和监军使三人在堂上坐下。

王廷凑向韩愈解释道："之所以闹这场乱子，都是下边士兵们干的，不是我的本心。"

韩愈大声说："天子以为你有将帅之才，才封你做节度使。不料你与你部下还有矛盾，看来是看错人了。"

这时，甲士拥了上来，愤愤地对韩愈说："先太史（指已故的王廷凑的义父王俊武，是前镇州节度使）为国打叛贼朱滔，朱滔败走了，先太史们血衣还在这里。我们这支军队有什么对不起朝廷的？为什么把我们当成叛贼？"

韩愈从容不迫地说："儿郎们且不要喧哗，听我来说。我以为儿郎们已不记得先太史的功绩与忠心，如果还记得，那就太好了。我且同你们讲讲对朝廷叛逆与归顺的利害吧。不需要远引古事，只拿天宝以来祸福，为儿郎们说明。安禄山、史思明、李希烈、梁崇义、朱滔、朱泚、吴元济、李师道，这些叛将还有子孙活着吗？"

甲兵们齐声说："没有。"

韩愈接着说："田弘正以魏博六州归顺朝廷，当了节度使，后又封为中书令，父子都授旌节，子孙小小年纪都封了好官。穷富极贵，宠荣光耀天下。刘悟、李佑归顺朝廷，都做大镇的节度使。王承元年仅十七，也成了节度使。这些大家都是耳闻目睹的。"

甲兵们喊道："田弘正待我们太刻薄，因此军心不安。"

韩愈说："是的，然而你们三军杀了田弘正，又杀了他全家，还有什么说的？"

甲兵们听了，齐声说："韩侍郎说得对！"

王廷凑一看情况不对，怕军心动摇，立即命令甲兵退出，笑着对韩愈说："侍郎这次来，对廷凑有何指教？"

韩愈说："神策军像牛元翼这样的将领不少，朝廷不是特别爱惜他，而是顾全大局，不能随便抛弃他，你为什么死死围住他不放？"

王廷凑说："我马上放他走。"

韩愈说："如果能这样，那就没事了。"

接着王廷凑设宴欢送韩愈，并且解围放了牛元翼。

韩愈不辱使命，以大智大勇，征服剑拔弩张的对手。他在不失朝廷体面的前提下，完成了宣慰使命：深州解围，牛元翼得出，裴度大军解围任务顺利收官，对王廷凑晓之以利害得失，安抚之中也给予警戒。这件事，展现了韩愈思想品格鲜为人知的一面，他以非凡的胆略和智慧，征服强藩悍将，维护国家统一之功，足以彪炳史册。因此，李翱《韩公行状》和《新唐书》都做了详细的记载。苏轼在《韩文公庙碑》中称赞他“勇夺三军之帅”，就是针对这件事而言的。

韩愈完成了出使镇州的任务后回到长安，向穆宗详细汇报了事情经过，穆宗听了非常高兴，对韩愈说：“你就是这样对他们说的吗?”由此准备重用韩愈。

韩愈兴高采烈地回到家中，看到小园桃李，挥笔题诗一首。

别来杨柳街头树，摆弄春风只欲飞。还有小园桃李在，留花不发待郎归。

——《镇州初归》

诗人抒写自己迅速完成朝廷使命的得意心情：去时春风初绿杨柳枝头，归来小园桃李花枝犹在，因为桃李知道我会很快了却使命，所以特地留着花枝等待侍郎归来。

长安还是春暖花开的时节，韩愈约张籍、白居易同游曲江，白居易因故未能赴约。韩愈与张籍游玩回来之后，赋诗一首，寄给白居易。

漠漠轻阴晚自开，青天白日映楼台。曲江水满花千树，有底忙时不肯来?

——《同水部张员外曲江春游寄白二十二舍人》

韩愈先报告这一天的游览情况：早晨天气阴沉沉的，过好久才云散天开，此时青天白日映照远近楼台，曲江水满两岸繁花千树，真是美不胜收。然后以略带嗔怪的口吻问白居易：你有什么要紧事不肯一同来尽兴？

白居易很快回应诗一首：

小园新种红樱树，闲绕花行便当游。何必更随鞍马队，冲泥踏雨曲江头？

——《酬韩侍郎张博士雨后游曲江见寄》

白居易好静，爱小园散步，不喜欢到热闹的地方去游玩。可见两位诗人的雅兴不同，却给我们留下两首饶有风味的小诗。韩愈的“曲江水满花千树，有底忙时不肯来”两句，尤为后人称颂。

这年四月，户部侍郎张平叔上疏，提出盐法改革十八条，主张官方自卖食盐，名曰可富国强兵，实想借以邀宠求荣。穆宗诏令百官详议，可否实行？

韩愈奉诏仔细研究这个盐法改革方案，权衡其对国计民生的利害得失，写了一篇《论变盐法事宜状》，一一批驳张平叔提出的官方自卖食盐办法。

韩愈反对各级官吏参与盐业经营活动。他认为令宰相兼管盐务，是不合适的：宰相负责考核百官，定其优劣，如若自领盐铁使，万一枉法，谁来纠举？以卖盐多少作为刺史、县令考绩的依据，也是不对的：刺史、县令职责在为天子分忧。如不以考察其治理地方政绩，而以卖盐得利多少作为升黜的依据，这不合乎古代的传统。至于令官吏带盐到乡村按户卖盐，必定索求百姓供应，弊多而利少。

韩愈从当前的买方市场调查分析，认为由官方卖盐也是行不通的：如今百姓贫多富少，城郭以外很少有现钱买盐，多用杂物、米谷交易。盐商无物不取。若令官吏坐铺卖盐，非得现钱必不敢受。如此贫穷百姓无从得盐而食。求利未得，敛怨已多，自然坐失盐利常数，官方怎样会有一倍利益？况且贫穷人家食盐很少，有的十天一月淡食。如按户配盐，依时纳钱，官吏畏罪，必用威逼手段，恐要影响社会的安定。官方卖盐，害人败政，弊端实大。

韩愈为国着想，替民分忧，提出的这些中肯意见，得到穆宗的重视，改革盐法之议，终于没有实行。

同年九月，韩愈由兵部侍郎转任吏部侍郎，掌管天下官吏铨选、封爵册勋以及考绩的政令。吏部冠六部之首，这应该是穆宗对韩愈大用的一个步骤。他到吏部上任之后，就着手改革吏部的制度。依照惯例，吏部各公署都禁止出入，夜晚上锁。韩愈下令各公署任选人进出，夜晚不上锁。有人问他理由，他说："人所以畏鬼者，以其不能见也。鬼如可见，则人不畏矣。选人不得见令史，故令史势重，听其出入，则势轻。"（李翱《韩公行状》）令史是吏部的官员，掌握举荐大权，按照旧例规定，选人不能随便出入吏部，与令史相见。韩愈予以改革，让选人自由出入吏部，可以同令史接触。他主张开放吏部门户，是为了改变吏部工作的神秘作风，让举荐、考试和录用的工作都放在阳光下进行，以求做到公开、公平。这样一来，令史的权势变轻，就能够避免暗箱操作、营私舞弊等情况的出现。

十四、晚年生活余波

长庆三年（823）六月，韩愈被任命为京兆尹，兼御史大夫。据皇甫湜《韩文公神道碑》记载，这次调动是因为原京兆尹治理不得力，所以调韩愈去接替。穆宗特地下诏："朕屈韩愈公为尹，宜令无参御史，不得为故常，兼御史大夫，用优之。"其意思是用韩愈做京兆尹，觉得委屈他，因此命兼御史大夫以示优待，应该免他参见御史中丞，但以后不得援例。

京兆尹为京兆府长官，其地位不在台省长官之下。但就穆宗原先说要重用韩愈和韩愈原官吏部侍郎而言，则多少有些委屈了他，所以穆宗特地下诏"无参御史"。所谓"无参御史"，就是"释参台"，是穆宗对韩愈的一种优待。"参台"是唐朝文武百官（包括京兆尹）与监察机构御史台官员之间礼节上的规定：新授文武百官，须在廊下参见台官。京兆府官员尤其要受御史台官员制约，"台参"之礼例不能免。可是韩愈有穆宗特诏，他自然依旨行事，没有去参拜当时的御史台丞李绅，路遇也不必下道回避。李绅觉得自己受轻视，仍要依照旧规，坚持京兆尹必须台参。两人因此文牒往来，争论不休。此事纷纷扬扬，惊扰了京城，也妨害了公务。韩愈在《京尹不台参答友人书》中为自己的行为辩护，认为兼御史职者不参台有先例，且自己有皇上诏令，不参台是合法行为，无可非议。

当年京畿地区，四方人口汇集，人员相当复杂，禁卫军吏卒横行霸道，各地藩镇间谍活动猖狂，盗贼小偷也乘机浑水摸鱼，社会治安面临严重问题。韩愈上任京兆尹之后，严厉执法，大刀阔斧整顿社会秩序。他首先把一些老奸巨猾、作恶多端的禁卫军吏卒一网打尽，全都逮捕下狱，其他将士也就不敢随意猖獗，私下相告说："想烧佛骨的人，如何敢冒犯！"盗贼因此闻风丧胆收敛手脚，遇到旱灾奸商也不敢哄抬米价。

这年夏天京畿地区大旱。韩愈上任后十分着急："今农既勤于稼，有苗盈野，而天不雨，将尽槁以死。农将无所食鬼神，将无以为飨国家之礼。……人又无罪，何为造兹旱虐以罚也?"（《祭竹林神文》）他按照传统做法到处祭拜为民求雨，接连写了《祭竹林神文》《曲江祭龙文》。后来天下了雨，他又写了《贺雨表》，欢呼"嘉谷奋兴，根叶肥润，抽茎展穗，不失时宜。人和年丰，莫大之庆"。这种与民同忧共喜之情，彰显一个地方官守土为民的责任心。

韩愈执法有度，没有足够罪证决不滥杀无辜。御史中丞李绅因"台参"问题与韩愈有矛盾，故意送一批罪犯到京兆府，要韩愈杖杀。韩愈认为自己不掌握罪证，不能执行，命人把罪犯送还。

李绅向朝廷奏告此事。十月十二日，宰相李逢吉以台府不协为由，调任韩愈为兵部侍郎，外放李绅为江西观察使。李绅入宫谢恩辞行，向穆宗泣诉外放是由于李逢吉排挤自己。于是穆宗把李绅留下改任兵部侍郎，让韩愈复任吏部侍郎。两次任命，中间只隔了六天。一场"参台"闹剧也就这样收场。

长庆四年（827）正月，穆宗因服金石药去世，太子李湛即位，是为敬宗。

韩愈再任吏部侍郎没有多久就病倒了，于五月告百日长假，离职到长安城南的韩庄别墅养病。张籍正好水部员外郎任满待授他官，有空闲来陪伴韩愈住了两个月。有时贾岛也来探望韩愈。他们一同泛溪游乐，使韩愈病中的生活增添了几分情趣。张籍《祭退之》诗云："去夏公请告，养疾城南庄。籍时官休罢，两月同游翔。……移船入南溪，东西纵篙撑。划波激船舷，前后飞鸥鸧。……公为游溪诗，唱咏多慨慷。自期此可老，结社于其乡。"韩愈的《南溪始泛三首》，就是他当时生活和思想状况的真切写照。

榜舟南山下，上下不得返。幽事随去多，孰能量近远？阴沉过连树，藏昂抵横坂。石粗肆磨砺，波恶厌牵挽。或倚偏岸渔，竟就平洲饭。点点暮雨飘，梢梢新月偃。余年懔无几，休日怆已晚。自是病使然，非由取高蹇。（其一）

南溪亦清驶，而无楫与舟。山农惊见之，随我观不休。不惟儿童辈，或有杖白头。馈我笼中瓜，劝我此淹留。我云以病归，此已颇自由。幸有用余俸，置居在西畴。囷仓米谷满，未有旦夕忧。上去无得得，下来亦悠悠。但恐烦里闾，时有缓急投。愿为同社人，鸡豚燕春秋。（其二）

足弱不能步，自宜收朝迹。羸形可舆致，佳观安可掷？即此南坂下，久闻有水石。拖舟入其间，溪流正清激。随波吾未能，峻濑乍可刺。鹭起若导吾，前飞数十尺。亭亭柳带沙，团团松冠壁。归时还尽夜，谁谓非事役？（其三）

这一组诗，是韩愈养病期间的漫游散记，其中行迹可见，山光水色纷呈，诗人的所感所思也随时道来，使人如临其境，如见其人。

其一，写船游南溪：我们移船进入终南山下的一条溪流，逆溪流而前行，迎面而来的幽胜之景越来越多，哪里还考虑路途的远近？沿溪的树木或疏或密，人在船中一会儿得低下头，一会儿又昂然直起腰。两岸的石头纵横突兀，溪水波恶浪激船身难以推进。有时我们挨着溪岸捕鱼，而后到平坦的洲渚上做饭。不知不觉一天很快过去，点点暮雨飘洒起来，弯弯新月即将落下。此时此刻，我感慨自己的余年怕不多了，辞官可惜已经太迟了。真是由于身体有病不能工作，并不是想托病高蹈。

其二，写对话山农：南溪水清流急，从来无人行船。山农看见我们很惊奇，跟随着不停地观看，不光是小孩子，还有拄着手杖的老翁。他们拿出篮子里的瓜送给我们，劝我们留下来在这里常住。我告诉他们，我是告病假归来的，这已经很自由自在了。况且我用积余的薪俸，在西畴买了一座住房。仓房里米谷不少，早晚不用为衣食担忧。居官时没有洋洋得意，去职后也心安理得。不打算麻烦乡里了，以免危急时向你们求助。祝愿村社的乡亲们，四季平安人乐年丰。

其三，写探寻水石：我的腿脚无力走路困难，本来应该结束在朝为官的生涯。瘦弱的身子可以乘轿外行，观赏美景怎么能够弃置？就在那南坂下面，早就听说有奇异的水石。用绳拉船进去，那里溪水流激而清澈。让我随波逐流根本做不到，宁可撑船迎着险峻的激流而上。鸥鹭在数十尺前款款飞翔，好像在导引我勇往直前。亭亭玉立的柳树像衣带排列在沙岸，圆圆高擎的松冠如帽子笼罩在石壁。我们一行回家时天都快亮了，探寻水石谁说不是大事情？这首诗说明诗人虽已身衰力弱，但并不甘心随波逐流，仍然有一种倔强追求进取的精神。

《南溪始泛三首》是韩愈晚年的名作。张籍、贾岛、姚合都有和作。大概他们都同韩愈一起参与泛舟南溪的活动。

七月十五日前后，张籍授官主客郎中，要进城回朝上班。韩愈也就回到城中靖安里的宅第。两人回城前夕，夜泛南溪，在船中一

夜未曾入眠。有张籍诗为证："喜作闲人得出城，南溪两月逐君行。忽闻新命须归去，一夜船中语到明。"（《同韩侍郎南溪夜赏》）

到八月，韩愈告假满百日，身体仍未见好。依照朝廷规定，假满百日仍不能上朝，必须辞职。因此，他不得不辞去吏部侍郎的职务，结束了二十多年的仕途生活。

中秋次日夜晚，张籍和秘书郎王建来靖安里看望韩愈。韩愈很高兴，邀请他们在庭院共同赏月，至天将曙。他还写下《玩月喜张十八员外以王六秘书至》一诗，记叙欢聚之情。

前夕虽十五，月长未满规。君来晤我时，风露渺无涯。浮云散白石，天宇开清池。孤质不自惮，中天为君施。玩玩夜遂久，亭亭曙将披。况当今夕圆，又以嘉客随，惜无酒食乐，但用歌嘲为。

这一夜，韩愈格外高兴，与青天明月心心相印，与亲朋好友快乐相聚，使他忘记了自己的带病之身。这一夜，也令诗人张籍、王建难以忘怀。张籍在《祭退之》诗中说："中秋十六夜，魄圆天差晴，公既相邀留，坐语于阶楹。……顾我数来过，是夜凉难忘。"夜深天凉，固然令人难忘，更令人难忘的是，这是他们三人的最后一次中秋聚会。事后，王建写了一首诗，寄给韩愈。

重登太学领儒流，学浪词锋压九州。不以雄名疏野贱，唯将直气折王侯。咏伤松桂青山瘦，取尽珠玑碧海愁。序述异篇经总别，鞭驱险句最先投。碑文合遣贞魂谢，史笔应令谄骨羞。清俸探将还酒债，黄金旋得起书楼。参来拟投官人礼，朝退多逢月阁游。见向云泉求住处，若无知荐一生休。

——《寄上韩侍郎》

王建在张籍的引荐下，第一次跟着张籍到韩愈家中拜访，在那里度过了难忘的一夜。回来以后，怀着激动的心情写出了自己萦怀已久的韩愈形象。在这首诗中，王建热情赞扬了韩愈一生的光辉业绩、高尚品德以及他在诗文创作方面的诸多成就，准确概括了他诗文的风格特征，可以代表当代人对韩愈的公正评价。韩愈看了这首诗，肯定会感到莫大的欣慰。

秋去冬来，韩愈的病情日益加重："一日复一日，一朝复一朝。只见有不如，不见有所超。"他感慨自己已经不久于人世："富贵自絷拘，贫贱亦煎焦。俯仰未得死，一世已解镳。"（《与张十八同效阮步兵一夕复一夕》）富贵时受仕途生活的拘束，贫贱时受贫困生活的煎熬。历经升沉荣辱也没有死，人生一世如今已到解脱的时候了。他开始安排后事。首先，他写信给弟子皇甫湜，请他为自己写碑志。其次，托朋友替他安顿妻子，并告诉朋友说："某伯兄德行高，晓方药，食必视《本草》，年止于四十二。其疏愚，食不择禁忌，位为侍郎，年出伯兄十五岁矣，如又不足，于何而足？且获终于牖下，幸不至失大节，以下见先人，可谓荣矣。"（李翱《韩公行状》）他觉得自己比德行高尚、懂得医药的长兄韩会，多活了十五年，已很知足了。他认为自己老死于家中，一生没有失大节，没有愧对先人，也就没什么遗憾了。张籍记叙了韩愈临终之前的坦然表现："公有旷达识，生死为一纲。及当临终晨，意色亦不荒。赠我珍重言，傲然委衾裳。"（《祭退之》）

长庆四年（824）十二月二日，韩愈在靖安里家中溘然长逝，享年五十七岁。宝历二年（825）三月癸酉（二十九日），韩愈归葬于河阳先茔。朝廷追赠他为礼部尚书，谥号"文"，故世称韩文公。其文集，由门人李汉在韩愈逝世后编就。

韩愈一生的为人处世、工作生活状况，钱基博根据其弟子记述做了这样的描写："愈为人丰肥寡髯，气厚性通。朝有大狱大疑，文武会同，莫先发言；愈援经引决，考合传记，侃侃正色，伏其所学！与人交，洞朗轩辟，不施戟级，平居虽寝食未尝去书，怠以为枕，餐以饴口，讲评孜孜，以摩诸生；恐不晓畅，游以诙笑啸歌，使皆醉义忘归；而汲引之如恐不及，为举科第。……天下之士以此多皈依愈，有投书请益者，时人谓之韩门弟子!”（《韩愈志·韩愈行实录第二》）就是这样一个学而不厌、诲人不倦、博学多才而又积极进取的人，人生的道路却并不平坦。

“总观韩愈曲折的、坎壈的生涯就会发现，他在政治上十分积极，富进取精神，但实际功业却十分有限。他从没能在一个职务上安定过一两年的时间，贬降黜辱总伴随着他，流放岭南的长途他就走了三个来回。而正是这充满动荡与不幸的人生，锻炼了他的思想与才华，造就出他在思想上、文学上的业绩，使他成为历史转折期中的文化伟人。”（孙昌武选注《韩愈选集》前言）他的博学多才，自然也是成就文化伟人不可或缺的条件。

“韩愈在政治上和思想上有保守的方面，在永贞革新中甚至站到保守派一面去了，我们不必为贤者讳。但看到他的错误和弱点时，也不可低估他的进步的、积极的方面。正是这些方面，成了他文学上的巨大成就的思想基础。”（孙昌武著《唐代古文运动通论》，第 100 页）

韩愈作为一位文化伟人，苏轼在《潮州韩文公庙碑》中用四句话概括他一生的功绩：“文起八代之衰，道济天下之溺。忠犯人主之怒，而勇夺三军之帅。”前两句指出韩愈在文学创作方面和儒学振兴方面的贡献，后两句指他在政治方面和品行方面的表现。这几方面相辅相成，文经武略，忠肝义胆，兼备于一身，构成了韩愈的光辉形象。这个光辉形象，风吹不倒，浩然独存，永远屹立在中国文化的历史长廊里。

十五、道济天下之溺

苏轼说韩愈有“道济天下之溺”的功绩，那是称赞他大力振兴儒家的传统道德，拯救了沉溺于佛教和道教汪洋之中的天下生民。韩愈未必有那么巨大的能量，但他一生致力于倡导儒家学说，批判佛、道两教泛滥对社会的危害，推动唐代儒学从衰微走向复兴，启迪宋代理学的兴盛，为中国传统文化的复兴与发展开辟了先路，却是不争的历史事实。

韩愈父母早丧，小时候在其长兄韩会的抚养下成长。从他懂事时起，就从韩会那里接受了儒家思想的熏陶。韩会以道德文章为当世所称，他所写的《文衡》一文，表明他崇尚儒家的仁义之道。韩愈在韩会家教里接受了儒家思想，以后就沿着这条道路发展下来。他在《复志赋》里回忆少年时读书的情况：“始专专于讲习兮，非古训为无所用其心。窥前灵之逸迹兮，超孤举而幽寻。”这里的“古训”，指先王圣典；“前灵”，指先贤，两者主要都是指孔子、孟子的遗训而言。青年时代，他就以儒学复古自命。此后，他数十年如一日，痴迷于儒家经典，为传承儒学而不懈努力。他在三十四岁时写的《答李翊书》说：“学之二十余年矣。始者非三代两汉之书不敢观，非圣人之志不敢存。处若忘，行若遗，俨乎其若思，茫乎其若迷。”并且表示要一如既往，坚持终身：“行之乎仁义之途，游之乎《诗》《书》之源，无迷其途，无绝其源，终吾身而已矣。”实际上，他的确终身不负其言。

唐代基本上实行儒、道、佛三教并行的政策，而实际上是有所偏重的。儒学在唐代虽视为正宗，朝廷钦定《五经正义》作为科举考试的依据，但实际上只重章句的解释，不能经世致用，使经学走进了死胡同，因而引发了疑古、惑经的怀疑之风。道教在李唐王朝受到特别推崇，从唐太宗开始尊祖崇道，到唐玄宗时期发展到鼎盛，先后三次为老子李耳加封尊号，到处建造祭祀老子的玄元皇帝庙。佛教在唐朝疯狂发展，得到统治者的鼎力支持。武则天倡扬佛教以稳固其位，肃宗李亨、代宗李豫、德宗李适、宪宗李纯等，也都迷信佛教，朝野上下佞佛成风。安史之乱后，唐王朝由盛转衰，藩镇跋扈，宦官专权，社会动荡不安。人民颠沛流离，惶恐不安，许多人只得从宗教里寻找寄托和安慰。此时，佛教、道教更加大肆活动，以成佛、成仙的美梦诱惑希望摆脱人间苦海的民众，以致奉佛、信道的人大增。道、佛两教的力量在当时实际超过了儒学，成为互争雄长的劲敌。而儒学由于墨守章句，思想僵化，遭到人们的冷落，社会上疑儒非孔之风蔓延，礼法观念冷漠。统治者热衷于长生道术，对儒学也不以为意，进士考试虽设有明经一科，而所谓明经者，止限于章句解释，绝无意义之发明。因此，读书人阅读儒家经典只注重章句训释，而忽视义理阐发，被诗人李贺讥之为“寻章摘句老雕虫”（《南园十三首》其六）。传统儒学的生命力几乎丧失殆尽。

鉴于唐王朝走向衰落的形势，面对社会上佛、道横流的状况和儒学信仰的危机，韩愈以天下为己任，自觉担当起拯救儒学危亡的责任：“释老之害过于杨墨，韩愈之贤不及孟子。孟子不能救之于未亡之前，而愈乃欲全之于已坏之后。……使其道由愈而粗传，虽灭死万万无恨!”（《与孟简尚书书》）为了实现这个豪迈的誓言，他披荆斩棘，扶正却邪，尽心竭力为之奋斗一生：“抵排异端，攘斥佛老；补苴罅漏，张皇幽眇。寻坠绪于茫茫，独旁搜而远绍。障百川而东之，回狂澜于既倒。”（《进学解》）韩愈抵制各种异端邪说，排斥佛教和道教；补充完善儒学理论，深入阐发其微言大义。清理儒学道统源流，传承悠久历史传统。竭力拦截各种异端浊流泛滥，使之排入东海，把被狂澜压倒的儒学正气挽救过来，使之扬眉吐气。他认为宗教的狂热已经严重威胁儒学的正宗地位，正在猛力摧折国家的精神支柱。必须力挽狂澜，振兴儒学，扶树孔孟道统，排斥佛、道两教，恢复儒学独尊的地位，使天下国家有一个安身立命的主导思想，使华夏社会有一个稳固不移的人伦道德构架。只有以仁义之道治国，理顺君、臣、民各任其事的道德伦序，才能安定社会，统一天下，实现唐王朝的中兴。为了推阐儒学，力辟佛、道，他集中写了《原道》《原性》《原毁》《原人》《原鬼》五篇文章。首篇《原道》，探求儒道的本原，厘清儒、道、佛的区别，显示儒家仁义之道的优越性，理出儒家道统的源流，是阐述其基本思想观念的纲领性文章，也是中唐儒学复古运动的纲领性文章。

博爱之谓仁，行而宜之之谓义，由是而之焉之谓道，足乎己无待于外之谓德。仁与义为定名，道与德为虚位。故道有君子小人，而德有凶有吉。老子之小仁义，非毁之也，其见者小也。坐井而观天，曰天小者，非天小也。彼以煦煦为仁，孑孑为义，其小之也则宜。其所谓道，道其所道，非吾所谓道也；其所谓德，德其所德，非吾所谓德也。凡吾所谓道德云者，合仁与义言之也，天下之公言也；老子之所谓道德云者，去仁与义言之也，一人之私言也。

文章首先厘清儒家的仁义道德与老子《道德经》所说道德的区别：博爱叫作仁，行动合宜叫作义，循此而往叫作道，自己做得心安理得无须凭借外物叫作德。仁和义有明确的概念，道和德是没有确定内容的名称。因此道有君子之道、小人之道，而德有恶德和美德。老子之所以藐视仁义，并不是存心诋毁仁义，而是他的眼界狭小。好比坐在井里看天，说天小，并不是真的天小。他把小恩小惠当作仁，把谨小慎微当作义，那么他藐视仁义是很自然的事情。他所说的道，是将他所认为的道当作道，不是我所说的道；他所说的德，是将他所认为的德当作德，不是我所说的德。凡是我所说的道德，是结合着仁与义而言的，是天下的公论；老子所说的道德，是离开仁与义而言的，是他个人的私言。

这一段文字，不仅厘清了儒、道两家所讲道德的根本区别在于是否有仁义，即一为“合仁与义言之”，一为“去仁与义言之”，而且批评了道家始祖老子坐井观天，不懂得博爱，使他处于“一人之私言”的地位，失去与已经成为“天下之公言”的儒家仁义道德相抗衡的资格。

> 周道衰，孔子没，火于秦，黄老于汉，佛于晋魏梁隋之间。其言道德仁义者，不入于杨，则入于墨；不入于老，则入于佛。入于彼，必出于此。入者主之，出者奴之；入者附之，出者污之。噫！后之人其欲闻仁义道德之说，孰从而听之？老者曰：孔子，吾师之弟子也。佛者曰：孔子，吾师之弟子也。为孔子者习闻其说，乐其诞而自小也，亦曰：吾师亦尝师之云尔。不惟举之于其口，而又笔之于其书。噫！后之人虽欲闻仁义道德之说，其孰从而求之？甚矣，人之好怪也！不求其端，不讯其末，惟怪之欲闻。

这一段文章回溯历史，指出自秦至隋，黄老之学和佛教盛行，以至于造成人们不投归于老，就投归于佛的严重局面：周道衰微，孔子逝世，《诗》《书》焚毁于秦朝，黄老之学流行于汉朝，佛教流行于晋、魏、梁、隋之间。那些讲道德仁义的，不是投归于杨朱之说，就是投归于墨翟之说，不是投归于老子，就是投归于佛教。投归那一家，就必然背离这一家。所投归者奉之为主，所背离者抑之为奴；所投归者亲附之，所背离者诋毁之。唉！后来的人想要了解仁义道德之说，究竟该到哪里去听取呢？信奉老子的人说："孔子是我们祖师的弟子。"信奉佛教的人说："孔子是我们祖师的弟子。"信奉孔子的人听惯了这些话，喜欢其新奇怪诞的学说而自甘菲薄，也说："我们的先师也曾经以他们为师。"不仅挂在嘴上，而且还写进书里。唉！后来的人即使想了解仁义道德之说，又该从哪里探求呢？人们喜欢新奇古怪之说，也太过分了！不探求其根源，不考察其流变，只要怪诞的就想听。

这一段文字，回顾了我国思想史上一段曲折的历史：汉代以来，佛、道盛行，众说纷纭，搅乱了人们的思想，说明振兴儒学、探求儒家之道的本源，批判佛、道的种种说法，极有必要。下文就批判佛教、道教对社会的危害，驳斥它们的种种说法。

古之为民者四，今之为民者六；古之教者处其一，今之教者处其三；农之家一，而食粟之家六；工之家一，而用器之家六；贾之家一，而资焉之家六。奈之何民不穷且盗也！

这一段文章论述佛道盛行，增加许多僧尼和道士，对社会造成的危害：古时候人民分为四类（士、农、工、商），今天人民分为六类（加上僧尼、道士）；古时候施行教化的占其中之一，今天施行教化的占其中之三；务农的只有一家，而吃粮食的有六家；做工的只有一家，而使用器具的有六家；经商的只有一家，而倚靠其生活的有六家。人民怎能不穷困而盗窃呢！

这一段文字首先从经济入手批判佛道对社会的危害，指出佛教、道教盛行之后，大批人出家当僧尼、道士，他们不事生产，不纳赋税，不服兵役，成为不劳而食的两个寄生阶层，这就使劳动人民本来就很重的负担变得更加沉重，弄得他们衣食更加艰难，迫不得已而流于盗贼。更有甚者，僧尼、道士还要传教授业，蛊惑大众，成为施行教化者，与先王之教（儒教）的传承者争雄。

文章接着从社会发展的过程，说明君君臣臣社会结构的合理性，逐一驳斥道家“圣人不死，大盗不止”的论点，驳斥佛教“弃而君臣，去而父母，禁而相生养之道”的论点，驳斥道家“曷不为太古之无事”的论点，驳斥佛教“欲活其心，而外天下国家，灭其天常”的论点，批判道家绝圣弃智的主张将导致历史倒退和人类灭绝，批判佛教弃君臣、去父母和撇开国家、灭绝伦常的主张将导致社会秩序的解体和封建统治的崩溃。在批判中有破有立，提出了农、工、商相生相养的观点，勾画了君、臣、民各司其职的封建秩序：“君者，出令者也；臣者，行君之令而致之民者也；民者，出粟米麻丝、作器皿、通货财以事其上者也。”为封建社会描绘出一幅理想蓝图。然后，从理论上阐述先王之教，即儒家之道。

> 夫所谓先王之教者何也？博爱之谓仁，行而宜之之谓义，由是而之焉之谓道，足乎己无待于外之谓德。其文：《诗》《书》《易》《春秋》；其法：礼、乐、刑、政；其民：士、农、工、贾；其位：君臣、父子、师友、宾主、昆弟、夫妇；其服：麻、丝；其居：宫室；其食：粟米、蔬果、鱼肉。其为道易明，而其为教易行也。是故以之为已，则顺而祥；以之为人，则爱而公；以之为心，则和而平；以之为天下国家，无所处而不当。是故生则得其情，死则尽其常，郊焉而天神假，庙焉而人鬼飨。曰：斯道也，何道也？曰：斯吾所谓道也，非向

所谓老与佛之道也。尧以是传之舜，舜以是传之禹，禹以是传之汤，汤以是传之文、武、周公，文、武、周公传之孔子，孔之传之孟轲。轲之死，不得其传焉。荀与扬也，择焉而不精，语焉而不详。由周公而上，上而为君，故其事行；由周公而下，下而为臣，故其说长。

这一段文章，为儒家之道正本清源：所谓先王之教，是什么呢？就是博爱叫作仁，行动合宜叫作义，循此而往叫作道，自己做得心安理得无须凭借外物叫作德。它的文献，是《诗》《书》《易》《春秋》；它的法度，是礼、乐、刑、政；它的人民，是士、农、工、商；它的位分，君臣、父子、师友、宾主、兄弟、夫妇；它安排穿的，是麻布、丝绸；它安排吃的，是米粟、蔬果、鱼肉。它作为道是明白易懂的，而作为教化是容易施行的。因此，用它修身，则顺当而吉祥；用他对人，则恩爱而公正；用它治心，则和谐而平静；用它治理天下国家，则所处理没有不妥当的。因此，人们生则得人情之正，死则得善终天年，郊祀则天神会降临，庙祭则祖先来享用。若有人问：这个道，是什么道呀？回答说：这就是我所说的道，不是刚才说的老子与佛教的道。尧把它传给舜，舜把它传给禹，禹把它传给汤，汤把它传给文王、武王、周公，文王、武王、周公传给孔子，孔子传给孟轲。孟轲死后，没人能传下去。荀况与扬雄，抉择得失精当，阐说得失详尽。从周公以上，都在上为君，故其事业得以成功；自周公以下，都在下为臣，故其学说流传久远。

这一段文字，正面宣扬儒家思想及其修身、治国、平天下的优越性，确认仁、义、道、德的社会价值，并清理出从尧舜到孔孟的儒家道统源流，以显示其学说的正统地位和无上权威。韩愈对儒家道统坚信不疑，说得头头是道，如数家珍，并感叹孟子之后道统中断，无人传承，也就俨然以道统的继承者与捍卫者自居。

然则如之何其可也？曰：不塞不流，不止不行。人其人，火其书，庐其居，明先王之道以道之。鳏寡孤独废疾者有养也，其亦庶乎其可也。

文章最后，提出处置佛教与道教的办法：不加堵塞就不能流畅，不加禁止就不能推行。把僧道都还俗为民，把他们的经书焚毁，把他们的寺观改作民房，阐明先王之道来引导他们。从而做到让鳏夫、寡妇、孤儿、老人、残疾人都能得到赡养，那也就差不多可以了。

韩愈以儒道卫道者的身份口吻，提出取缔佛教和道教的措施，坚决、果断、彻底，表明其维护儒道，排斥佛老的坚定立场，出于他维护国家安定统一和封建秩序的历史责任感。态度未免有些过激，却情有可原。他在其他一些诗文中，针对道教和佛教对社会的危害，有着更为具体的揭露。

对于道教败坏社会风气的骗人伎俩，他在《华山女》等诗中做过深刻的揭露和讽刺。《谢自然》《谁氏子》等诗则揭露神仙方士愚弄、毒害青年男女造成的恶果。

关于佛教对社会的危害，他曾多方面予以揭露。

浮屠西来何施为？扰扰四海争奔驰。构楼架阁争切星汉，夸雄斗丽止者谁？僧伽后出淮泗上，势到众佛尤恢奇。

——《送僧澄观》

佛法入中国，尔来六百年。齐民逃赋役，高士著幽禅。官吏不之制，纷纷听其然。耕桑日失隶，朝署时遗贤。

——《送灵师》（节录）

万里休言道路赊，有谁教汝度流沙？只今中国方多事，不用无端更乱华。

——《赠译经僧》

佛教各寺院霸占大量土地，耗费大量物力，修建穷极壮丽的寺院。大批人出家为僧尼，逃避了赋税徭役，减少了农业劳动力，增加了广大农民的负担。中国本已是多事之秋，佛教传播，蛊惑人心，伤风败俗，扰乱社会伦理，使人“不知君臣之义、父子之情”（《论佛骨表》），真是无端更乱中华。韩愈不仅从生产经济观点排斥佛教，而且从意识形态高度反对佛教传播，以维护儒学的独尊地位和传统的封建秩序。

中唐时期，内忧外患不断、社会动荡不安，韩愈推崇儒家孔孟之道，排斥佛老，有其匡世正俗的积极作用。孔孟学说主张积极入世，对人生社会抱进取态度；而佛老主张消极避世，对社会人生抱否定态度。毫无疑问，前者更有利于社会进步。人人都消极避世，沉迷于成仙、成佛，社会还有什么出路可言？在中唐佛教势力恶性膨胀的时候，韩愈独抗流俗，大肆批判佛教的危害，对于抵制佛教势力的进一步扩张，保卫中国传统文化和传统道德，更具有不可低估的意义。

韩愈辟佛老，树道统，其最终目的是为了传道以治国，为中兴大唐服务。因此他在《原道》中还进一步阐明治国之道：

《传》曰：“古之欲明明德于天下者，先治其国；欲治其国者，先齐其家；欲齐其家者，先修其身；欲修其身者，先正其心，欲正其心者，先诚其意。”然则古之所谓正心而诚意者，将以有为也，今也欲治其心而外天下国家，灭其天常，子焉而不父其父，臣焉而不君其君，民焉而不事其事。

所谓“明明德”就是昭明大德。韩愈认为诚意、正心、修身、齐家、治国、平天下的理论，是昭明大德于天下，为天下指明一条治国兴邦、造福万民的光明大道。如若人人都能以天下国家为己任，从自身修养、整肃家庭做起，维护社会伦理秩序，履行治国安邦使命，自然国泰民安，大唐中兴有望。他特别发挥儒学中齐家、治国、平天下与正心、诚意的关系，认为儒家正心诚意，是有所为的，要见诸治国平天下的行动；而佛教主张的治心，不过专管自己，把天下国家置之度外，灭绝天常，民不事其事，臣不君其君，子不父其父。这是佛教背弃伦理导致的必然结果。“韩愈从儒家经典中发掘出重要的理论，并且根据它的基本精神予以创造性的发挥，使它足以对抗佛教学说，这样，也就开始改变了长期以来儒经研究上专重训诂章句，墨守成说以致远离现实的风气，其影响之大，是不容低估的，因为后来的理学就是由此开端的。”（吴庚舜等主编《唐代文学史》下，第132－133页）

韩愈在《原道》一文中宣扬的治国理政之道，主要继承孟子的仁义学说，也兼收了荀子的礼乐刑政主张。他说：“君不出令，则失其所以为君；臣不行君之令而致之民，民不出粟米麻丝，作器皿，通货财，以事其上，则诛。”这个“诛”字，是诛讨、诛杀的意思。他说人民不生产粟米麻丝之类的物品侍奉上边，就得予以惩罚，也就是利用刑法对人民实行专制。他在《送浮屠文畅序》中明确主张：“道莫大乎仁义，教莫正乎礼乐刑政。”“他在阐述思想纲领的文章《原道》里，具体发挥了儒家‘博爱’之道，指出这是士、农、工、贾四民的‘相生养之道’，礼、乐、刑、政的作用在调节各阶层的关系，保证人类的生存发展。韩愈用这样的‘先王之道’反佛，不只具有批判宗教唯心主义思想的意义，更具有政治上的批判现实黑暗的意义。”（孙昌武选注《韩愈选集》前言）

儒家的伦理纲常以及仁义礼智信观念，构成了中国人民人伦道德的基本框架，在中国社会生活中有着不可移易的地位。儒学在中国文化思想传统里一直起着主导作用，这是毋庸置疑的。在当时社会制度下，捍卫儒学的主流意识的地位，也是十分必要的。但佛老思想作为多元一体中华文化的一部分，自有其存在的价值，也有其思想精华，不宜一概否定，只是不应该作为普遍的社会信仰加以提倡和推广，以免泛滥成灾，任其侵占主流思想文化阵地，给社会带来危害。

韩愈以“明道”“行道”自任。他振兴儒学，辅佐王朝复兴，不只是纸上谈兵，而是带着强烈的政治责任感付诸实践，一心一意身体力行。他在《谏臣论》里表示：“得其道，不敢独善其身，而必以兼济天下也，孜孜矻矻，死而后已。”他说到做到，倾心极力，多措并举，一生为实现儒道复兴、治国安邦而不懈奋斗。

他主张“文以明道”，以文为贯道之器，提倡古文运动，致力写作古文，宣传儒家之道，为振兴儒学鸣锣开道，为中兴大唐摇旗呐喊。他的文章，大多是用世之文，有为之作，宗旨明确，爱憎分明，“发言真率，无所畏避”（《新唐书》本传），也就是说，他的文章能够直面现实，敢讲真话，而无所顾忌。如他的几篇奏疏都是敢于揭发事实，敢说“群臣之所未言”的话。其他的文章，也敢于亮明自己的观点，批判离经叛道之说，突破种种流俗之见，甚至能够做到尊儒卫道而不墨守成规旧说。

他主张以师传道。师道授受是他道统的基本思想。他把“传道”列为教师的首要任务。他抗颜而为人师，一直以师道自任。在社会上、在国子监，他都自觉履行传道的职责，大力传播儒学，批判佛老，扩大儒道在青年中的影响，培养传承儒学的接班人。“抵排异端，攘斥佛老，补苴罅漏，张皇幽眇，寻坠绪之茫茫，独旁搜而远绍。障百川而东之，回狂澜于既倒。先生之于儒，可谓有劳矣。”（《进学解》）这是韩愈留给国子监学生的印象，也是学生对韩愈传道工作的评价。从学生的这一段评价中，韩愈为振兴复学勤奋钻研的情态，力挽狂澜的精神，都历历可见。

他的人生理想是“居官行道”，做官为政以实行儒家之道，也就是用仁义之道治国平天下。他一贯秉持仁义之道，对社会现实采取批判态度，十分关怀民生疾苦。他赴吏部调选不利，上宰相书，对科举败坏、人才被抑进行批评；在御史台上疏谏天旱人饥，为民请命；任都官员外郎时分判祠部，从中官功德使手中争回管理京城寺观的权力，‘禁哗众以正浮屠’；任河南令时，惩办冒牌军人，查禁各地藩镇在东都私设的留邸，为民除害；以及后来从征淮西、谏迎佛骨、宣慰镇州等，都是致力国泰民安的大义行动。他在任袁州刺史时，释放奴婢，并奏请朝廷推广全国，更是救黎民于水火的仁义之举。他无论在得志之时还是被贬谪之时，都没有忘怀推行仁义之道。

韩愈秉着辅君济世的信念，总是利用各种机会建议皇帝以仁德治理国家，惠政于民。他在给宪宗的《贺册尊号表》中说：“臣闻体仁以长人之谓元，发而中节之谓和，无所不通之谓圣，妙而无方之谓神，经纬天地之谓文，戡定祸乱之谓武，先天不违之谓法天，道济天下之谓应道。”他认为君王应该体仁长人，道济天下，方能经纬天地，戡定祸乱。他在给穆宗的《贺皇帝即位表》中说：“臣闻王者必为天所相，为人所归。上符天心，下合人志，然后奄有四海，以君万邦。……天下翘首以望太平，天下倾心以观至化。”他认为皇帝必须上符天心，为天所相；下合民意，为民所归，不负天下万众倾心所望。因此他盛赞舜、禹能“哀天下之鳏寡，释四海之郁结”（《请上尊号表》）。他苦口婆心劝导皇帝，无非是希望实现他弘扬儒道、德治天下的理想。

我们应该如何看待和评价韩愈复兴儒学的理论及其实践呢？

唐史研究专家黄永年认为：中国到唐代开始形成比较完全的封建地主制社会，一直到明代后期出现资本主义萌芽才起新的变化。而出现新的社会就要有新的思想理论，韩愈的政治思想理论，就是“门阀”制度崩溃后适应封建地主制的新产物。这种政治思想和理论，简单地说就是要重新恢复战国时期儒学的传统，并加以整理改造使之适合新时期的需要。对此在韩愈所写的《原道》里阐发得最清楚。所谓“原道”的“道”，就是儒家之道，实际上就是以孔子尤其是孟子为核心的儒家之道。韩愈的任务就是要远绍孟子发扬此道，也就是把地主制刚出现时的孔孟之道改造成为当前完全的地主制所需要的政治理论，描绘出一张君、臣、民各司其职的封建地主统治秩序的理想蓝图。要知道，一个新理论的创立，作为创立者一般都是能够把理论见诸行动而不光闭门空谈的。韩愈没有例外，他的历史、他的一生在重大问题上的所作所为，说明他确实是为实现所创立的政治理论而奋斗。“尽管封建地主制的根本矛盾不是这套理论所能解决的，因而他的理想也经常在现实面前碰壁，但毕竟使士大夫们能从勾心斗角的权力之争中跳出来为国家、为百姓考虑点事情，使唐以后一千多年的封建地主制社会除少数民族入侵外能基本上保持相对稳定的局面，能出现光辉灿烂远胜于西欧中世纪的中国封建文化。韩愈这套政治理论的作用是不应被忽视的。”（黄永年译注《韩愈诗文选译》前言）

孙昌武教授对这个问题做了更为具体的评析：韩愈鼓吹儒道，张扬“道统”，有真诚的一面，也有假借旗号以资号召的一面。就其真诚信仰和宣传儒道的一面看，在“不重经术”的唐代，在佛、道横流的条件下，韩愈大力阐扬儒学，极力抬高“圣人”及“圣人之道”的地位和作用，是有现实针对性的。“他认为，历史上与现实中的一切矛盾、危机、动乱、衰败，其原因不在当时的社会现实中，而在于儒道的衰微，二帝三王群圣人之道的大坏。所以救时济世的根本办法，在于确立‘圣人之道’的统治，弘扬儒学的精神。他以极大的热忱和高度的责任感，为完成这个任务而努力。”他发挥孔、孟关于“仁”的学说，“强调‘仁’，从而要求‘仁政’，把‘圣人之道’看作是社会各阶级‘相生养之道’，这包含着同情人民的内容。因此，他才能写出一些揭露统治阶级、反映民生饥苦的作品。”“他发挥了儒学中大一统、正名分、反僭乱、明纲纪的思想，针对现实社会实际，提出反对分裂割据、维护安定统一的要求。在当时藩镇割据的局面下，这对于加强朝廷权威、打击骄兵叛将的暴乱和分裂是有积极意义的。”“他用儒家一家之道来对抗佛教，大力反佛，这在佛教猖獗的中唐时期，在思想上有着重大的进步意义。”他切中时弊，独抗逆流，“坚决地给当时成为政治、经济、思想上巨大祸患的佛教以奋力一击。他大声疾呼，震聋发聩，对于抵制佛教势力的进一步扩展确实起了很大作用，对于保卫中国传统文化和传统道德具有不可低估的意义。”就其假借旗号一面而言，“他讲的儒学并不纯粹，也吸收了其他学派的理论内容，有些地方是把它们与儒学理论相融合了，另一些地方则是用它们‘篡改’了传统的儒学理论。他这样做，是接受了当时儒学中空言说经的怀疑学风的影响，也是接受了现实社会对理论提出的要求。”（《唐代古文运动通论》，第102—107页）

卞孝萱、张清华、阎琦著《韩愈评传》认为：“安史之乱以后，一批志士哲人，想通过自己的努力，辅佐唐朝达到政治、经济、文化上的中兴。尽管这种努力难以从根本上改变王朝必然覆灭的命运，但是，他们的努力也使唐朝出现了‘元和中兴’。因此，这种思考与实践是具有积极意义的。韩愈、李翱、柳宗元、刘禹锡等就是这批志士哲人中的代表。”并且指出：“建立儒学道统，辅佐王朝中兴是韩愈全部思想核心。研究韩愈，只有抓住他的这一特点，才能全面、正确地认识韩愈，给他以正确评价。”（第 243－244 页）

以上几位学者从不同视角都肯定了韩愈复兴儒学的历史功绩。韩愈一生为之奋斗，用心良苦，作用显著，历史不会忘记，学界自有公论。

十六、文起八代之衰

“在中国思想史上，韩愈是儒学由汉学向宋学转变的重要人物，是一位卓有建树的思想家；而同时他又是中国文学史上屈指可数的伟大的文学家之一，他作为诗人与古文家的声望往往盖过他儒学家的名声。”（孙昌武选注《韩愈选集》前言）韩愈首先是杰出的古典散文作家，苏轼称赞他“文起八代之衰”。八代之文，是指东汉、魏、晋、宋、齐、梁、陈、隋八个朝代流行的骈文。八代之文由于忽视思想内容，单纯追求对偶声律、使典用事、辞藻华丽这些形式技巧，造成了文风的衰败。刘熙载说：“八代之衰，其文内竭而外侈，昌黎易之以万怪惶惑、抑遏蔽掩，在当时真为补虚消肿良剂。”（《艺概》卷一《文概》）韩愈反对浮华的骈体文，以独具特色的散文创作，恢复先秦两汉的古文传统，重振了衰靡八代的文风。这是他在文学上的一大功绩。

韩愈倡导的文体和文风的改革，称为古文运动。古文是与今文相对而言的概念。今文是指当时流行的骈体文，古文则是指取法三代两汉的以奇句单行为主要特征的散体之文。

魏晋南北朝以来，流行着一种骈体文，直到隋唐时代仍然风靡文坛。这种文体综合散文和韵文的特点，讲究句子对称、词语对仗，文章由两两相对的句子组成，所以用双马并行“骈”字来为它命名。文章还讲究声律和谐，修辞华丽，结构整严，注重典故运用。这种骈体文在几百年的发展过程中也产生过一些瑰丽典雅的好作品，但它的末流日趋堕落，倾力雕章琢句，一味追求辞采华丽，以至于内容贫乏，文风萎靡，形式僵化，成了自由表达思想的障碍，严重束缚文学的发展。从南北朝到唐代前期，虽然也一直有人反对骈体文，提倡古文，但都收效甚微。只有到中唐时代，经过韩愈等人的大力提倡，推动一场文学革新运动，打破了骈文的垄断局面，恢复并发展了古代散文传统，才让语文一致，内容和形式一致的古文风行于天下，成为奔腾不息的主流，陆续涌现出彪炳史册的“唐宋八大家”。

韩愈从事古文写作的成功和推进古文运动，并非一日之功，也不是一帆风顺，他自有一个持恒努力、顶风奋斗的过程。

根据韩愈的自述，他从小爱好文学，长期发愤于文章写作：“愈也，布衣之士也。生七岁而读书，十三岁而能文，二十五而擢第于春官，以文名于四方。”（《与凤翔邢尚书书》）又说：“愈少驽怯，于他艺能自度无可努力，又不通时事，而与世多龃龉，念终无以树立，遂发愤笃专于文学。”（《答窦存亮秀才书》）还说：“愈少鄙钝，于时事都不通晓，家贫不足以自活，应举觅官，凡二十年矣。薄命不幸，动遭谗谤，进寸退尺，卒无所成。性本好文学，因困厄悲愁无所告语，遂得究穷于经传史记百家之说，沉潜乎训义，反覆乎句读，砻磨乎事业，而奋发乎文章。凡自唐虞已来编简所存，大之为河海，高之为山岳，明之为日月，幽之为鬼神，纤之为珠玑华实，变之为雷霆风雨。奇辞奥旨，靡不通达。”（《上兵部李巽侍郎书》）他从小喜欢读书，经史百家，广涉博览，对文学有特别爱好，又能够长期刻苦钻研，坚持发愤写作，自然水到渠成，成就斐然。他在三十四岁时写的《答李翊书》中，自叙成长过程，也经历了逐步提高的三个阶段：开始只读三代、两汉的书，只存圣人之志，专心致志读书进修，做到心无旁骛，写文章不畏艰难，务求除去人云亦云的陈词滥调，不必介意别人的非毁和嘲笑。这是第一阶段。经过几年的努力，能够辨别正伪，完美与否，把不纯正、不完美的东西去除掉，这样再写文章就文思如泉水涌出，汩汩不绝，这时不但不为其毁誉所动，而对别人的嘲笑反而高兴，对别人的赞扬反而担心，因为文章中还有时人喜欢的陈言旧套在。这是第二阶段。又经过几年努力，功夫成熟，写文章文思如江河流水那样浩浩荡荡，充沛畅达，但仍不敢掉以轻心，还担心杂有不纯的成分，于是精心推敲，平心静气再加省察，到全然纯粹了，才放笔写去，毫无滞碍。虽然这样，还要坚持不懈地修养仁义道德，学习经典著作，以巩固已有的成果。这是第三阶段。

韩愈治学为文的经历说明，写作古文，不仅自身要不断进取，精益求精，而且要正确对待外界的非议和压力，要有顶风破浪前行的勇气。他曾向朋友诉说自己的遭遇："仆为文久。每自则，意中以为好，则人必以为恶矣。小称意，即人亦小怪之；大称意，即人必大怪之也。"（《与冯宿论文书》）就是说，自己所写的古文，自己感到满意的，人家反而说不好，自己小满意则人家小反对，自己大满意则人家大反对。他三次参加吏部博学宏词科考试，都因没有用骈体写作，所写文章"实与华违，行与时乖"（《上考宏词崔虞部书》），不符合崇尚华丽的时风，不适合当权派的口味而惨遭淘汰，不得授官任职，弄得他走投无路，报国无门。由此可见韩愈在文体改革方面的阻力之大，承受打击之重。而他面对种种非议和打击，决不后退半步，他明确表示："愚之所守，竟非偶然，故不可变。"（同上）北宋古文家石介说："韩吏部志复古道，奋不顾死，虽摈斥摧毁，十百千端，曾不少改所守。”（《徂徕石先生全集》卷一二《上赵先生书》）正由于他有这种矢志不移的精神，不顾世人的种种嘲笑、打击，坦然坚持古文写作，才给有志古文的人做出了榜样，使古文运动得以逐步推进。

韩愈自贞元三年（787）到长安后，至贞元十一年（795）五月离开长安前的近十年时间里，就和李观等人大力写作古文，不断宣传他的“古文”改革思想。贞元八年（792）在《谏臣论》中明确提出了“文以明道”的改革纲领。之后，他以文会友，诱掖后学，传授写作古文方法，数十年如一日不遗余力地推动古文运动的发展，为文体、文风的改革而奋斗不息。他所倡导的“古文”终于快速普及，形成了席卷文坛、风靡南北的态势，出现了名家辈出、名作如林的局面。其门人李汉高度赞扬韩愈领袖一代文坛、改变一代文风的非凡功绩：“洞视万古，愍恻当世，遂大拯颓风，教人自为。时人始而惊，中而笑且排，先生志益坚，其终人亦翕然随。呜呼！先生于文，摧陷廓清之功，比于武事，可谓雄伟不赏者矣。”（《昌黎先生韩愈文集序》）《新唐书·文艺传序》也充分肯定中唐古文运动的成功：“大历、贞元间，美才辈出，擩哜道真，涵咏圣涯，于是韩愈倡之，柳宗元、李翱、皇甫湜等和之，排逐百家，法度森严，抵轹晋、魏，上轧汉、周，唐之文完然为一王法，此其极矣。”

韩愈进行文体革新，开展古文运动之所以能取得成功，除了他能够进行坚忍不拔的奋斗之外，还在于他比倡导古文的前辈在理论上具有高度的自觉性，能够正确认识和妥善处理文与道的关系、继承与革新的关系、情感与理念的关系，言与文的关系，以及个人与群体的关系，相当明确地提出了革新文体文风的主张。这些主张，作为指导思想，在指导文坛、诱掖后学上起着巨大的号令作用，也是他自己从事理论宣传和创作活动的思想支柱。

韩愈创作的主导思想是“文以明道”：“君子居其位，则思死其官；未得位，则思修其辞以明其道。我将以明道也。”（《谏臣论》）“修辞”就是写文章，“修辞明道”即“文以明道”，意思是文章写作在于阐扬儒家之道。他把“明道”作为文章的内容，也当作创作的目标，因而就把写文章看作发扬儒道大事业的一部分，并且以此作为自己的人生志愿。他高举“文以明道”的大旗开展古文运动，一方面以中华民族传统的道统思想为号召，具有团结力和感召力，能够吸引较多的儒生进入古文运动的行列；另一方面也能够让古文写作避免骈文形式主义、唯美主义的通病，恢复先秦两汉文章传道言志的优良传统。韩愈的“文以明道”命题的本身，就是一种“文道结合”论，“道”要假“文”而明，没有好文章也就谈不到“明道”。他明确意识到“若圣人之道不用文则已，用则必尚其能者”（《答刘岩夫书》），因此，他十分强调明道不可忽视文的作用：“体不备不可以为成人，辞不足不可以为成文”（《答尉迟生书》），要求做到“辞事相称，善并美具”（《进撰平淮西碑文表》），也就是说，文章要做到质与文并美，内容与形式和谐统一。正由于韩愈比较正确地解决了文与道的关系问题，确定了“文”在文学散文中的地位和作用，才使古文运动和他个人的散文创作有了明确的方向，取得巨大的成就。

韩愈主张学习三代两汉之书，同时强调在继承的基础上有所发展和创新。在《答刘岩夫书》中，集中阐明在继承与革新问题上的观点。

> 或问：为文宜何师？必谨对曰：宜师古圣贤人。曰：古圣贤人所为书具存，辞皆不同。宜何师？必谨对曰：师其意，不师其辞。……汉朝人莫不能为文，独司马相如、太史公、刘向、扬雄为之最。然则用功深者其收名也远，若皆与世沉浮，

不自树立，虽不为当时所怪，亦必无后世之传也。……若圣人之道不用文则已，用则必尚其能者。能者非他，能自树立不因循者是也。

韩愈首先倡导，要以古圣贤为师，要学习、继承古代圣贤的传统；学习古圣贤，要学其根本，学习他们的思想精华，而不是单纯摹拟其文辞。接着，他反复强调为文之道在于创新，要有自己的建树，这样文章才能传之久远。因循守旧是没有出路的。因此，他主张写文章，“能树立不因循”（《答刘岩夫书》），“惟陈言之务去”（《答李翊书》），“辞必己出”（《南阳樊绍述墓志铭》），语言上要创新。韩愈把先秦两汉堂皇著书立说的古文，变为情理兼备、日常应用的杂文，可以说是继承传统、推陈出新的典范。他反对骈体文，在抛弃骈文内容空洞、文辞繁缛的同时，亦注意吸取其结构整严、语言精美等积极因素，在自己写作中调动骈体修辞造句的各种功能，以增强文章的表现力。他散骈相间、奇偶相配的文笔，为批判继承，含英咀华做出了示范。

韩愈“文以明道”的主张，强调文章要宣扬儒道的理念，与此同时，他也注重情感在文章创作中的作用。他在《荆潭唱和诗序》中说：“夫和平之音淡薄，而愁思之声要妙；欢愉之辞难工，而穷苦之言易好也。是故文章之作，恒发于羁旅草野。”就是说，没有强烈的感情，写不出好文章，愁苦之思，穷苦之叹，发而成文，才是如泣如诉的动人篇章。他认为文章要有感情，还要有气势：“气盛，则言之短长与声之高下皆宜。”（《与李翊书》）文章有了充沛的感情和气势，才有打动人心的力量。他还标举“不平则鸣”的旗帜，为古文发展注入新动力，开拓新天地。

大凡物不得其平则鸣。草木之无声，风挠之鸣；水之无声，风荡之鸣。其跃也或激之，其趋也或梗之，其沸也或炙之。金石之无声，或击之鸣。人之于言也亦然，有不得已者而后言。其歌也有思，其哭也有怀。凡出乎口而为声者，其皆有弗平者乎！

——《送孟东野序》

韩愈从自然界各种情景的变化，推到人类社会的现象，联想到人的感情的变化，都是在非正常的动荡处境之下才发出声音。感物而动，缘事而发，郁愤而吼，悲痛而号，都是“不平则鸣”。文章是作家“不平则鸣”的产物。一个人在周围的事物刺激下，到了不吐不快的时候，其歌其哭，必有所思怀，出口成章，也就有所不平。这个“不平则鸣”的理论，揭示了现实处境对人的感情的影响，也就说明文章是社会现实在作家头脑中的反映，其不平之鸣，则是作家评判不合理社会现实的一种产物。因而，韩愈认为作家的不平之鸣，不能只是“自鸣其不幸”，还要“鸣国家之盛”，关切现实，为家国的盛衰而呐喊。这个“不平则鸣”的理论，也使韩愈冲破自己所圈画的“文以明道”的束缚，放眼社会现实，甩开手脚，奋笔写出一些反映现实、抨击时弊、为民请命的好作品。这些作品愤世嫉俗，锋芒凌厉，往往以充沛的气势，突出显示了激情的力量。

古文运动既是文体革新运动，也是文风革新运动。韩愈作为语文大师，在理论上和实践中进一步解决了言、文关系问题，使中古语文风格实现了划时代的革新，是古文运动得以成功的一个关键。他在《送孟东野序》中说：“人声之精者为言，文辞之于言，又其精也。”也就是说，口语是基础，经过提炼的语言才是文辞。对于文辞的要求，他提出“惟陈言之务去”（《答李翊书》），做到“文从字顺各识职”（《南阳樊绍述墓志铭》）。就是说，写文章要已出新词，不袭用陈旧过时的词语，要做到辞事相称，通顺流畅，适应时代生活的需求。韩愈认为要革除骈文刻意雕凿、陈陈相因的旧习，就要学习和运用生动活泼的群众口语，加以精心提炼，方能做到文从字顺，各识其职，从而使言、文比较一致，使文风焕发生气。文章趋于口语化，文风走出象牙塔，也就成为古文运动的重要实绩。

韩愈在中唐时期开展古文运动，并不是单枪匹马的个人行动。作为领袖人物，他善于团结盟友，广招后学，通过导师弟子关系，组建并培养了一支队伍，发挥群体力量，逐步扩大影响。柳宗元是韩愈的同道，一样具有“文以明道”的理念，以其古文写作实绩和善于奖掖后进，成为古文运动的一名旗手。韩愈“成就后进士，往往知名。经愈指授，皆称韩门弟子”（《新唐书·韩愈传》）。“当时正式列于韩门的有张籍、李翱、皇甫湜、沈亚之、孙樵、孟郊、贾岛、卢仝、李叉、李贺等，从旁积极赞助的则有柳宗元、刘禹锡、李观、欧阳詹、樊宗师、吕温、崔群等。其中不少人都是当时有地位、有影响的作者，风气既开，向慕者多。在文坛上成为一支强大的劲旅。组织、领导者则为韩愈。”（陈克明著《韩愈述评》，第166页）依靠这么一支劲旅的努力，形成了风靡文坛的声势，古文运动才取得了非凡的战绩：“六经之风，绝而复新。学者有归，大变于文。”（李翱《祭吏部韩侍郎文》）当时许多学者都归化于韩愈，终于形成了“元和中，后进师匠韩公，文体大变”（赵璘《因话录》商部下）的局面。

韩愈领导的古文运动学古变古，推陈出新，实现了文体的解放与变革，造就了一种抒写自如、精炼畅达、富有表现力的新文体，形成了一种准确、鲜明、生动的新文风，从而开创了中国古典散文的一个新时代。

“韩愈创作散文，倡导‘古文运动’之得以取得成功，主、客观因素很多，其中一个重要条件，也是他的很大的长处，就是他十分重视散文写作艺术，努力于散文艺术的完善与提高。他的文章千余年来代代相传，影响深远，原因也很多，而一个主要原因就是它们具有高度的艺术水平和巨大的美学价值。在一定意义上说，他的散文是达到了思想性与艺术性、内容与形式的完美的统一的。”（孙昌武著《韩愈散文艺术论》前言）

韩愈的散文，形式多样，众体皆备，而其中又往往别出心裁，不拘一格加以变革，使其风貌全新。这样一来，传统文体便一跃而成为叙事、写景、抒情、言志的广阔园地，不仅推广了散文的实用功能，而且提高了散文的文学素质和性能。

今存韩愈文集中的文章，有论说、传记、书启、序、哀辞、祭文、碑志、杂著、杂文等类。这种分类虽不一定很科学，却能说明韩文文体形式的多样化。这些多样的形式，追根溯源，诚然来自先秦经书、诸子和《史记》《汉书》，观其风貌，却已推陈出新，处处可见韩愈的创新和改造。韩愈把经书、诸子、史书之类的堂皇之文，加以改造，一变而为日常手头应用的杂文，并且融入了诸多文学元素，使之成为中国文学散文的种种范型。

碑志是韩愈散文中一个重要门类，亦是韩愈最为擅长的一种文体。碑，指神道碑，是立在墓前记述死者生平的石碑。志，指墓志铭，是记载死者世系、姓名、爵里、生平、卒葬年月以及子孙大略的一种文体，刻石埋入墓中，以供后人考查。碑志起源于汉朝，流行于魏晋南北朝，到唐朝大为兴盛。历来的碑志，已形成了铺排郡望、藻饰官阶、歌功颂德的公式，很少有变化。韩愈撰写碑志，不落公式化的俗套，而是因人设文，以事定格，随事赋形，各肖其人，结果是一人一个样。韩愈今存碑志七十五篇，有人曾经统计其写法，在“正例”之外，有许多变例，以至于统计列出六十六篇的不同写法，才尽其例。这个统计有力地说明韩愈的碑志没有固定的写法，往往打破成式，随事而别，变化出新，具有独创性。他能够根据所写对象的事迹设辞行文，写出不同人物的不同特点，并寓抑扬褒贬于其中，表达自己的爱憎，不少作品具有传记文学的特色。也有的作品借题发挥，发表已见，似写杂文杂感，不乏议论色彩。还有的作品写骗婚记之类的奇闻逸事，带有传奇色彩。形式上也不拘一格，不断出奇变化，令人耳目一新。《南阳樊绍述墓志铭》无论在内容和形式上都显示出韩愈文体创新的特点。

樊绍述既卒，且葬，愈将铭之，从其家求书。得书号《魁纪公》三十卷，曰《樊子》者又三十卷，《春秋集传》十五卷，表笺、状策、书序、传记、纪志、说论、今文赞铭凡二百九十一篇，道路所遇及器物门里杂铭二百二十，赋十，诗七百又十九。曰：多矣哉！古未尝有也。然而必出于己，不袭蹈前人一言一句，又何其难也！必出入仁义，其富若生蓄，万物必具，海含地负，放恣横从，无所统纪，然而不烦于绳削而自合也。呜呼！绍述于斯术，真可谓至于斯极者矣。

生而其家贵富，长而不有其藏一钱。妻子告不足，颀且笑曰：“我道盖是也。”皆应曰：“然。”无不意满。尝以金部郎中告哀南方，还，言某帅不治，罢之。以此出为绵州刺史。一年，征拜左司郎中。又出刺绛州。绵、绛之人至今皆曰：“于我有德。”以为谏议大夫，命且下，遂病以卒，年若干。

绍述讳宗师，父讳泽，尝帅襄阳、江陵，官至右仆射，赠某官。祖某官，讳泳。自祖及绍述，三世皆以军谋堪将帅策上第以进。

绍述无所不学，于辞于声，天得也。在众若无能者。尝与观乐，问曰：“何如?”曰：“后当然。”已而果然。铭曰：

惟古于词必己出，降而不能乃剽贼，后皆指前公相袭。从汉迄今用一律。寥寥久哉莫觉属，神徂圣伏道绝塞。既绝乃通发绍述，文从字顺各识职。有欲求之此其躅。

樊绍述，名宗师，字绍述，河中（今山西永济）人，南阳（今河南南阳）是樊姓的郡望。樊宗师是当时古文运动的一员健将，和韩愈是志同道合的好朋友。这篇墓志铭没有按常格依次叙述樊师宗的世系、姓名、爵里、生平、卒葬生月及子孙大略，而是开篇就写其著作和文章上的成就。一一罗列其著作之后，即发表评论，称赞其文章均出于自己的创作，不蹈袭前人一言一句，又肯定其文章合乎仁义之道，内容深广如海含地负，说他的文章看起来纵横奔放，不受约束，实际上不用修饰而自然合拍，在这方面可说已做到了登峰造极。墓志铭的最后铭文，也是单表其文，说古时候词必己出，后来这个传统断绝了，直到樊绍述的文章才使之转变，做到“文从字顺各识职”，有要学习的该跟上他足迹。韩愈之所以要这样写樊宗师的墓志铭，首先是为了突出重点，写出传主的个性特色，文人就要突出其文章上的成就。其次，也是便于作者发表己见，宣扬自己的文学主张。他说樊绍述，又何尝不是君子自道？说樊绍述文“必出入仁义”，就是“文以明道”的意思，“词必己出”，“文从字顺”，也是韩愈古文创作中的一贯追求。因此可以说，此文“是韩愈晚年表述其文学主张的最后一篇代表作，把它当成借志铭樊宗师墓而撰写的一篇文论，也无不可”。（卞孝萱等著《韩愈评传》，第382页）此外，这篇文章写樊宗师无视钱财，只用一个细节，几句对话，就凸显了他安贫乐道的品行，可以说是传记文学的手笔。

韩愈文章别开生面者，还有送序一类。序之作始自《诗经》，后代形成作诗而自序的传统。有序无诗，是文章的变体。到唐代，开始盛行赠人送友的赠序之体，韩愈在吸取前人经验基础上有所创新，开拓了序文的功能，并使之更有意境与机杼，为后世开启大写送序之风。前辈作者如王勃、陈子昂、李白等人所作的送序，一般都先叙离情，后缀风景，大抵不出一种格式。到了韩愈笔下，打破送序文的一般写法，别出蹊径，内容、形式都出现了多种多样、异彩纷呈的局面。他的送序文，有的全是叙事不写离情，有的几乎通篇议论，有的则是抒发牢骚和不平，无篇不道及身世之感，然非有同者。在表现方法上，有的坦率陈言，有的含蓄婉转，有的借题发挥，有的诙谐幽默，各篇有不同的写法，也有不同的意味。为人称道的《送孟东野序》《送李愿归盘谷序》，都是抒愤之作，写法却各不相同。前者围绕着“鸣”字发挥“不平则鸣”的议论，在雄辩的议论中寄寓感慨悲歌之情。后者借人之口做文章，一团傲藐不平之概均由李愿口中道出。林纾说：“序不是论，却句句是论。不惟造句宜敛，即制局亦宜变。赠送序是昌黎绝技，欧（阳修）、王（安石）二家，王得其骨，欧得其神。归震川（有光）亦可谓能变化矣，然安能如昌黎之飞行绝迹邪？”（《春觉斋论文·韩文研究法》）

韩愈的书启之文，也有新的特色。他的这类文字，大都情真意切，有的放矢，写法亦不落俗套，因人而异，变化多端。前人指出：“独昌黎与人书，则因人而变其词。有陈乞者，有抒愤骂世而吞咽者，有自明气节者，有讲道论德者，有解释文字、为人导师者。一篇之成，必有一篇之结构，未尝有信手挥洒之文字。熟读不已，可悟无数法门。”（林纾《春觉斋论文·韩文研究法》）例如他的三上宰相书，写给同一对象，不仅三书之立说各有所主，其写法也篇篇不同，各具特色。

韩愈的杂文，锋利而切实，文随事异，笔法灵活多变：有正言直论，有旁敲侧击，有就事论理，有借题发挥，等等，内容不同，体式各异，或长或短，或庄或谐，各尽其用。文章大都言之有物，锋芒犀利，见解新颖深刻，语言形象生动，具有针砭时弊、讽喻现实的战斗性，又具有文学作品必需具备的形象性。这种文体的创新，为唐代散文创作别开了一个新生面，响应者纷至沓来，形成了中晚唐杂文创作的丰收期。《师说》《杂说》《获麟解》《进学解》即是韩愈杂文被人们广为传诵的名篇佳作。

韩愈的其他各类文章，也多有精粹之篇什，有的学者称“韩文无体不备，无体不精”，并非过誉之辞。历来有杜诗韩笔之称，把杜诗与韩文相提并论，认为是文学史上诗歌与散文的两座丰碑，其重要标志就是他们各自在诗歌创作与散文创作上做到了“无体不备，无体不精”。

“一个杰出的散文作家，必须在他的散文中表现出他自己的个性。这样的表现愈充分，作品才愈有光彩。能够充分表现出自己的个性，这也是韩文的一大成就和一大特色。”（乔象钟等主编《唐代文学史》下，第140页）韩愈的许多作品，任意挥洒，生气横出，往往表现出自己个性的各个侧面，使人读来如见其人，如闻其声。《伯夷颂》就是一篇借题发挥，表现自己特立独行志趣的作品。

士之特立独行，适于义而已，不顾人之是非，皆豪杰之士，信道笃而自知明者也。

一家非之，力行而不惑者寡矣；至于一国一州非之，力行而不惑者，盖天下一人而已矣；若至于举世非之，力行而不惑者，则千百年乃一人而已耳。若伯夷者，穷天地亘万世而不顾者也。昭乎日月不足为明，崒乎泰山不是为高，巍乎天地不足为容也。

伯夷，殷商的属国孤竹君的长子。相传孤竹君死后，他与弟叔齐互让王位，先后弃国逃走。周武王灭商后，他与叔齐耻食周粟，逃到首阳山采薇而食，饿死在那里。这篇《伯夷颂》是称许其特立独行的品格，与商、周之际的历史并无特别的同步性。曾国藩明确

指出："举世非之而不惑，乃退之生平制行作文宗旨。此自况之文也。"（《求阙斋读书录》卷八《韩昌黎集》）

"本篇颂伯夷，是借颂古人以寓意。文章以论为颂，但不是就伯夷的行为发议论，而仅就伯夷性格的'特立独行……信道笃而自知明'这一点来加以生发，极力夸赞一种誓死坚持道义、不顾人之是非的大无畏精神。……从事一切正义事业正需要伯夷的这种精神；韩愈一生奋斗也是在努力实践这种精神。"（孙昌武撰《韩愈诗文选评》，第192页）作者是借题发挥，以明己志：桀然独立我行我素，不随波逐流苟活求生，只是为了坚守道义；对于儒道信仰坚定，满怀自信而不疑，举世非之而不惑，正是韩愈自我形象的生动写照。这种特立独行的个性，在韩愈其他的一些文章中，如《原道》《论佛骨表》《师说》《与孟简尚书书》等，都有充分的显露。这种个性如山峰独立，彰显了韩愈非凡的人格力量；它凌风傲雪，也给韩愈带来不少坎坷的遭遇。文如其人，自然影响到韩愈诗文的风格。

韩愈的散文，感情充沛，气势逼人，造就其闳中肆外、雄奇奔放的独特风格。

韩愈是一个注重情义的人，又是一个爱憎分明的人。因而他的散文无论是写个人的亲朋交际，还是对家国民生的关切，都写得情真意切，楚楚动人。《祭兄子十二郎老成文》就是一篇"言有尽而情不可终"的至情之文。十二郎，名老成，是韩愈二哥韩介之子，大哥韩会无子，以老成为嗣子，小时候与韩愈一起长大，彼此感情特别深厚。突闻老成英年早逝，韩愈哀痛欲绝，写下这篇祭文。这篇文章的最大特点是以情运文，以情动人。写自己少孤、兄殁的不幸身世，写同老成"零丁孤苦，未尝一日相离"的情谊，写自己离家后与老成的离合不定，写听到老成死讯后的凄惶激动，等等，通过往事的回忆和怀念，淋漓尽致地抒发了骨肉深情。特别是抒写自怨自责一节，更是情切意绵，感人肺腑：

> 呜呼！汝病，吾不知时；汝殁，吾不知日。生不能相养以共居，殁不能抚汝以尽哀。殓不凭其棺，窆不临其穴。吾行负神明，而使汝夭。不孝不慈，而不得与汝相养以生，相守以死。一在天之涯，一在地之角。生而影不与吾形相依，死而魂不与吾梦相接。吾实为之，其又何尤！彼苍者天，曷其有极！

诗人披肝沥胆，怨恨自己不慈不孝，倾诉生离死别之悲：你得病我不知道时间，你去世我不知道日期。你活着我们不能同住一起互相照顾，你死后我不能抚着你的遗体尽情痛哭。入殓之时我不能紧靠你的棺木，下葬之时我不能俯看你的墓穴。我的所作所为背负了神明，致使你英年早逝，我不慈不孝，致使不能和你一起过日子，相守到老。一个在天涯，一个在海角，你生前不能和我形影相依，你死后不能和我梦魂相会。这都是我自己造的孽，还能怨谁呢！苍天啊苍天，我的悲痛哪会有尽头！

这一段抒情独白，真是字字血泪！诚如明人茅坤所评："通篇情意刺骨，无限凄切，祭文中千年绝调。"（《唐宋八大家文钞·韩文》）

除了抒情篇章之外，韩愈在一些论文、章表、书信、序文中，也包含着强烈的感情和磅礴的气势。《原道》《论佛骨表》《与孟简尚书书》《送董邵南序》等，就是突出的例子。

韩愈的《论佛骨表》，把自己为国为民除弊的一腔热情，倾注于表文之中，使文章激越奔放，具有不容辩驳的气势。诚如有的学者所说，韩愈讲辟佛的文章，在道理上没有多少超越前人的新意，"但他的一篇《论佛骨表》，传诵千古。他被看作是反佛的一面旗帜，原因之一，一方面是由于他适逢其机，正当中唐佞佛狂潮汛滥时，他起而奋力一击，针对性和战斗性都很强，再就是他的文章写得感情充沛，义正辞严。”韩愈在文章中“充分地表达了自己进行‘辟佛’斗争的信心、热情、责任感与牺牲精神，造成一种咄咄逼人，一往无前的气势。在这里，感情的力量远远超过理论的力量。”（孙昌武著《韩愈散文艺术论》，第136—137页）

关于韩愈文章的风格，当年国子监的学生就说过：“先生之于文可谓闳其中而肆于外矣。”（《进学解》）意思是文章内含宏大而表现自由恣肆。韩门弟子皇甫湜说：“韩吏部之文，如长江大注，千里一道，冲飚激浪，污流不滞。然而施于灌溉，或爽于用。”（《皇甫持正文集》卷一《谕业》）宋代苏洵评论说：“韩子之文，如长江大河，浑浩流转，鱼鼋蛟龙，万怪惶惑，而抑遏蔽掩，不使自露，而人望见其渊然之光，苍然之色，亦自畏避不敢迫视。”（《嘉祐集》卷一《上欧阳内翰第一书》）这些评论，都抓住了韩文的风格特点：闳中肆外，雄奇奔放，如长江大河那样滔滔雄辩，有一泻千里的磅礴气势。韩文这种雄放风格的形成，也许有多种原因，而感情充沛，壮气十足，恐怕是主要的关键，诚如他自己所说：“气盛，则言之短长与声之高下者皆宜。”（《答李翊书》）

韩愈的散文，尚奇务新，在在俱巧，以异彩纷呈的表现艺术，开拓了散文施才献技的天地，提升了我国散文的文学素质。

韩愈在散文写作领域，是一个多面手，议论、抒情、叙述、描写、讽刺、幽默，样样都运用自如，精品迭出，而且呈现鲜明的特色。林纾说：“韩者集古人之大成，实不能定以一格。”（《春觉斋论文》）就是说，韩愈散文在继承传统的基础上对各种文章体制多有创新，取得了多方面的艺术成就，不仅众体兼备，而且技艺纷呈，各种表现方法应有尽有，考察时不能定格于一端。

韩愈善于议论。他的议论文有政治论文、哲学论文、文论和一事一议的杂文。一些书、序，甚至墓志，也大量运用议论。韩文的议论，不是枯燥无味的说理，而是善于运用各种方法析理论证，增强论辩的说服力和感染力。

韩文善于运用事实对比的手法析理论证。运用事实论证，是议论文常用的手法。韩文的特点在于善于运用事实对比来说明事理，论证己见。例如《原毁》一文，是推原为什么老是喜欢毁谤别人，批评妒贤嫉能的恶劣社会风气。全文用“古之君子”和“今之君子”做对比，以对比他们在责己和待人方面的不同态度，来探求好毁谤之风的由来。先写“古之君子，其责己也重以周，其待人也轻以约。重以周，故不怠；轻以约，故人乐为善”。云古之君子责己严，待人宽：责己严，做事就不会懈怠；待人宽，就使别人乐于做好事。然后写“今之君子则不然。其质人也详，其待己也廉。详，故人难于为善；廉，故自取也少”。云今之君子责人严，待己宽：责人严，就使别人难于做好事；待己宽，就使自己很少得益。最后，揭出“今之君子”责人严待己宽的根源在于懈怠和忌妒：“为是者有本有原：怠与忌之谓也。怠者不能修，而忌者畏人修。”懈怠的人不能上进，而忌妒的人怕别人上进。这种忌妒心就是妒贤嫉能的根由：“事修而谤兴，德高而毁来。”人们事情做好诽谤就随之而来，德行高超诋毁也随之而来。该文就是这样层层对比，环环相扣，步步递进，最后水到渠成，突出主旨。又如《师说》，主旨是论述从师学习的必要性，文中间用三组对比，从反面批判轻视师道的行为。第一组是以“古之圣人”比“今之众人”，指出古之圣人比今之众人高出好多，还得向老师请教，而今之众人却以向老师学习为耻。这样就使圣的更加圣，愚的更加愚。圣人之所以能圣，愚人之所以会愚，大约就由于这个原因。第二组是以子弟比家长本人，指出子弟只是句读不懂，还晓得选择老师来教他，而自己有疑难不能解答，却以求师为耻，这是抓小失大，可谓愚不可及。第三组是以“巫医药师百工之人”比“士大夫之族”，指出前者不以相互师传为耻，后者却嘲笑从师学习。巫医药师百工之人，为士大夫所不齿，如今士大夫反而不及他们明智，真是咄咄怪事。这三组内容，层层深入，步步递进，说理透辟有力，把轻视师道者批判得无立足之地。

韩文善于运用比喻形象来说明问题。例如《原道》，批判老子见解狭小，是“坐井而观大”，说他守着井口看井水中反映的一角天空，因此所见者小。批判佛教“太古之无事”的“还淳还朴”的观点之不合时宜，等于责备冬天穿裘的人说：“为什么不简单地穿件葛衣?”责备饿了要吃饭的人说：“为什么不简单地喝点水?”这是用了具体的比喻，又依据比喻造成反诘，从而也就形象地表达了自己的见解。又如《答李翊书》，谈到要“立言”，不要希望速成，要在修养上下功夫，用了“养其根而俟其实，加其膏而希其光；根之茂者其实遂，膏之沃者其光烨”两组比喻，一组以种植为喻，培养根部以求结出果实，根深叶茂果实就会丰硕；一组以灯火为喻，增添油膏以求灯火光明，油膏丰厚火光就会明亮。原文在句法上互相穿插，是为了造成表达意义上的层次。文中讲“养气”与言辞的关系，用水大浮物为喻：人之气如水，文章言语如水上漂浮的东西，水大的话无论东西大小都能浮起来，“气盛则言之长短与声之高下皆宜”。韩愈还有些通篇用比喻来组织议论文章，阐述自己观点的，如《杂说》四，就是用古代伯乐相马的典故来组织文章，发表议论，批判统治者不识人才，埋没人才，摧残人才的行径，为当时的才人志士发出不平之鸣。

韩文的议论常带感情，激昂慷慨，往往有一种势不可挡的气势。我们读《原道》等文，就能突出感受到字里行间流露出的自信和激情，充溢着一股浩然之气。就是像《辨讳》这样以论事析理为主的文章，言语间也有一种仗义执言的激情与务求胜辩的锐气。

“总之，韩愈在散文的议论技巧上是有很大创获的。他的议论论理雄辩，表达形象，感情饱满，把中国散文的议论艺术提高到一个新水平。他广泛地把议论用于碑志、书序等各种文章体裁，扩大了它的使用范围，发展了一些新文体。……到了韩愈‘古文’，先秦盛汉文章辩理论事的传统，在新的文学观念下被发扬光大了。他继承了古人的优秀传统，但他写的是文学散文的议论，而不再是一般的议论文章。这样，韩愈的议论，在整个中国文学散文的演进中，就是一个有价值的创造。”（孙昌武著《韩愈散文艺术论》，第98页）

韩愈亦善于记人叙事。他的记叙文包括一些传记、行状、碑铭、墓志等，这类文章的主要特点是简要叙事与细节描写相结合，讲究以一当十，形神兼备。

韩愈自诩“记事者必提其要”。这就要做到善于剪裁，删去无关紧要的枝蔓突出记叙的着重点；注意提炼，选取以一代十的细节展示人物的闪光点。他的一些记叙文，正是这样做的。《张中丞传后叙》，就是一篇力作。文章记叙抗击安史叛军的三个英雄人物：张巡、许远和南霁云。文章的前一部分是批驳一些人攻击张巡、许远的谬论，是叙议结合展开的，姑且不说它，且看后一部分正面描写南霁云、张巡事迹的一段：

> 南霁云之乞救于贺兰也。贺兰嫉巡、远之声威功绩出己上，不肯出师救。爱霁云之勇且壮，不听其语，强留之。且食与乐，延霁云坐。霁云慷慨语曰：“云来时，睢阳之人不食月余日矣！云虽欲独食，义不忍；虽食，且不下咽。”因拔所佩刀断一指，血淋漓以示贺兰。一座大惊，皆感激为云泣下。云

知贺兰终无为云出师意，即驰去。将出城，抽矢射佛寺浮图，矢着其上砖半笴。曰："吾归破贼，必灭贺兰，此矢所以志也。"愈贞元中过泗州，船上人犹指以相语。城陷，贼以刃胁降巡，巡不屈。即牵去，将斩之。又降云，云未应。巡呼云曰："南八，男儿死耳，不可为不义屈！"云笑曰："欲将以有为也。公有言，云敢不死！"即不屈。

这一段首先写睢阳孤城被围时，南霁云突围到临淮，向河南节度使贺兰进明乞求救兵，贺兰因妒忌张巡、许远不肯出兵救援。又喜爱南霁云的英勇壮烈，硬要把他留下来，准备了饮食和音乐，请他入座。南霁云慷慨激昂地说："我来的时候，睢阳城里的人吃不上饭已有个把月了，我虽想独吃，但不忍心，吃了也咽不下去。"于是拔出佩刀斩断一个手指，血淋淋地让贺兰看，在座的大为吃惊，都感动得流下了眼泪。接着，写他救援无望出城时的愤慨之情：他纵马离开临淮，快出城时，抽出箭来一箭射向佛寺的宝塔，射中上面的塔砖没入半段箭杆，说："我回去打败贼军之后，一定要灭掉贺兰，射这箭就是为了记住这个誓言。"最后，写他牺牲时的表现：睢阳城被攻陷，贼兵用刀胁迫张巡投降，张巡不肯屈服，立刻拉出去准备处斩。又要南霁云投降，南霁云没有应声，张巡向南霁云叫喊："南八，男子汉死就是了，不能为不义屈服！"南霁云笑道："我本想借此干出点名堂来，公既有话，我敢不死！"就不屈牺牲。

这段文章，通过南霁云毅然拒食、断指明志、抽箭射塔这三个细节的生动描写，刻画出了一个虎虎有生气的人物形象，其忧国忧民的激情，义勇果决的品行，跃然纸上。写他牺牲前与张巡的对答，更显示其从容就义的英雄气概。张伯行评论说："叙事奇堀，其刻划琐细处，使人神采踊跃，全是太史公笔法。"（《重订唐宋八

大家文钞》卷三）

“把讽刺和幽默、诙谑运用到散文的写作中，是韩愈散文艺术风格的又一特征。他的散文往往运用含蓄婉转之笔，寓袭人魂魄之势，在诙谑、幽默里达到意讽辞谐，讥刺针砭时弊的特殊效果。”（卞孝萱等著《韩愈评传》，第403页）

《蓝田县丞厅壁记》一文写颇有才学的崔斯立贬官来到蓝田当县丞。县丞本是县令的副手，却形同虚设，无所事事，只能对松竹吟哦，整日过着庸庸碌碌的生活。县丞之所以沦为冗员，是为了避免侵犯县令的职权。更为可笑的是县吏因此奉上欺下，竟然对县丞傲慢无礼。韩愈在文章一开头，就写了县丞按着县吏指点签署文件的情景。

> 文书行，吏抱成案诣丞。卷其前，钳以左手，右手摘纸尾，雁鹜行以进。平立睨丞，曰：“当署。”丞涉笔占位，署惟谨。目吏问：“可不可？”吏曰：“得。”则退。不敢略省，漫不知何事。官虽尊，力势反出主簿、尉下。谚数慢，必曰丞，至以相訾謷。丞之设，岂端使然哉？

文章写县衙要行文书时，县吏们抱上已办好的案卷到县丞处。案卷的前面一大段紧卷着，用左手握住，右手拉着卷子的末端，依次进来。随意站着斜视县丞，说：“要署名。”县丞拿笔在空着的地方规规矩矩署上名。看着县吏问：“这样行不行？”县吏说：“行。”就退出去。县丞不敢稍微查看一下，根本不知道案卷里面有什么不可告人的内容。作者在这里描写了人物的动作、言语、神情，把县吏的倚势骄人和县丞的低声下气、无所作为刻画得惟妙惟肖。这种一骄一怯的鲜明对照，把官场的势利和腐败形神毕肖地展现在读者面前。县丞崔斯立的唯诺无为，不是他的无能，而是他的委屈。一个有才学的人，被当作官场的木偶，作者也为之喟然叹息。文中所写的情景，是韩愈以委婉曲折含蓄之笔，讽刺针砭当时的社会现实。诚如曾国藩所说：“此文则纯用戏谑，而怜才共命之意，沉痛处自在言外。”（《求阙斋读书录》卷八《韩昌黎集》）

前面论及的《张中丞传后叙》《蓝田县丞厅壁记》，都充分显示韩愈散文在细节描写上的功力。“韩愈发展《史》《汉》以来史传文学的传统，发展了刻画人物的技巧，注意运用细节描写，在戏剧性的场面中，在形似与神似的统一中写出一系列具有一定典型概括性的形象，这是散文艺术的一大成绩。他在这方面的成就，是他同时和以后的古典散文家们很少能够企及的。”（孙昌武著《韩愈散文艺术论》，第 126 页）

韩愈散文的语言富有独创性。“他在语言方面的创造，从文学史上说，是丰富和发展文学语言的巨大贡献；而在汉语史上，又是丰富和发展民族共同语的巨大贡献。他所创造的文学语言的丰富成果，已大量融会到民族共同语之中。他所提炼、创造的许多词语、句型、表现方法，已成为以后汉语文以及现代汉语的有机组成部分。”（孙昌武著《韩愈散文艺术论》，第 243 页）

韩愈散文语言的文学性能的提升，主要表现在它的形象性更强，感染力更强，语言美感更为突出。

韩愈散文语言的形象性比较强，主要在于他善于“引物连类，穷情尽变，宫商相宣，金石谐合”（《送权秀才序》），也就是善于使用形象化的语言表情达意。

文学是依靠典型形象来反映社会生活，表达作者思想感情的。韩愈的散文，只有少数的人物传记创造了鲜明的人物形象，而为数更多的论说文和抒情文，虽然没有也不可能塑造完整的人物形象，但它们也使用了大量的形象化语言，使作品具有一定的形象性。这种形象化语言的创造，常见的手法，一是比喻运用，二是情景描述。如《原道》里批判老子小仁义：

> 老子之小仁义，非毁之也，其见者小也。坐井而观天，曰天小者，非天小也。彼以煦煦为仁，孑孑为义，其小之也则宜。

这里先用坐井观天的比喻，把老子见识狭小的特点具象化，然后用“煦煦”“孑孑”描述其施展小仁小义的情态。“煦煦”，和蔼的样子，形容其施小恩小惠的模样。“孑孑”，谨小慎微的样子，形容其明哲保身、只求无过的情态。这样，就有力地揭露了老子道德学说的真面目，自然不能与儒家的仁义之道同日而语。

再看《守戒》一文，揭露藩镇谋乱的狼子野心。

> 彼之屈强者，带甲荷戈，不知其多少。其绵地则千里，而与我壤地相错，无有丘陵江河洞庭孟门之关。其间又自知其不得与天下齿，朝夕举踵引颈，冀天下之有事，以乘吾之便。此其暴于猛兽穿窬也甚矣！

文中把阴谋作乱之藩镇比之猛兽，并具体描述其伺机谋乱之野心：“带甲荷戈，不知其多少”，形容其拥兵自重、剑拔弩张的情态，描摹得如见其人。“朝夕举踵引颈，冀天下之有事”，描写其朝夕踮足举颈企望、伺机阴谋作乱的野心，刻画得形神毕现。这样的情景描摹刻画，就增强了语言的具体性和感受性，给人以历历在目的感觉。

韩愈散文语言的感染力比较强，主要在于他的散文语言富有浓厚的感情色彩。

韩愈无论写抒情文、记叙文，还是论说文，所用的语言都带有感情色彩，具有以情动人的力量。《祭兄子十二郎老成文》是一篇著名的抒情文，文章开头回忆少年往事的一段，就字字句句饱含辛酸之情。

> 呜呼！吾少孤。及长，不省所怙，惟兄嫂是依。中年，兄殁南方。吾与汝俱幼，从嫂归葬河阳。既又与汝就食江南，零丁孤苦，未尝一日相离也。吾上有三兄，皆不幸早世。承先人后者，在孙惟汝，在子惟吾。两世一身，形单影只。嫂尝抚汝指吾而言曰："韩氏两世，惟此而已！"汝时尤小，当不复记忆；吾时虽能记忆，而未知其言之悲也。

韩愈早孤，兄嫂养其成人。老成是兄的继子，叔侄两人从小生活在一起，"零丁孤苦，未尝一日相离也"，可见其可怜的手足之情。韩氏继承者，孙子辈只有老成，儿子辈只有韩愈，"两世一身，形单影只"，形容两代都只剩一人，何其孤单！"嫂尝抚汝指吾"六字，情景如画，从中表现出三人相依为命的深情。最后几句感叹语也委婉含情，别有深意：写小孩子"不复记忆""未知其言之悲"，正见其有记忆、能知其之悲。文章中饱含感情的词语"零丁孤苦"和"形单影只"，为人们激赏，后来成为常用的成语。

韩愈在《与孟简尚书书》中，陈述自己辟佛老、正儒学的立场时，字里行间也充满着激情。

> 释老之害过于杨墨，韩愈之贤不及孟子。孟子不能救之于未亡之前，而愈乃欲全之于已坏之后。呜呼！其亦不量其力，且见其身之危，莫之救以死也！虽然，使其道由愈而粗传，虽灭死万万无恨！天地鬼神，临之在上，质之在旁。又安得因一摧折，自毁其道以从于邪也？

韩愈以拯救衰微的儒道为己任，激昂慷慨，万死不辞，从文字气势看真是有荷担道统、一往无前的献身精神。前人在评论《原道》《论佛骨表》和此文时说："绝大眼孔，绝大抱负，语皆惊心动魄出之。"（清蔡世远《古文雅正》卷八）韩愈的惊心动魄之辞，确有一种动人心魄的感染力。

韩愈散文语言的美感比较突出，主要在于他的散文语言本身具有意象美和形式美。

韩文的有些语言本身就对事物进行了审美评价，带有鲜明的美感。如《送李愿归盘谷序》写自得其乐的隐逸之士："穷居而野处，升高而望远，坐茂树以终日，濯清泉以自洁。采于山，美可茹；钓于水，鲜可食。起居无时，惟适之安。"其中"升高"三句是象征性的：登高望远以显示胸怀，树下静坐以表示自省，清泉洗濯则凸显洁身自好。意象优美，词语本身亦带有欣赏的意味。"采""钓"，表明其自食其力的快乐，而以"美"指代山间美味的野果，以"鲜"指代水中鲜活的鱼，其审美评价的意味就更加明显。

韩文语言的形式美，可以从维度去考察，其中最为突出的一点，是讲究文章的疏密和节奏。林纾说："昌黎所长在浓淡疏密，相间错而成文。"（《韩柳文研究法·韩文研究法》）韩愈文章讲究浓淡疏密相间，节奏疾徐顿挫有致，行文奇偶相配，整散并行，长、短句结合，形成一种波澜起伏、音情顿挫之美。《进学解》就是一个典型的例子。如开头的一段：

> 国子先生晨入太学，招诸生立馆下，诲之曰："业精于勤，荒于嬉；行成于思，毁于随。方今圣贤相逢，治具毕张。拔去凶邪，登崇俊良。占小善者率以录，名一艺者无不庸。爬罗剔抉，刮垢磨光。盖有幸而获选，孰云多而不扬？诸生业患不能精，无患有司之不明；行患不能成，无患有司之不公。"

在这段文章里，散骈并行，奇偶配合，散句用以叙事，偶句用以突出思想观点，警句双双如峰峦突起；长、短句子交错，长句造成气势，四字短句造成顿挫，行文疏密相间，音情顿挫有致。这虽是太学教师对学生的一段训话，我们诵读起来却感到抑扬顿挫，韵味十足。

韩愈散文语言具有独创性，在于他善于继承改造，推陈出新。他在《答刘岩夫书》里说："今后进之为文，能深探而力取之，以古圣贤人为法者……能自树立不因循者是也。"他主张读圣贤之书，师法古人，又要务去陈言，自我树立。也就是说，要在继承的基础上创新。他自己正是在"沈浸浓郁，含英咀华"（《进学解》）的基础上创造新辞的。学习古语熔铸新辞，在韩愈散文中屡见不鲜。如"不塞不流，不止不行"（《原道》），是从《论语·述而》的"不愤不启，不悱不发"演化出来的。"蝇营狗苟"（《送穷文》），出于《诗经·小雅》"营营青蝇"。"一发引千钧"（《与孟简尚书书》），出于《列子·仲尼》"发引千钧"。"形单影只"（《祭兄子十二郎老成文》），是从李密《陈情表》的"茕茕孑立，形影相吊"融化而来的。

韩愈散文语言具有独创性，也在于他善于学习口语，提炼口语。他十分重视当时的口语，从丰富多样的人民生活语言中加以选择，提炼，运用到自己写作的文章之中。如"毛发尽竖，垂头丧气，面目可憎，语言无味"（《送穷文》）、"死不闭目"（《潮州刺史谢上表》）等反映日常生活现象的词语，就是在口语基础上提炼出来的。

韩愈散文语言具有独创性，更在于他对现实生活的深刻体察，精巧描摹。"他对生活中各种各样的现象，人的各种各样的表现、行动有很敏锐的感觉，对于一些平常的事物，他都能发现其在艺术表现上的作用和意义。"（孙昌武著《韩愈散文艺术论》，第 204 页）如《进学解》中讲人材发掘与培养，用了"爬罗剔抉，刮垢磨光"八个字，这些词原来都是表示日常生活中的具体动作的，"爬罗剔抉"，是人们精心爬梳、搜集、挑拣东西的动作，韩愈却用来说明发掘人材、挑选人材的细致认真的态度。"刮垢磨光"，本来是人们治理器皿的动作：刮掉污垢，打磨光亮，韩愈却用来说明对人才的培养、锻炼。这样，不仅把发现人才、培育人才的过程具体化了，而且还说明了发现与培育人才的苦心与细心。又如在《答刘岩夫书》里说创作要“深探而力取之”，“深探”与“力取”，本来是日常探取难得之物的两个动作，韩愈用来表现写作要努力钻研，不惜功力，也非常形象。而这两个词语正是从生活中提炼出来的。再如《进撰平淮西碑文表》中用“文恬武嬉”一语，形容朝廷腐败，文官武将习于安逸嬉乐，不以国事为意。这是韩愈对当时社会现实深入体察之后所做出的概括。

韩愈造语精工，在散文中创造了大量新颖、生动的词语，如在《进学解》一篇文章中就有不少生动的词语，如业精于勤、行成于思、爬罗剔抉、刮垢磨光、贪多务得、细大不捐、焚膏继晷、兀兀穷年、动辄得咎、含英咀华、佶屈聱牙、异曲同工、俱收并蓄、投闲置散、提要钩玄、闳中肆外、啼饥号寒等，都已经成为汉语成语和现代日常用语。另外，坐井观天、仁义道德、入主出奴、语焉不详、不塞不流、不止不行（《原道》），一视同仁（《原人》），不平则鸣（《送孟东野序》），俯首帖耳、摇尾乞怜、熟视无睹（《应科目时与人书》），伤风败俗（《论佛骨表》），面目可憎、语言无味、蝇营狗苟、垂头丧气（《送穷文》），力尽筋疲、半途而罢、虚张声势（《论淮西事宜状》），牢不可破（《平淮西碑》），文恬武嬉（《进撰平淮西碑文表》），百孔千疮、进退失据（《与孟简尚书书》），志满意得、出类拔萃（《与崔群书》），痛定思痛（《与李翱书》），驾轻就熟（《送石处士序》），天涯海角（《祭郑夫人文》），朝发夕至、冥顽不灵（《鳄鱼文》），大放厥辞、袖手旁观（《祭柳子厚文》），崭露头角、奋发踔厉、落井下石、酒食征逐（《柳子厚墓志铭》），少安勿躁（《答吕医山人书》），弱肉强食、深居简出（《送文畅师序》），求道于盲（《答陈生文》），从谏如流（《谏臣论》），零丁孤苦（《祭十二郎文》），海含地负（《南阳樊绍述墓志铭》），耳濡目染（《清河郡公房公墓碣铭》），颠倒是非（《唐太学博士施先生墓志铭》）、圣经贤传（《答殷侍御书》），钩章棘句、神施鬼设、间见层出（《贞曜先生墓志铭》），愤世疾邪（《杂说》之三），家至户到（《论变盐法事宜状》），等等，这些出自韩愈散文的成语，收入《汉语成语大辞典》，大都一直沿用至今。

“可以毫不夸张地说，古今中外，就一个人对整个民族语言所产生的巨大影响说，韩愈是很少有人可以企及的。他不愧是汉语文的大师。”（孙昌武著《韩愈散文艺术论》，第 243 页）

从上可见，韩愈在倡导和创作古文方面确实取得了远远超越前人的成就，为实现我国散文振兴开创了新局面，说他“文起八代之衰”，应该是当之无愧的。而他能够做到这一点，重要的原因在于他善于总结我国散文发展的历史经验，批判地继承了先秦两汉古文以及六朝骈文的艺术成就，从而实现了“复”中有“变”和“弃”中有“取”的创新与发展。他的文章众体皆善，散、骈交融，传承秦汉风骨，兼备八代之美，可谓集古今之大成。清人刘熙载早已指出：“韩文起八代之衰，实集八代之成。盖惟善用古者能变古；以无所不包，而能无所不扫也。”（《艺概》卷一《文概》）

“总的说来，韩愈作为一代文坛的代表人物，以自己的卓越才能和不懈努力，为‘古文运动’开拓了新局面，为中国散文开创了新时代。此后的中国散文无论从理论上还是实践上，一直是在他的影响下发展的。他继承发展了中国散文的传统，又创立起一个传统。对这个传统如何估计，可以有不同的看法；但他用这个传统指导了中国散文的进一步发展，则是历史上的事实。”（孙昌武著《唐代古文运动通论》，147 页）事实正是如此，韩愈所创造的新型文学散文，千余年来一直成为中国散文的正宗而雄踞文坛，从而造就了以唐宋八大家为代表的古典散文优良传统。

十七、诗开一代新风

韩愈既是大散文家，又是中唐时期异军突起的诗人。韩愈的诗歌创作，虽然不乏抒写家国情怀的篇章，如“报国心皎洁，念时涕汍澜”（《龊龊》），“欲为圣明除弊事，肯将衰朽惜残年”（《左迁至蓝关示侄孙湘》），“衔命山东抚乱师，日驰三百自嫌迟。”（《镇州路上谨酬裴司空相公重见寄》），“中宵依墙立，淫泪何渐渐？天乎哀无辜，惠我下顾瞻。……天乎苟其能，吾死意亦厌”（《苦寒》），等等，都是忧国忧民的动人笔墨，但总的说来，他的诗还是以“舒忧娱悲”（《上兵部李侍郎书》）之作居多，以抒写个人内心的喜怒哀乐为主。不过，这些抒情诗并非无病呻吟，而是“不得其平则鸣”（《送孟东野序》），有感时事而作，都是他曲折人生奋斗历程的反映，也是他所处时代风云变化的晴雨表，仍有着不可低估的社会价值。苏轼云：“诗之美者，莫如韩退之，然诗格之变，自退之始。”（《苕溪渔隐丛话》前集卷七二）韩愈的诗歌创作，独立一格，对唐诗风貌的变革，对唐诗风貌的变革，对我国诗歌艺术的创新发展，更有着不可磨灭的突出贡献。他的诗，在继承李白、杜甫优秀传统的基础上，开山辟道，追求新奇险怪，树一代之新风；他“以文为诗”，为诗歌创作另辟新路，开宋诗之先河。

明人胡震亨在论述唐代历史与诗歌发展关系时说："唐至开元而海内称盛，盛而乱，乱而复，至元和又盛。前有青莲、少陵，后有昌黎、香山，皆为其时鸣盛者也。"（《唐音癸签》谈丛三）唐王朝在安史之乱结束以后逐步由中衰转向中兴，到贞元、元和之际，随着元和中兴时代的到来，唐诗迎来了继盛唐之后的第二个高潮，主要标志是诗人林立，诗派众多，创造了各自独特的风格。其中最著名的两派，一派以元稹、白居易为代表，追求平易通俗，一派以韩愈、孟郊为代表，崇尚奇崛瑰怪，另辟蹊径，走上一条全新的发展道路。

韩愈对于李白、杜甫最为推崇："勃兴得李杜，万类困陵暴。"（《荐士》）他要师法李、杜，追踪李、杜："昔年因读李白杜甫诗，长恨二人不相从。"（《醉留东野》）"高揖群公谢名誉，远追甫白感至诚。"（《酬司门卢四云夫院长望秋作》）他既能学习李白、杜甫的长处，又能寻找突破口，别开生面。清人赵翼说："韩昌黎生平所心摹力追者，惟李、杜二公。顾李、杜之前，未有李、杜；故二公才气横恣，各开生面，遂独有千古。至昌黎时，李、杜已在前，纵极力变化，终不能再辟一径。惟少陵奇险处，尚有可推扩，故一眼觑定，欲从此辟山开道，自成一家。此昌黎注意所在也。"（《瓯北诗话》卷三）韩愈正是认真学习杜诗之后，抓住杜诗已经肇始、尚未光大的"奇险"之处，逞才使气予以拓展，又吸纳了李白诗歌的奇情壮思，才创制了开一代诗风的昌黎体。《调张籍》一诗，坦陈他倾心追随李杜的经历：

李杜文章在，光焰万丈长。不知群儿愚，那用故谤伤？蚍蜉撼大树，可笑不自量。伊我生其后，举颈遥相望。夜梦多见之，昼思反微茫。徒观斧凿痕，不瞩治水航。想当施手时，巨刃磨天扬。垠崖划崩豁，乾坤摆雷硠。惟此两夫子，家居率荒凉。帝欲长吟哦，故遣起且僵。剪翎送笼中，使看百鸟翔。平生千万篇，金薤垂琳琅。仙官敕六丁，雷电下取将。流落人间者，太山一毫芒。我愿生两翅，捕逐出八荒。精神忽交通，百怪入我肠。刺手拔鲸牙，举瓢酌天浆。腾身跨汗漫，不着织女襄。顾语地上友，经营无太忙。乞君飞霞珮，与我高颉颃。

诗开头六句为一段，作者高度赞扬李白、杜甫诗歌的成就，并训斥无知小辈谤伤前贤的可笑行径，如同蚂蚁想去撼动大树，真是太不自量力了。“这不仅是赞颂，不仅是捍卫，而且是对于李杜的双悬日月照耀乾坤的崇高地位和相互关系第一次做出明确的评价，并为千秋万世所公认。”（陈迩东选注《韩愈诗选》舒芜《序》）

诗中间二十二句为第二段，作者叙写自己如何看待李杜。作为后辈，他怀着敬慕之情经常引颈仰望前贤，梦寐以求，也只是隐约可见。他感慨现在只能看到李、杜的诗篇，却无法了解他们的创作过程，犹如现在只能看到夏禹开山凿渠的痕迹，却看不到他治水所经历的艰险过程。想当年他们兴酣落笔的情景，就像大禹凿山导河那样，挥动摩天巨斧，劈开山崖峭壁，被堙遏的洪水奔腾而出，天地间回响着山崩地裂的回响。只可惜两位诗人，一生过着贫寒生活。天帝要让他们永不停止歌唱，便故意使他们经受升沉不定的命运，好比剪了羽毛囚禁在笼中的鸟儿，只能看着百鸟在外边自由自在地飞翔，以激发他们的创作灵感。他们创作了千万篇诗歌，如同金玉精美无比。天帝爱之，便命令六丁神将下凡把它们收回天宫，流落人间的不过像泰山的一根毫毛。

“我愿生两翅”八句，写作者努力追随李、杜。他希望自己生出两翅，出八荒，跨汗漫，在苍茫天地中探寻李杜诗歌艺术的精英。因为精诚所至，自己的精神终于与李杜的精神相互交通，于是千奇百怪的构思便进入心里，反手可以拔鲸牙，举瓢可以舀琼浆。

忽然腾身遨游天宇，追随李杜而去，连织女所织的天衣也不屑去穿了。“这就是说，他已经找到了跨过李杜高峰继续前进的道路：惟其不是亦步亦趋的追随，而是出八荒、跨汗漫的捕逐，这才真正能以精神与李杜相交通。”（陈迩冬《韩愈诗选》舒芜《序》）于是，诗的最后四句，他回顾人间，告诉老朋友张籍：不要在那里雕章琢句，惨淡经营了，还是和他在一起，以飞霞为佩饰，追随李杜高高地飞翔吧！

韩愈的自述清楚地说明，其诗歌风格的形成，是学习李杜、追随李杜而加以变革创新的结果。在这首诗中，既有对理想境界的执着追求，也有天马行空的奇异表述，本身就兼具李杜诗歌的某些特点，也最能体现韩愈诗歌的独特风格。

清人吴乔说：“于李杜后，能别开生路自成一家者，唯韩退之一人。既欲自立，势不能不行其心之所喜奇崛之路。”（《围炉诗话》卷三）韩愈诗尚险求奇，造势怪异，形成了奇崛险怪的独特风格。宋人张戒评论说：“退之喜崛奇之态。”又说：“退之诗，大抵才气有余，故能擒能纵，颠倒崛奇，无施不可。放之则如长江大河，澜翻汹涌，滚滚不穷；收之则藏形匿影，乍出乍没，姿态横生，变怪百出。”（《岁寒堂诗话》卷上）对韩愈诗的风格做了很好的概括和描绘。韩愈的诗逞才使气，出奇制胜，往往以奇情、奇思、奇景、奇境，及其变幻莫测的表现方式，呈现一种奇异险怪之美。

韩愈诗经常写一些奇景。

洞庭九州间，厥大谁与让？……自古澄不清，环混无归向，炎风日搜搅，幽怪多冗长。轩然大波起，宇宙隘而妨，巍峨拔嵩华，腾踔较健壮。声音一何宏，轰輵车万辆。犹疑帝轩辕，张乐就空旷。

——《岳阳楼别窦司直》（节录）

唐代有多少诗人写过洞庭湖，在韩愈笔下却是别样景观：混浊不清、汪洋恣肆的洞庭湖，在东北风的搅动下，激荡怒张的波涛冲天而起，势若与五岳较量高下，力相摩戛，令天地宇宙顿显逼仄，其声音之宏大，如万车齐行的轰响，似乎是轩辕黄帝张咸池之乐于洞庭之野。

山狂谷很相吐吞，风怒不休何轩轩，摆磨出火以自燔。有声夜中惊莫原，天跳地踔颠乾坤。赫赫上照穷崖垠，截然高周烧四垣。神焦鬼烂无逃门，三光弛隳不复暾。虎熊麋猪逮猴猿，水龙鼍龟鱼与鼋，鸦鸱雕鹰雉鹄鹍，燖炰煨爊孰飞奔。

——《陆浑山火一首和皇甫湜用其韵》（节录）

这首诗写山火奇观：夜间山火燃起，风动火势，越烧越凶猛，烧到了四方群山。冲天大火烧得天摇地动，神焦鬼烂，日月星辰也失去光明。山中走兽、水中鱼鳖、空中飞禽，都被烧得焦头烂额，无处逃窜。诗接着写火神祝融大宴僚属，驾车到处施虐以及天帝让水火结婚之类，就更为离奇了。也许是诗人寄奇情于奇景之中。清《唐宋诗醇》评论此诗说：“只是咏野烧耳，写得如此天动地岐，凭空结撰，心花怒生。”

韩愈诗也经常写一些奇境。

洞庭连天九疑高，蛟龙出没猩鼯号。十生九死到官所，幽居默默如藏逃，下床畏蛇食畏药，海气湿蛰熏腥臊。

——《八月十五夜赠张功曹》（节录）

这几句诗写韩愈贬谪阳山的路途险境和谪居环境，可怕的动物，难耐的腥臊，构成奇异的境界，令人毛骨悚然，难以忍受。

原头火烧静兀兀，野雉畏鹰出复没，将军欲以巧伏人，盘马弯弓惜不发。地形渐窄观者多，雉惊弓满劲箭加，冲人决起百余尺，红翎白镞随倾斜。将军仰笑军吏贺，五色离披马前堕。

——《雉带箭》

这首诗被后人称之为“短幅中有龙跳虎卧之观”（汪琬《批韩诗》）。它生动地描写了一个将军射猎的场景：原野上猎火熊熊燃烧，野雉惊惶出没，开始躁动不安。此时将军骑马盘弓，故意不射，要显示自己的神功巧技，让大家口服心服。待到地势越来越窄，围观的人越来越多，将军才瞅准时机，抓住野雉受惊乍飞的一刹那，挽满了弓，射出强劲的一箭，准确地命中目标。中箭的野雉向着人猛地冲起百尺多高，强作挣扎之后，才带着染血的翎毛和雪亮的箭镞歪歪斜斜地从高空中落下来。此刻，围观的军吏齐声喝彩称贺，将军也仰天大笑。就在众人齐声喝彩的瞬间，这只中箭而坠的野雉，羽毛五彩缤纷，不偏不倚地坠落在将军马前。“短短的十句诗，却既有猎前气氛意境的出色渲染，又有猎前将军神态心理的传神描写，更有射时一波三折、顿挫生姿、层层推进的精彩描绘。”（刘学锴撰《唐诗选注评鉴》七，第136页）难怪宋代苏轼对这首诗特别欣赏，洪迈《容斋三笔》记载：“韩昌黎《雉带箭》诗，东坡尝大字书之，以为妙绝。”

昵昵儿女语，恩怨相尔汝。划然变轩昂，勇士赴敌场。浮云柳絮无根蒂，天地阔远随飞扬。喧啾百鸟群，忽见孤凤凰。跻攀分寸不可上，失势一落千丈强。嗟余有两耳，未省听丝篁。自闻颖师弹，起坐在一旁。推手遽止之，湿衣泪滂滂。颖乎尔诚能，无以冰炭置我肠。

——《听颖师弹琴》

这首诗将诉之听觉、难以捉摸的音乐意境，生动形象地呈现出来。颖师的琴声由轻柔而轩昂，而壮阔，而清丽，而热烈，抑扬起伏，变幻不定。诗的意境随之流动，迅速转换场景：从儿女亲昵私语，到勇士挥戈杀敌；从金戈铁马的激战场景，到浮云飘荡、柳絮飞扬的轻柔飘逸之境；又从轻柔飘逸之境，到百鸟朝凤的喧闹热烈之境；从勇攀高峰、分寸不让的坚毅形象，到一落千丈、坠入深谷的惊险场面，一幕幕以鲜明生动的视觉形象感染人，造成强烈的艺术冲击力，以至于到了让人心灵无法禁受的程度。诗的最后八句，写诗人自己听琴的强烈反应，先是起坐不安，继而泪雨滂沱，以至于推手制止，不忍卒听，更加衬托音乐情景动人心魄的感人力量，从而也使整个诗歌的意境显得深闳隽永，饶有情致。

奇特怪异的构思，变幻莫测的表现方式，也是构成韩愈诗独特风格的重要因素。孟郊连失三个儿子，十分伤心，韩愈写了一首吊慰诗，以宽慰老友的心。这本是很平常的事，韩愈却别出心裁，化平淡为奇崛，写了一首让人破涕为笑的诗。

> 失子将何尤？吾将上尤天。女（汝）实主下人，与夺一何偏？彼于女（汝）何有，乃令蕃且延？此独何罪辜，生死旬日间？上呼无时闻，滴地泪到泉，地祇为之悲，瑟缩久不安。乃呼大灵龟，骑云款天门，问天主下人，薄厚胡不均？天曰天地人，由来不相关。吾悬日与月，吾系星与辰，日月相噬啮，星辰踣而颠，吾不女（汝）之罪，知非女（汝）由缘。且物各有分，孰能使之然？有子与无子，祸福未可原。鱼子满母腹，一一欲谁怜？细腰不自乳，举族长孤鳏。鸱枭啄母脑，母死子始翻。蝮蛇生子时，坼裂肠与肝。好子虽云好，未还恩与勤。恶子不可说，鸱枭蝮蛇然。有子且勿喜，无子固勿叹。上圣不待教，贤闻语而迁，下愚闻语惑，虽教无由悛。大灵顿头受，即日以命还。地祇语大灵：女（汝）往告其人。东野夜得梦，有夫玄衣巾，闯然入其户，三称天之言。再拜谢玄夫，收悲以欢忻。
>
> ——《孟东野失子》

孟郊连失三子，韩愈为他打抱不平，去责怪天：夺彼与此，何其偏心？地神表示同情，派大灵龟上天去问天帝。天帝回答说，天地神由来各不相关，我只管理天上的日月星辰。他认为事物各有分，祸福自有常。至于有子无子的问题，是祸是福很难从源头上说清楚。接着，他列举鱼、鸱枭、蝮蛇等生子之苦，又落得孤苦无报，或恩将仇报的事例，说明有子未为福，无子不算祸；有子不要喜欢，无子不要叹息。圣贤人都懂得这个道理，只有下愚人才对此疑惑不解。大灵龟领受天帝之言，回来报告地神。地神叫他去告诉孟郊。于是孟郊夜间得梦，一个黑衣丈夫对他传达天帝的话。孟郊领悟了，抹去眼泪，转悲为喜。韩愈发挥他的奇思妙想劝慰朋友，用心何其良苦！这首诗是他构思奇特的一个典型例子。

追求奇崛险怪，是韩愈诗歌的基本风格。但是韩愈诗歌风格，并不限于这一方面，他还有其他一些不同风貌的作品，呈现出风格变化的多样性。被评论家认为“短篇之最”（方世举《韩昌黎编年诗注》）的《秋怀诗十一首》，可说是奇警和清新兼而有之的作品。现举其一首为例。

> 霜风侵梧桐，众叶著树干，空阶一片下，琤若摧琅玕。谓是夜气灭，望舒霣其团。青冥无依倚，飞辙危难安。惊起出户视，倚楹久汍澜。忧愁费晷景，日月如跳丸。迷复不计远，为君驻尘鞍。

韩愈这一组诗，是继承阮籍、陶渊明、陈子昂五古组诗传统的咏怀感遇之作，保持着朴素清新的语言风格，但作品构思、遣词造句又有所不同，明显带有奇警的特点。如这首诗所表现的主题，无非是一叶落而知秋，然后作者却将一片梧桐叶落写成如美玉摧碎，掷地有声，又联想到月亮陨落、天道危仄，以奇思妙想来表现诗人内心深重的忧伤，彰显出韩愈鲜明的个性特征。

韩愈还有不少平易清新、朴实无华的作品，如《山石》《杏花》《送李翱》《盆池五首》等都属于这一类型的作品。

广州万里途，山重江逶迤。行行何时到，谁能定归期？揖我出门去，颜色异恒时。虽云有追送，足迹绝自兹。人生一世间，不自张与施。譬如浮江木，纵横岂自知。宁怀别后苦，勿作别后思。

——《送李翱》

韩门弟子李翱前往岭南节度使幕府任职，韩愈为他送行。此诗抒写师生离情别意，感慨人生不由自主，徐徐道来，不做任何雕饰，却十分真切动人。可谓“短韵深情”（《韩昌黎诗系年集释》引程学恂语）。

老翁真个似童儿，汲水埋盆作小池。一夜青蛙鸣到晓，恰如方口钓鱼时。

莫道盆池作不成，藕梢初种已齐生。从今有雨君须记，来听萧萧打叶声。

瓦沼晨朝水自清，小虫无数不知名。忽然分散无踪影，惟有鱼儿作队行。

泥盆浅小讵成池，夜半青蛙圣得知。一听暗来将伴侣，不烦鸣唤斗雄雌。

池光天影共青青，拍岸才添水数瓶。且待夜深明月去，试看涵泳几多星。

——《盆池五首》

前人评这五首诗，说“俚语俚调，直写胸臆”（朱彝尊《韩诗批》）诗人在庭院里置盆作水池，种花养鱼，却能以小见大，写出许多生活情趣，又能因物寄意，可以约略窥见作者胸襟。诗质朴而又新巧，别有一种韵味。如第五首写池光与青天一色，小小池水可以拥涛拍岸，夜深风定可以涵泳满天星斗，这样的境界透露出诗人胸怀之阔大，思绪之高远，可以令人回味再三。

韩愈晚年，生活比较安定，不平之气渐少，心境趋于平和，诗境也随之变得平和自然了。这时期清新自然之作更多，如《早春呈水部张十八员外二首》《南溪始泛三首》等。

天街小雨润如酥，草色遥看近却无。最是一年春好处，绝胜烟柳满皇都。

莫道官忙身老大，即无年少逐春心。凭君先到江头看，柳色如今深未深？

——《早春呈水部张十八员外二首》

长庆三年（823）初春，韩愈约张籍一同踏青春游，张籍因工作忙，未能赴约。于是韩愈写了这两首诗给他。第一首描写长安早春的美好景色：细细的春雨滋润着刚刚萌发的生机，远看是嫩黄浅绿的一片，近看却只是些刚刚冒出地面的草芽。这一抹早春草色，象征着大地回春、万象更新的欣欣生意，比晚春烟柳满城的景色更为令人振奋。诗人的劝告之意已在不言之中。第二首就对朋友直言相劝了，在朴素直白的语句里饱含着对友情的一片真诚。两首诗虽然没有什么华丽的辞藻，却写出了诗人对春回大地的独特感悟，把人情物理表现得淋漓尽致。诗的格调清新活泼，真切自然，因而深得人们的喜爱。

叶燮《原诗》说："唐诗为八代以来一大变，韩愈为唐诗之一大变，其力大，其思雄，崛起特为鼻祖。宋之苏（舜钦）、梅（尧臣）、欧（阳修）、苏（轼）、王（安石）、黄（庭坚），皆愈为之发其端，可谓极盛。"韩愈大变唐诗，开宋诗之先河，除了诗歌风格和审美趣味发生重大变化之外，"以文为诗"，即通过诗歌行文法则的变化，实现诗歌体制的一次解放，为诗歌自由发展开拓了一条新路，应该是韩愈更为重要的贡献。正如金人赵秉文所说："杜陵知诗之为诗，而未知不诗之为诗。而韩愈又以古文之浑浩，溢而为诗，然后古今之变尽矣。"（《闲闲老人滏水文集》卷一九《答李天英书》）

所谓"以文为诗"，就是诗歌"散文化"，把更为自由的散文的写法活用于诗，也就是让诗歌吸取散文的优长，丰富自己的表现手段，以便收放自如，使作品"既有诗之优美，复具文之流畅"（陈寅恪《金明馆丛稿初编·论韩愈》）。

韩愈善于把散文的各种内容纳入诗里，扩大了诗的表现内容。欧阳修在《六一诗话》中称赞韩愈："退之笔力，无施不可，……其资谈笑，助谐谑，叙人情，状物态，一寓于诗，而曲尽其妙。"确实，韩愈诗无所不能，题材丰富多样，不仅是他仕途生活里程的写照，时代风云变化的晴雨表，而且他还善于多方面发现诗材，把许多难以入诗的题材写成了诗，在本无诗意处也写出诗来。如《嘲鼾睡二首》《谴疟鬼》《落齿》，把鼾睡、疟病、掉牙这种日常生活中并不美好的小事，都写成了物情俱真、妙趣横生的诗，还被后人称之为"以丑为美"（刘熙载《艺概》卷二《诗概》）。又如《陆浑山火一首和皇甫湜用其韵》写山火，《叉鱼招张功曹》写捕鱼，《华山女》写传教活动，《寄卢仝》写讼案始末，《石鼓歌》描写石刻，《岣嵝山》叙写访古，都是前人诗中并不多见的内容。

韩愈善于把散文的各种手法运用到诗里，丰富了诗的表现方法，如以论为诗，以赋为诗。

韩愈常以议论入诗，有时甚至通篇以议论为主，扩大了诗歌的表现领域。"例如《荐士》一篇，全是议论，前半概述中国诗歌史，高瞻远瞩，显然深受李白的《古风五十九首》其一的影响。后半接连用了许多比喻，把贤士要有人提携和进贤要抓紧时间的道理，从各方面说得透而又透。”（陈迩东选注《韩愈诗选》舒芜《序》）他喜欢用一连串的具体事物做比喻，来说明抽象的道理。这种手法，韩愈在《孟东野失子》《送区弘南归》等诗中都用过。

韩愈批判佛教、道教的诗，都有大篇议论，来阐发诗的主题思想，如《送灵师》开头一段批判佛教劳民伤财，《谁氏子》《谢自然诗》的末段批判道教毒害青年，否定神仙之说。

人生处万类，知识最为贤；奈何不自信，反欲从物迁。往者不可悔，孤魂抱深冤；来者尤可诫，余言岂空文。人生有常理，男女各有伦，寒衣及饥食，在纺织耕耘。下以保子孙，上以奉君亲，苟异于此道，皆为弃其身。噫呼彼寒女，永托异物群。感伤遂成诗，昧者宜书绅。

这是《谢自然诗》一诗的末段。寒女谢自然为神仙之说迷惑，修道成仙，唐德宗还下诏褒奖。韩愈听说之后写了这首诗，力斥学道成仙的荒谬，末段议论告诫世人从中吸取教训，要尊重知识，崇尚劳动，有的放矢地深化了诗的主题。

韩愈有时善于通过具体形象的描写，来抒发哲理，评量事物。例如：

火透波穿不计春，根如头面干如身。偶然题作木居士，便有无穷求福人。

——《题木居士二首》其一

“木居士”，指原为枯木因像人形而被奉为神者。此诗的本意是讽刺人们把泥塑木雕奉为神灵的迷信行为：一株老朽的树木遭受雷火打击、雨打水淹之后，成了一副略具人形的模样。好事者偶尔题其为“木居士”，人们就把它奉为神灵，祈福的香火不绝。“这种诗本极易流为单纯的议论，但爱发议论的韩愈却用生动的描写和富于幽默感的叙述代替了抽象的议论，遂使这首寓讽深远的诗寓庄于

谐，寓议论于客观的叙写，变得耐人讽咏，启人深思了。”（刘学锴撰《唐诗选注评鉴》七，第217页）

韩愈也常以赋为诗，就是用辞赋家铺张雕绘的手法写诗。他的诗少用比兴、多用赋的技法，往往极力铺排，雕绘满眼，在唐诗中别具一种风格。清赵翼曾指出：“自沈、宋创为律诗后，诗格已无不备。至昌黎又崭新开辟，务为前人所未有。如《南山》诗内，铺列春夏秋冬四时之景；《月蚀》诗内，铺列东西南北四方之神；《谴疟鬼》诗内，历数医师炙师诅师符师是也。又如《南山诗》，连用数十‘或’字；《双鸟》诗，连用‘不停两鸟鸣’四句；《杂诗四首》内，一首连用五‘鸣’字；《赠别元十八》诗，连用四‘何’字，皆有意出奇，另增一格。”（《瓯北诗话》卷三）这种赋体铺张排比手法的运用，可以增加诗体的气势，扩大诗体的意境，造成强烈的艺术效果。他的《南山诗》，以辞赋铺陈排比的手法，详尽地刻画了终南山的伟姿奇态，描写了晨昏变化的四季景象，包罗天地，穷形尽相，其气势令人叹为观止。诗人在写山的过程中，或融进回京后的喜悦心情，或忆昔贬经南山的沮丧心情，既写景也抒情，情景交融，使人读了如见其山，亦见其人，彰显了诗赋融合境界的非凡魅力。他写洞庭湖的《岳阳楼别窦司直》《洞庭湖阻风赠张十一署》两首诗，都是运用赋体，由于极力铺张描绘而造成惊心动魄的效果。

> 洞庭九州间，厥大谁与让？南汇群崖水，北注何奔放。潴为七百里，吞纳各殊状。自古澄不清，环混无归向。炎风日搜搅，幽怪多冗长。轩然大波起，宇宙隘而妨。巍峨拔嵩华，腾踔较健壮。声音一何宏，轰辐车万两。犹疑帝轩辕，张乐就空旷。蛟螭露笋簴，缟练吹组帐。鬼神非人世，节奏颇跌踼。阳施见夸丽，阴闭感悽怆。朝过宜春口，极地缺堤障。夜缆巴陵

洲，从芮才可傍。星河尽涵泳，俯仰迷下上。馀澜怒不已，喧聒鸣瓮盎。明登岳阳楼，辉焕朝日亮。飞廉戢其威，清晏息纤纩。泓澄湛凝绿，物影巧相况。江豚时出戏，惊波忽荡漾。时当冬之孟，隙窍缩寒涨。前临指近岸，侧坐眇难望。涤濯神魂醒，幽怀舒以畅。

——《岳阳楼别窦司直》（节录）

“此诗前半铺写洞庭景色，后半叙事，开阖转折，层次井然，雄文大笔，神气贯注。写洞庭，描绘风涛激荡与风恬雨霁两幅画面，夸张奇丽，立譬新颖，又以议论点缀其间，极其生动鲜明。……此种磊落长篇，尽力铺排，穷极笔力，用语用韵更逞奇求新，典型地表现出韩诗特色。”（孙昌武选注《韩愈选集》，第 61 页）

韩愈善于把散文的章法、句法以及语言技巧引入诗里，增强了诗的表达功能。他为了扩大诗的表现力，常常运用散文的表达方法写诗，使诗体散文化。他的许多诗，其篇章结构有散文化的特点。如《山石》《谒衡岳庙遂宿岳寺题门楼》，都是用散文章法写的山水游记诗，而且写得很出色。清人方东树评《山石》说：“从昨日追叙，夹叙夹写，情景如见，句法高古。只是一篇游记，而叙写简妙，犹是古文手笔。”（《昭昧詹言》卷一二）又如《八月十五夜赠张功曹》，诗人汲取了汉赋中主客问答的结构形式，是辞赋章法的灵活运用。“汉人辞赋，常采用主宾对话的结构，从而以宾衬主、抑宾扬主，并在篇末点明题旨。此诗表面上也是以宾衬主，其实恰恰相反，篇末‘我歌’只是陪衬，篇中‘君歌’反而是全诗主旨。”（《莫砺锋讲唐诗课》，第 261 页）上述以文为诗的这三首诗，都是韩愈诗的代表作品，也堪称唐诗的名篇佳作。

《嗟哉董生行》《落齿》等诗，则以直叙的方法为诗。

淮水出桐柏山，东驰遥遥千里不能休。淝水出其侧，不能千里，百里入淮流。寿州属县有安丰，唐贞元时，县人董生召南隐居行义于其中。刺史不能荐，天子不闻名声。爵禄不及门，门外惟有吏，日来征租更索钱。嗟哉董生朝出耕。夜归读古人书。尽日不得息。或山于樵，或水于渔。入厨具甘旨，上堂问起居。父母不戚戚，妻子不咨咨。

——《嗟哉董生行》（节录）

这首诗像一篇记叙文，是典型的“非诗为诗”的作品。句式长短相济，造语参差错落，明显表现出韩愈以文为诗的特点。“韩诗的散文化的语言风格，在诗歌形式上形成的美，就是反对称反均衡反和谐反圆润之美。”（陈迩东选注《韩愈诗选》舒芜《序》）

韩愈为了力避对称均衡，在长篇古体诗中，往往通首彻底散行，没有一个骈偶对仗；在五、七言的基本句型里，往往插入三、四言的短句，或九、十、十几字的长句，追求自由畅达的语言风格。《忽忽》《利剑》《醉留东野》等诗中也可见这类情况。

忽忽乎余未知生之为乐也，愿脱去而无因。安得长翮大翼如云生我身，乘风振奋出六合，绝浮尘。死生哀乐两相弃，是非得失付闲人。

——《忽忽》

这首诗抒写失意之情，笔法自由，句式参差错落，被人称之以文为诗的典型。

韩愈有的诗还以古文中习见的句法及语尾虚字入诗。如《符城南读书》的“乃一龙一猪”“学与不学欤”；《送区宏南归》的“子去矣时若发机”；《嘲鲁连子》的“颐未知之耳”，等等，也是以文为诗的一种表现。

“以文为诗，和以诗为词一样，表现了祖国古典作家在艺术上打破常规，不拘一格的创造性。它对宋诗新风貌的形成具有积极的影响。无论是以古文的章法、句法还是以议论入诗，都使得艺术表现增加了新的手段，使得诗歌可以更其自如地表达生活内容，少受限制，从而使得诗人们可以对生活摄取得更广，开发得更深。”（程千帆著《唐诗课》，第228页）

韩愈以文为诗的做法，为我国古典诗歌的发展开拓了一个新生面，但也带有一些弊端：以赋为诗有时过度铺张，存在累赘堆砌、僻字怪词满纸的缺点；以议论为诗，有时把诗歌写成押韵的理论，缺乏形象性，对宋以后诗歌也产生了一定的不良影响。

“韩愈的时代，就是唐诗自身在求变、求新、求否定自己，来为宋诗那个大变化开辟道路的时代，韩愈就是这个时代要求的完满的体现者。”“他实在是宋诗的先驱者，因此也就是在李杜之后极盛难继的局面之下把中国诗继续推向前进的人。”（陈迩东选注《韩愈诗选》舒芜《序》）

韩愈诗对后来者的影响和启发是巨大的。中晚唐的李贺、李商隐这两个风格奇特的诗人，可以说是韩愈一传再传弟子。李贺亲及韩门，接受的影响最大。他的诗想象奇特怪异、造语奇峭浓艳，都是直接来自韩愈。李商隐被张为《诗人主客图》列为“瑰奇美丽主”，其诗描写更加细致，表现更加曲折，而求奇思，搜奇境的特点，表明他无论怎样变化，而不变的坐标还是韩愈。他的《韩碑》一诗，历叙韩愈作《平淮西碑并序》的过程，为韩愈鸣不平，风格也很像韩诗：“句奇语重，追步退之。”（管世铭《读雪山房唐诗序例》）

宋人写诗学习韩愈，蔚然成风。清赵翼指出：“以文为诗，自昌黎始，至东坡益大放厥词，别开生面，成一代之大观。”（《瓯北诗话》卷五）其实宋代高举韩愈的旗帜，是从欧阳修开始的。欧阳修学韩诗，“独得其情韵与文法”（方东树《昭昧詹言》卷九），“其诗如昌黎，以气格为主”（《宋诗钞·欧阳文忠公诗钞小引》）。因而在当时有“今之韩愈”的美称（见苏轼《居士集序》）。欧阳修学韩诗以文为诗有变有创，避免了韩诗于奇崛中走向险怪的一面，吸收其散文化、议论化的长处，创造出自由流畅、平淡清新的风格。苏轼学韩愈，以文为诗，探骊得珠。其诗多用口语，以散文写法造词组句，章法多变，具有语言奔放，浑浩流畅的风格。他善于运用比喻来状物说理，千变万化，把韩愈所开创的以议论为诗阐发哲理、创造美学新境界的做法发挥得淋漓尽致，写出了《题西林壁》之类的名篇佳作。“北宋中叶的诗人想通过学习韩诗来创造自己的独特面貌和风格，在欧阳修的提倡和其他诗人的支持之下，已成为一种不可逆转的潮流而弥漫诗坛，即使是有人主观上不赞成也罢，在客观上，总还是无可避免地、或多或少地受到了这种风气的影响。”（程千帆著《唐诗课》，第 213 页）这一股纷纷学韩而自创新格的热潮，在一定程度上决定了北宋一代诗歌的基本风貌。“唐诗尚意兴，以丰神情韵见长；宋诗尚理趣，以筋骨思理见胜。唐、宋各成一代诗风而辉煌于中国诗歌发展史上。”（卞孝萱等著《韩愈评传》，第 460 页）

参考书目

刘真伦等校注：《韩愈文集汇校笺注》，中华书局，2010 年。

钱仲联集释：《韩昌黎诗系年集释》，上海古籍出版社，1984 年。

屈守元等主编：《韩愈全集校注》，四川大学出版社，1996 年。

方世举著：《韩昌黎诗集编年笺注》，中华书局，2012 年。

徐礼节等校注：《张籍集系年校注》，中华书局，2015 年。

陈贻焮主编：《增订注释全唐诗》，文化艺术出版社，2001 年。

刘学锴撰：《唐诗选注评鉴》，中州古籍出版社，2019 年。

孙昌武选注：《韩愈选集》，上海古籍出版社，1996 年。

孙昌武撰：《韩愈诗文选评》，上海古籍出版社，2017 年。

童第德选注：《韩愈文选》，人民文学出版社，1980 年

陈迩东选注：《韩愈诗选》，人民文学出版社，1984 年。

张清华主编：《韩愈诗文评注》，中州古籍出版社，1991 年。

钱伯诚著：《韩愈文集导读》，巴蜀书社，1993 年。

黄永年译注：《韩愈诗文选译》，凤凰出版社，2011 年。

宗传璧著：《韩愈诗选注》，山东教育出版社，1986 年。

吴文治编：《韩愈资料汇编》，中华书局，1983 年。

吴小林主编：《唐宋八大家文品读辞典》，新世界出版社，2008年。

徐中玉主编：《古文鉴赏大辞典》，浙江教育出版社，1989年。

中华书局编辑部：《名家精译古文观止》，中华书局，1993年。

文学鉴赏辞典编纂中心编：《韩愈诗文鉴赏辞典》，上海辞书出版社，2020年。

周啸天主编：《唐诗鉴赏辞典》，商务印书馆，2012年。

卞孝萱等著：《韩愈评传》，南京大学出版社，1998年。

钱基博著：《韩愈志》，中国书店，1988年。

黄云眉著：《韩愈柳宗元文学评价》，齐鲁书社，1979年。

刘国盈著：《韩愈评传》，北京师范学院出版社，1991年。

陈克明著：《韩愈评述》，中国社会科学出版社，1985年。

钱冬父著：《韩愈》，中华书局，1980年。

刘耕路：《韩愈及其作品》，吉林人民出版社，1984年。

罗联添著：《韩愈传》，台北出版社，1998年。

山东大学文史哲研究所主编：《中国历代著名文学家评传》，山东教育出版社，1983年。

孙昌武著：《唐代古文运动通论》，中华书局，2019年。

孙昌武著：《韩愈散文艺术论》，南开大学出版社，1986年。

程千帆著：《唐诗课》，人民文学出版社，2018年。

莫砺锋著：《莫砺锋讲唐诗课》，江苏凤凰文艺出版社，2019年。

莫砺锋著：《唐诗与宋词》，南京大学出版社，2017年。

王志清著：《唐诗十家精讲》，商务印书馆，2013年。

沈松勤等著：《唐诗研究》，浙江大学出版社，2011年。

郭预衡著：《中国散文史》中，上海古籍出版社，1993年。

吴庚舜等主编：《唐代文学史》下，人民文学出版社，1995年。

章培恒等主编：《中国文学史新著》，复旦大学出版社、上海文艺出版总社，2007年。

吴相州著：《中国诗歌通史·唐五代卷》，人民文学出版社，2012年。

刘昫等撰：《旧唐书》，中华书局，1986年。

欧阳修、宋祁撰：《新唐书》，中华书局，1986年。

司马光编著：《资治通鉴》，中华书局，1982年。

后　记

前几年，我先后出版了《李太白诗传》《杜甫诗传》《白居易诗传》，本想略加修订，合起来印一本《唐代三大诗人诗传》，就可以封笔了。巴蜀书社的同志却希望我继续写几本诗传，成个系列。我考虑之后，打算再写《韩愈诗传》《柳宗元诗传》，以后即使不再写下去，唐代诗文五大家，也可以算成个系列了。

韩愈是思想家、散文作家、诗人，也是语言大师，各个方面都成就卓著，影响巨大，因此我们称之为文化伟人。他在中国思想史和中国文学史上都是承前启后、继往开来的关键人物。然而他在自身思想上也存在不少矛盾，在文学创新上也不无求之过甚之处。因而历来对韩愈的评论，存在不少有争议的问题，如韩愈提倡道统问题，对待永贞革新态度问题，以文为诗问题，华山遇险问题，等等，都有不同的看法。另外，韩愈的一部分诗文，文字确实比较生僻难懂，还有“佶屈聱牙”的文句，要让人读通并领会其中神思妙意，并非易事。这都是我写这本韩愈诗传所面临的问题。

对于有争议的问题，我一贯的处理原则是，只采用一家之言而不罗列众说。因为普及性的中级读物不同于学术专著，不需要引导人们去做深入探究。当然，我们采取的一家之言，或断以己见，必须言之有据。因此，我所取的说法，都以韩愈诗文加以演绎与阐释，使其自圆其说，令人信服。

对于韩愈一部分比较难懂的诗文，不是十分必要的尽可能不去引用它，以免增加读者的阅读障碍，凡是引用的，我都逐一加以串解或翻译，有的甚至直接采用已有的译文，以便读者能够通解其意。

本书以“解读韩愈诗文，结识文化伟人”为宗旨，主要通过韩愈诗文的解读，重返现场情景，再现作者情思，借以反映文化伟人的心路历程和人生业绩，力求展示其形神俱在的鲜活形象。在人生业绩方面，侧重反映其诗文创作方面的卓越成就，突出其作为文学家的光辉形象。

本书所引韩愈诗文，散文以刘真伦等校注《韩愈文集汇校笺注》为依据，诗歌以钱仲联集释《韩昌黎诗系年集释》为依据，赋、《顺宗实录》文集未收，以屈守元等主编《韩愈全集校注》为依据。

我认为，写作雅俗共赏的传记，是一项带有集成性质的工作。因此本书尽可能吸取我所见到的前人研究之成果。对前人成果一般参考引用的，列入参考书目，引用论断性原文的，另行注明出处。这里要特别声明的，本书论述引用孙昌武教授的几本有关著作的地方比较多，作品解评采用刘学锴教授《唐诗选注评鉴》的地方比较多，这是因为他们的许多见解格外令我折服，更愿意与大家分享。我以为学术普及工作的任务，就是要把具有真知灼见的优秀学术成果传播给广大读者。

对中国传统文化发展的贡献而言，韩愈在唐代作家中应该是数一数二的，在中国历史上也是屈指可数的人物。然而在大力弘扬传统文化的当今，在市面上可以见到的、适合普通读者阅读的韩愈传记却极少。这可能与他的一些诗文比较难懂，普及起来比较困难有关。我不自量力，老马嘶风，居然要啃一啃这块硬骨头。经过一年多的努力，朝朝夕夕，含英咀华，字斟句酌，终于写成了这么一本雅俗共赏的诗传。但愿它能够帮助人们结识韩愈其人，登堂入室领略其诗其文，了解他开山劈道为中国传统文化做出的非凡贡献。欢迎有关专家和广大读者多多批评指正，以便日后有机会修订再版时可以改正错误，克服缺点，进一步提高质量。

最后，要特别感谢巴蜀书社及责任编辑康丽华女士对本书出版的大力支持和为之付出的辛勤劳动。没有你们的大力支持，即使我要为普及优秀传统文化做义务劳动，也是难以实现的。

金涛声

二〇二一年六月于宁波